시리즈

나는 파이썬으로 머신러닝한다 ①

최정원

박지훈

코딩을 알지 못해도 나는 한다!
코알못을 위한 인공지능 순한맛

씨마스

이 책을 내며…

"머신러닝을 이해하려면 한 권의 책으로는 어림도 없다!"
"책을 보다가 무슨 말인지 도저히 이해가 되지 않아서 포기했다!"

처음 머신러닝을 공부하는 많은 사람들이 머신러닝을 학습하는 데 고충을 겪고 있습니다. 이러한 사람들의 고충을 한 권의 책으로 해결하기 위해 『나는 파이썬으로 머신러닝한다❶』을 집필하기 시작했습니다. 어린 학생들에게 머신러닝을 가르쳤던 경험과 노하우를 이 책에 모두 녹여내어, 머신러닝에 관심 있는 사람이라면 남녀노소 초보자 누구나 쉽게 머신러닝을 이해할 수 있도록 핵심 이론과 실습 중심으로 교재 내용을 구성하였습니다.

이 책은 Part 1과 Part 2로 구성되어 있습니다.

Part 1에서는 머신러닝 문제 해결을 위해 기본적으로 익혀 두어야 할 파이썬 기초 프로그래밍 문법과 머신러닝에 필요한 라이브러리에 대해 학습합니다. 기초 문법과 라이브러리가 머신러닝에서 어떻게 활용되는지 함께 설명하고 있기 때문에 Part 1 학습을 통해 머신러닝에 필요한 기초 지식들을 차곡차곡 쌓을 수 있습니다.

Part 2에서는 데이터 분석, 머신러닝, 딥러닝의 이해를 돕기 위한 개요를 학습하고, 이를 바탕으로 문제를 해결할 수 있는 다양한 주제의 기초 실습을 해 봅니다. 머신러닝을 처음 구현해 보는 것이므로 많은 사람이 어렵다고 느끼는 수학적 개념과 원리에 대한 설명을 과감하게 생략하였으며, 머신러닝 문제 해결 단계를 중심으로 실습을 구성하여 머신러닝의 기초를 탄탄하게 다지는 것은 물론 머신러닝의 핵심을 빠르게 이해할 수 있도록 하였습니다.

이 책을 읽고 학습한 사람이라면 인공지능에 대해 품고 있던 막연한 두려움과 부담감을 극복하고, 머신러닝의 장벽이 그다지 높지 않다는 자신감을 갖게 될 것입니다.

이 책을 통해 파이썬과 머신러닝의 기초를 다진 후, 좀 더 다양한 머신러닝 모델과 그 원리를 알고 머신러닝 내공을 더욱 깊게 쌓고 싶은 독자들을 위해, 『나는 파이썬으로 머신러닝한다❷』도 출간되었으며, 『나는 파이썬으로 머신러닝한다❸』도 준비하고 있습니다.

이제부터 인공지능 도전을 시작해 봅시다.

저자 일동

"초보를 위한 바이블, 이 책과 함께라면 누구든 머신러닝을 할 수 있습니다.
여러분의 머신러닝 시작을 응원합니다."

- (현) 상인천중학교 정보 교사
- 교육학 박사(정보영재교육 전공)
- 한국정보교사연합회 부회장
- 한국컴퓨터교육학회 부회장
- 제주대학교 지능소프트웨어교육센터 전임 연구원
- 2022개정 정보과 교육과정 각론 연구진
- 2015개정 중·고등학교 「정보」, 중학교 「인공지능과 미래 사회」, 「문제 해결 과 프로그래밍」, 고등학교 「인공지능 기초」 교과서 집필
- 삼성, 한국과학창의재단, 한국교육학술정보원 SW·AI 교사 연수 강사
- EBS 쉽게 배우는 중학 AI, 학교에서 만나는 인공지능 수업, 구리 테이프로 꾸미는 디지털 아트 등 다수의 SW·AI 교재 집필

최정원 선생님

"처음 배우는 인공지능! 생각보다 어려운 인공지능! 깊이 있는 내용을 쉽고 친절
하게 설명했습니다. 이 책과 함께 인공지능을 정면 돌파해 봅시다."

- (현) 대전과학고등학교 정보 교사
- 컴퓨터공학 박사 수료(인공지능 관련 연구)
- 컴퓨터공학 석사 졸업(인공지능)
- 2022개정 정보과 교육과정 자문 위원
- 2015개정 고등학교 「인공지능 기초」, 「인공지능 수학」 교과서 집필
- EBS 수학과 함께하는 고교 AI 입문, 인공지능과 메타버스 집필
- AI 교육 콘텐츠 제작 집필(한국과학창의재단)
- 한국과학창의재단 SW·AI 교육 전문교원 연수 강사
- (전) AI 윤리 교육 연구 SIGs 공동 연구원(KERIS)
- (전) 메타버스 기반 교수학습 모델 개발 연구 공동 연구원(KERIS)

박지훈 선생님

이 책의 구성

이 책은 크게 Part 1과 Part 2로 구분되어 있습니다. Part 1은 머신러닝에 필요한 Python 기초 명령어와 라이브러리로 구성하였고, Part 2는 데이터 분석 활동, 머신러닝과 딥러닝 문제 해결 활동으로 구성하였습니다.

Part 1 머신러닝을 위한 Python 이해하기

Python 기초

① 명령어 개념 알기

② 명령어 활용하기

③ 머신러닝과 연계하기

Part 2 머신러닝 체험하기

데이터 분석

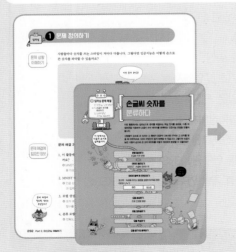

① 문제 정의하기

② 데이터 불러오기

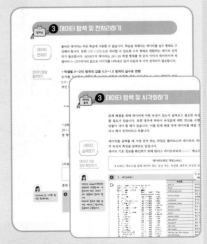

③ 데이터 탐색 및 시각화 / 전처리하기

학습자가 어려움을 느낄 때 마치 옆에서
선생님이 설명해 주시는 것과 같은
'학습 팁'이 적재적소에 들어 있습니다.

머신러닝에 필요한 라이브러리

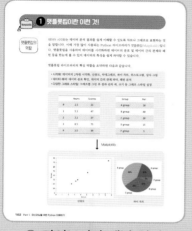

① 라이브러리 개념 알기

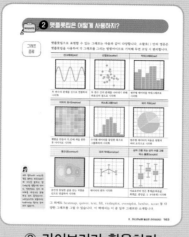

② 라이브러리 활용하기

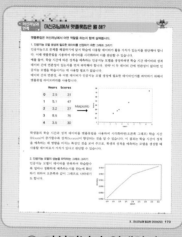

③ 머신러닝과 연계하기

머신러닝 문제 해결 + 딥러닝 문제 해결

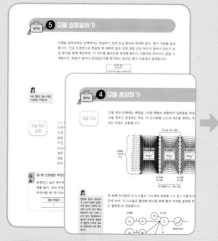

④ 모델 생성하기 / 모델 컴파일하기

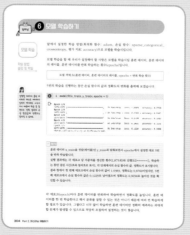

⑤ 모델 학습하기

⑥ 모델 평가 및 예측하기

이 책의 차례

소스 코드는
씨마스에듀 홈페이지와
구글 드라이브에서
제공합니다.

Part 2 머신러닝 체험하기

하루 1시간 30일 완성 **머신러닝 학습 플래너**

	기간	영역	주제	목표
Start	1일	준비 학습	인공지능, 그게 뭔데?	• 인공지능의 개념과 특징을 이해하고 인공지능이 사회에서 하는 역할을 설명할 수 있다.
Part 1	2일	I. Python 기초	1. 프로그래밍의 시작, 입출력	• 데이터 출력 방법을 이해하고 문제 해결에 적용할 수 있다. • 데이터 입력 방법을 이해하고 문제 해결에 적용할 수 있다.
	3일		2. 변하는 값을 기억해 줘, 변수	• 변수의 개념과 역할을 이해하고 변수를 생성할 수 있다. • 문제 해결에 필요한 변수를 생성하고 활용할 수 있다.
	4일		3. 저장하는 스타일이 달라, 자료형	• 기본 자료형과 컨테이너 자료형의 종류와 특징, 차이점을 설명할 수 있다. • 기본 자료형을 생성하고 목적에 맞게 활용할 수 있다. • 컨테이너 자료형을 생성하고 목적에 맞게 활용할 수 있다.
	5일		4. 편리하게 사용해 볼까, 컨테이너 자료형	• 리스트, 튜플, 딕셔너리의 요소를 다루는 여러 가지 방법을 익히고 문제 해결에 활용할 수 있다.
	6일		5. 흐름을 내 마음대로, 제어문	• 선택문의 개념과 특징을 이해하고 활용할 수 있다. • 반복문의 개념과 특징을 이해하고 활용할 수 있다.
	7일 8일		6. 필요할 때 불러 줘, 함수	• 함수의 개념과 역할을 설명할 수 있다. • 함수를 선언하고 호출하는 방법을 설명할 수 있다. • 다양한 형태의 함수를 문제 해결에 활용할 수 있다.
	9일 10일	II. 머신러닝에 필요한 라이브러리	1. 배열 연산에 강한, NumPy	• 넘파이 라이브러리의 특징과 역할을 설명할 수 있다. • 배열을 생성하고 연산할 수 있다.
	11일 12일		2. 데이터 분석에 유용한, Pandas	• 판다스 라이브러리의 특징과 역할을 설명할 수 있다. • 시리즈와 데이터프레임을 생성하고 사용할 수 있다.
	13일 14일		3. 데이터 시각화에 필요한, Matplotlib	• 맷플롯립 라이브러리의 특징과 역할을 설명할 수 있다. • 맷플롯립으로 그래프 생성 방법을 익혀 다양한 그래프를 생성할 수 있다.
	15일	실습 노트		• 학습한 프로그래밍 개념과 원리를 바탕으로 다양한 문제를 해결할 수 있다.
Part 2	16일 17일 18일 19일	I. 데이터 분석	1. 롤러코스터를 파헤치다	• 데이터 분석의 중요성 및 데이터 분석 과정을 설명할 수 있다. • 데이터를 그래프로 시각화하여 문제 해결에 필요한 정보를 도출할 수 있다.
			2. 전 세계 행복 지수를 표현하다	
	20일	II. 머신러닝 문제 해결	0. 머신러닝, 그게 뭔데?	• 인공지능과 머신러닝, 딥러닝의 관계를 이해하고 머신러닝의 특징과 역할, 학습 방법을 설명할 수 있다. • 머신러닝으로 해결 가능한 문제 유형을 파악할 수 있다.
	21일 22일		1. 성별을 분류하다	• 머신러닝 기반의 문제 해결 과정을 설계할 수 있다. • 프로그래밍을 통해 데이터를 수집·처리하고 머신러닝 모델을 훈련 및 테스트하여 문제를 해결할 수 있다.
	23일 24일		2. 시험 점수를 예측하다	
	25일	III. 딥러닝 문제 해결	0. 딥러닝, 그게 뭔데?	• 딥러닝과 특징, 머신러닝과의 차이점을 이해하고, 딥러닝으로 해결 가능한 문제의 유형을 설명할 수 있다. • 딥러닝을 통한 문제 해결 과정을 설명할 수 있다.
	26일 27일		1. 손글씨 숫자를 분류하다	• 딥러닝 기반의 문제 해결 과정을 설계할 수 있다. • 프로그래밍을 통해 데이터를 수집·처리하고 딥러닝 모델을 훈련 및 테스트하여 문제를 해결할 수 있다.
	28일 29일		2. 다이아몬드 가격을 예측하다	
Complete	30일	실습 노트		• 학습한 머신러닝과 딥러닝 문제 해결 방법과 절차를 바탕으로 다양한 문제를 해결할 수 있다.

28~29일차

주제별 학습 플래너 예시

영역	Ⅲ. 딥러닝 문제 해결	주제별	2. 다이아몬드 가격을 예측하다
목표	• 딥러닝 기반의 문제 해결 과정을 설계할 수 있다. • 프로그래밍을 통해 데이터를 수집·처리하고 딥러닝 모델을 훈련 및 테스트하여 문제를 해결할 수 있다.		

※ 학습 전 문제 해결 과정을 확인하고, 학습 후 스스로 점검해 봅시다.

학습 단계	문제 해결 과정	학습 내용	활동	체크
도입	문제 정의하기	다이아몬드 가격 예측하기	문제를 정의한다.	☐
	데이터 불러오기	캐글에서 다이아몬드 데이터 셋 다운로드하기	다이아몬드 데이터 셋을 다운로드한다.	☐
	데이터 탐색 및 전처리하기	데이터를 코랩으로 업로드하기	다운로드한 데이터를 코랩으로 업로드한다.	☐
		데이터의 정보, 통계치 살펴보기	데이터의 속성과 값의 특징을 파악한다.	
		속성값이 범주형인 데이터를 수치형으로 변환하기	원-핫 인코딩을 통해 범주형 속성값을 수치형으로 변환한다.	☐
		데이터의 속성을 가격에 영향을 미치는 독립 변수와 독립 변수의 영향을 받는 종속 변수로 구분하기	독립 변수와 종속 변수를 슬라이싱하여 분리한다.	☐
		독립 변수 정규화하기	독립 변수의 속성값의 범위를 0.0~1.0 사이의 실수로 정규화한다.	☐
		훈련 데이터와 테스트 데이터 나누기	훈련 데이터와 테스트 데이터를 7:3 비율로 나눈다.	☐
전개	모델 생성하기	케라스를 통해 인공 신경망 모델 생성하기	케라스 라이브러리를 불러와 입력층, 은닉층, 출력층을 생성한다.	☐
		인공 신경망의 각 층에 활성화 함수 설정하기	다이아몬드의 가격에 영향을 미치게 되는 노드의 값을 다음 층의 노드들에 전달하기 위해 활성화 함수(relu)를 설정한다.	☐
	모델 컴파일하기	손실 함수 설정하기	딥러닝의 예측값과 실젯값 사이의 차이(오차)를 수치로 나타내는 손실 함수(MSE)를 설정한다.	☐
		최적화 설정하기	손실 함수의 값을 최소화하는 최적화 함수(Adam)를 설정한다.	☐
		평가 지표 설정하기	회귀 모델의 성능을 평가하는 평가 지표(MAE)를 설정한다.	☐
	모델 학습하기	학습에 필요한 데이터 및 반복 학습 횟수 설정하기	훈련 데이터, 훈련 데이터의 레이블, 훈련 데이터를 반복 학습하는 횟수(epochs)를 설정한다.	☐
		모델을 학습시키면서 오차율 확인하기	모델을 학습시켜 각 반복 학습(epochs)마다 손실 함숫값과 평균절대오차의 값을 해석한다.	☐
	모델 평가 및 예측하기	테스트 데이터로 모델 평가하기	테스트 데이터와 테스트 데이터의 레이블을 이용하여 모델이 얼마나 잘 예측하는지를 평균절대오차(MAE), 결정계수(R^2)를 이용하여 평가한다.	☐
		새로운 데이터로 예측하기	학습이 완료된 모델로 새로운 데이터에 대한 다이아몬드 가격을 예측한다.	☐
정리	활동 정리하기	• 데이터를 내려받는 과정이나 코딩 과정에서 잘 안 되는 부분이 있는지 확인한다. • 활동을 통해 알게 된 점은 무엇인지 확인하고 마무리한다. • 관련 실습 노트 문제(문항 11번)를 해결한다.		

준비 학습

1. 실습 환경 설정

2. 인공지능, 그게 뭔데?

실습 환경 설정

🌐 구글 코랩 환경 설정

1 코랩이란?

구글 Colaboratory는 클라우드 기반의 주피터 노트북(Jupyter Notebook) 개발 환경으로 간단히 코랩(Co-lab)이라고 부릅니다.

코랩은 파이썬을 설치할 필요 없이 브라우저 내에서 파이썬 코드를 작성할 수 있고, 판다스(Pandas), 맷플롯립(Matplotlib), 사이킷런(Scikit-learn), 케라스(Keras), 텐서플로(TensorFlow) 등의 머신러닝 라이브러리가 설치되어 있어 별도의 설치 없이 바로 사용할 수 있습니다. 또한 클라우드 기반이므로 온라인 환경이면 어디서

든 접속하여 코드를 작성할 수 있고 구글 드라이브나 깃허브(github)를 연동하여 사용할 수 있습니다. 코드 작성 시에는 코드의 일부분을 입력했을 때 자동으로 완성해 주는 기능과 문법을 체크해 주는 기능이 있어서 파이썬 IDLE보다 편리합니다.

인공지능 모델을 만들 때 빠른 연산을 위해 필요한 GPU, TPU 등을 무료로 제공하므로 성능이 좋지 않은 컴퓨터에서도 유용하게 사용할 수 있습니다.

2 코랩 시작하기

① 코랩 접속하기

구글 코랩 홈페이지(https://colab.research.goo-gle.com)에 접속한 후 로그인을 하면 오른쪽 창이 열립니다. 파일 열기 창 우측 아래에 있는 '새 노트'를 클릭하면 프로그램을 작성할 수 있는 창으로 연결됩니다. 로그인한 후 작성한 프로그램은 구글 드라이브에 자동으로 저장됩니다.

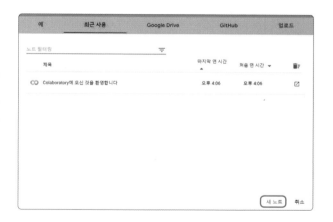

② 코랩 연결하기

코랩 접속 후 노트를 장시간 사용하지 않으면 아래와 같은 '런타임 연결이 끊어짐' 창이 나오고 연결이 해제됩니다. 이때 '다시 연결' 버튼을 클릭하거나 메뉴의 '런타임'-'다시 시작 및 모두 실행'을 클릭하면 다시 연결됩니다.

이 책은 코랩 환경에서 실습합니다.

③ 코랩 환경 설정

① 사이트 테마 설정하기

상단의 '도구' – '설정' 메뉴를 선택하고 테마를 선택하여 화면의 색을 변경할 수 있고, 노트의 이름도 변경할 수 있습니다.

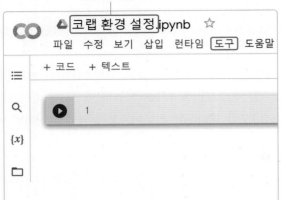

② 편집기 환경 설정하기

'설정' 메뉴에서 '편집기'를 선택하면 코랩 편집기의 글꼴 크기, 들여쓰기 너비(코랩 기준 2칸),행 번호 표시 여부 등을 설정할 수 있습니다.

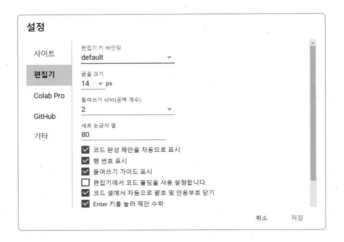

③ 코드 서체 변경하기

코드 셀의 코드 서체를 변경하고 싶다면 구글 크롬의 '설정' – '모양' – '글꼴 맞춤설정'에서 글꼴을 변경합니다. 프로그래밍 과정에서 알아보기 어려운 I, 1, l을 구분하려면 '고정폭 글꼴'에서 'consolas' 서체로 변경합니다.

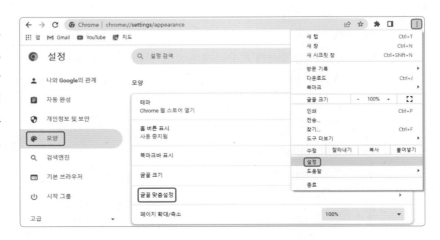

4 코랩 사용 방법

① 텍스트 입력하기

코드에 대한 설명이나 제목을 입력할 때는 '+텍스트'를 클릭해서 텍스트를 입력합니다. 텍스트의 굵기나 기울기 등을 편집할 수 있고, 적용된 텍스트의 미리보기를 확인할 수 있습니다.

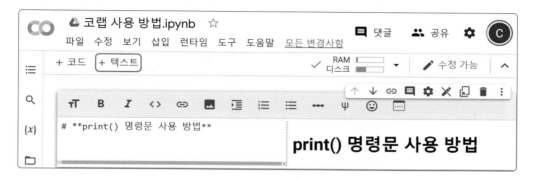

② 코드 작성 및 실행하기

'+코드'를 클릭해서 코드를 입력합니다. 단축키는 Ctrl + M, B입니다. ▶를 클릭하거나 Ctrl + Enter 키를 입력하면 작성한 코드의 실행 결과를 확인할 수 있습니다.

③ 셀 삭제 및 셀 이동하기

셀을 삭제하려면 셀 오른쪽 상단의 🗑(Ctrl + M D)를 클릭하고, 셀을 이동하려면 ↑(Ctrl + M K)↓(Ctrl + M J)를 클릭합니다.

④ 코드 주석 처리하기

코드 주석을 처리하거나 해제하려면 셀에 커서를 놓고 Ctrl + / 키를 입력합니다. 여러 줄을 주석으로 처리하려 면 드래그하여 범위를 설정하고 Ctrl + / 키를 입력합니다.

⑤ 코드 셀을 텍스트 셀로 전환하기

코드 셀에 작성한 코드에 대한 설명이나 도움말이 필요한 경우, 단축키 Ctrl + M M을 눌러 코드를 텍스트 셀로 전환할 수 있습니다. 반대로 텍스트 셀을 코드 셀로 전환할 때는 단축키 Ctrl + M Y를 누릅니다.

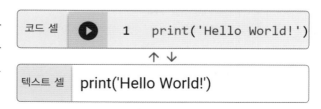

⬡ Python 환경 설정

1️⃣ Python 설치

① Python 공식 홈페이지(https://www.python.org/)에 접속한 후, Downloads 메뉴(①)를 클릭하고 아래 버튼(②)을 클릭하여 설치 파일을 다운로드합니다.

② 다운로드한 설치 파일을 실행한 후, 'Install Now'를 선택하여 프로그램을 설치합니다. 어느 경로에서도 Python을 실행할 수 있도록 'Add Python 3.10 to PATH' 옵션을 선택합니다.

☑ Add Python 3.10 to PATH

2️⃣ 코드 작성하기

바로가기 아이콘을 클릭하여 Python에서 코드를 작성하고 실행합니다.

바탕화면에 바로가기 아이콘을 만들어 사용하면 편리합니다.

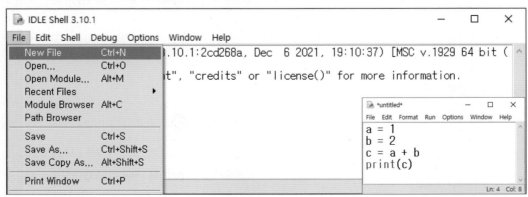

인공지능, 그게 뭔데?

인공지능으로 문제를 해결하기 전에 인공지능이 무엇인지 알아보겠습니다.

인공지능(AI: Artificial Intelligence)은 학습 능력, 판단 능력, 추론 능력, 지각 능력 등 인간의 지능이 하는 일을 컴퓨터 프로그램으로 구현한 기술 또는 연구 분야를 말합니다.

인간 지능과 인공지능은 어떤 차이가 있을까요? 어떤 것을 인공지능이 더 잘하고 어떤 것을 사람이 더 잘하는지 생각해 봅시다.

	인간 지능	인공지능
빠르고 정확한 계산 능력		
창의적인 것을 만드는 능력		
말의 뉘앙스를 판단하는 능력		
타인의 마음에 공감하는 능력		
여러 가지 물건을 빠르게 잡는 능력		
한 번 기억한 것을 잊어버리지 않는 능력		
감성에 이끌리지 않고 공정하게 판단하는 능력		
휴식 없이도 24시간 주어진 일을 처리하는 능력		

타인의 마음에 공감하거나 추상적인 단어와 다양한 비유로 표현된 문학 작품을 이해하고, 번뜩이는 아이디어로 새로운 것을 창작하는 것은 인공지능으로 표현하기 쉽지 않습니다. 하지만 수학 문제를 빠르고 정확하게 계산하는 것처럼 문제 해결을 위한 답을 찾는 일이나 휴식 없이도 계속해서 업무를 보거나 지식과 정보를 반복적으로 학습하여 논리적 결론을 이끌어 내는 것은 인공지능으로 구현하기 쉽습니다.

이제 인간 지능과 인공지능을 비교해 보았으니 인공지능의 개념과 일상생활 속 인공지능 활용 사례를 통해 인공지능에 대해 좀 더 자세히 알아보아요.

키워드: 인공지능, 규칙 기반 인공지능, 학습 기반 인공지능, 머신러닝, 데이터, 인공지능 모델

⬡ 인공지능이란 이런 것!

1 인공지능의 개념

인공지능은 말 그대로 사람이 만든 인공적인 지능입니다. 인공지능에 대한 정의는 학자들 간에 합의된 바가 없습니다. 다만 인공지능이 어떤 일을 할 수 있는가를 토대로 정의한다면, 인공지능은 판단과 추론 등의 사고, 학습과 같은 인간의 지적 능력을 컴퓨터 프로그램으로 구현하는 기술 또는 연구 분야라고 할 수 있습니다.

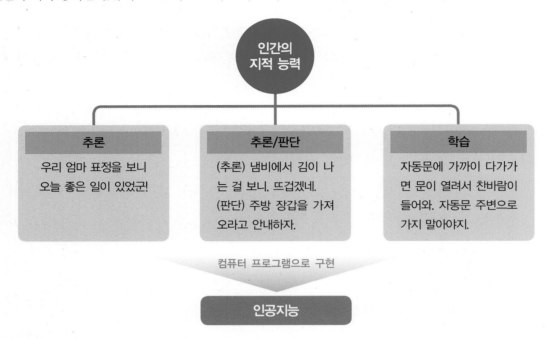

인공지능은 크게 규칙 기반 인공지능과 학습 기반 인공지능으로 나눌 수 있습니다.

① 규칙 기반 인공지능

과거에는 사람의 경험이나 학습한 지식을 토대로 추론하고 판단하는 것을 컴퓨터가 대신하기만 해도 인공지능이라고 여겼습니다. 규칙 기반 인공지능을 적용한 사례는 다음과 같습니다.

② 학습 기반 인공지능

최근에는 방대한 양의 데이터를 수집하고 저장할 수 있게 되었고, 이를 빠르게 처리할 수 있는 컴퓨터 성능까지 뒷받침되면서 데이터를 학습하여 지능적인 일을 처리할 수 있는 학습 기반 인공지능이 대세가 되었습니다. 인간이 지식과 경험을 토대로 결과나 미래를 예측하는 것처럼, 인공지능 역시 데이터를 학습하여 결과나 미래를 예측합니다. 다만 인공지능은 사람이 학습하는 데 필요한 지식의 양에 비해 방대한 양의 데이터를 필요로 합니다.

학습 기반 인공지능은 인공지능이 스스로 학습한다는 점에서 머신러닝(Machine Learning)이라고 부르고, 이를 적용한 사례는 다음과 같습니다.

2 인공지능의 실체

컴퓨터 하드웨어는 사람의 신체에 해당하고, 소프트웨어는 인간의 두뇌에 해당한다고 볼 수 있는데, 이 중 인공지능은 인간의 두뇌라 할 수 있습니다. 인간의 두뇌는 인지적인 역할을 하므로 소프트웨어라고 보면 됩니다. 소프트웨어를 만들 때 프로그래밍하는 것처럼, 인공지능을 만들려면 프로그래밍을 해야 합니다.

인공지능의 실체를 인간에 비유하여 조금 더 구체적으로 설명해 보겠습니다. 갓 태어난 아기는 두뇌가 있으나 스스로 할 수 있는 것이 없습니다. 아기는 성장하는 과정에서 다양한 경험을 통해 스스로 생각하여 판단할 수 있게 됩니다. 이처럼 인공지능도 처음에는 인간의 뇌 구조에 해당하는 모델만 가지고 있으나, 데이터(인간의 지식과 경험에 해당)를 학습하게 되면서 제 기능을 할 수 있습니다. 그리고 학습할수록 점점 똑똑해집니다.

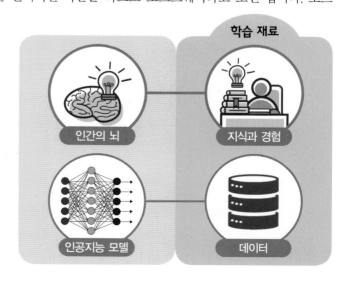

⬡ 인공지능 활용 사례

다음 대화에 등장하는 A와 B 중에서 어느 것이 인공지능일까요?

A 지금은 2020년 7월입니다. 전염성 높은 코로나 바이러스로 인해 세계 경제가 혼란에 빠졌습니다. 팬데믹에 대응하여 세계 각국의 정부는 다양한 조치를 통해 바이러스 확산을 막기 위한 노력을 해왔습니다. 이러한 상황으로 많은 사업체가 폐업을 했습니다. 어떤 업체들이 제일 큰 타격을 입었을까요?

B 사람 간 직접적으로 교류하는 사업들이 주로 타격을 입었습니다. 레스토랑, 소매상과 같은 서비스 기반의 업체들이 이에 포함됩니다. 사람 간의 직접적인 상호 작용을 필요로 하지 않는 업체들이 살아남았죠.

A 맞습니다. 이런 상황은 장기적으로 볼 때 어떤 영향을 미칠까요?

B 언젠가는 세계 경제가 무너지겠죠. 또 다른 금융 위기로 이어질 수 있습니다.

A 백신으로 막을 수 있을까요?

B 그렇지 않습니다. 백신은 질병을 지연시킬 수 있지만, …

A 돈을 많이 벌고 싶으면 무엇을 하면 될까요?

B 사람 간 직접적으로 교류하지 않는 책, 옷, 전자 제품을 판매하는 온라인 매장을 운영하는 것입니다.

위 대화에서 A는 전문성을 갖춘 연구원이고, B는 인공지능입니다. 인공지능 스피커를 보아도 알 수 있듯이 인공지능은 마치 사람처럼 언어를 인식하여 일상생활 속에서 인간의 간단한 질문에 응답하는 수준에 이르렀습니다. 일상생활의 가전제품이나 자동차 등에 인공지능이 탑재되면서 인간의 노동 부담을 줄이고 편의를 제공하고 있습니다.

일상생활에서 활용되고 있는 인공지능을 살펴보도록 하겠습니다.

일상생활 속 인공지능

인공지능 냉장고는 내부에 장착된 카메라를 통해 보관된 식재료를 파악하여 요리 방법을 추천하거나 유통기한이 지난 식품을 사용자에게 알립니다.

인공지능 스피커는 사용자의 음성을 듣고 그 의도를 파악하여 요청을 처리할 수 있습니다. 또한 스마트 홈 기기와 연동하여 각종 가전제품을 제어할 수도 있습니다.

인공지능 카메라는 꽃 검색 서비스처럼 사물을 비추면 사물의 정보를 알려 줍니다.

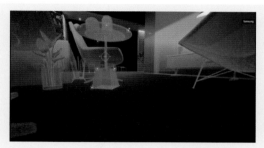

로봇 청소기는 청소하면서 주변의 사물을 인식하여 피해가거나 사용자에게 치울 것을 안내합니다.

그 밖에도 홈 스마트 시스템, 자동차 내비게이션의 음성 인식 등도 인공지능을 활용한 장치입니다. 이처럼 인공지능은 여러 분야에 활용되고 있으며 그 영역이 점차 확대되고 있습니다. 그중 2020년에 개발된 GPT-3는 인간보다도 상황을 잘 파악하고 적절한 응답을 유창하게 표현하는 인공지능입니다.

인공지능 GPT-3

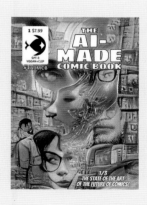

GPT-3가 인간과 협업하여 창작한 소설과 그림은 서점에서 판매되고 있습니다.

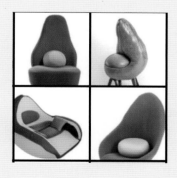

GPT-3로부터 파생된 인공지능 DALL·E는 '아보카도 모양의 안락의자'라는 텍스트를 입력하면 그에 맞는 이미지를 생성합니다.

입력: Giant waves crashing over boats.
(거대한 파도가 배를 덮친다.)
GPT-3: The Great Wave Off Kanagawa
– Hokusai.(카나가와의 거대한
파도 아래 – 호쿠사이)

▲ 실제 작품

GPT-3는 명화를 텍스트로 묘사하면 그 작품의 이름과 작가를 출력합니다.

Part 1
머신러닝을 위한 Python 이해하기

I

Python 기초

1. 프로그래밍의 시작, **입출력**
2. 변하는 값을 기억해 줘, **변수**
3. 저장하는 스타일이 달라, **자료형**
4. 편리하게 사용해 볼까, **컨테이너 자료형**
5. 흐름을 내 마음대로, **제어문**
6. 필요할 때 불러 줘, **함수**

'Python 기초' 영역에서는 머신러닝을 배우기 위한 첫 단추로 Python 기본 문법을 배웁니다. 텍스트 코딩을 처음 접하는 사람도 쉽게 익힐 수 있도록 명령어 사용법과 활용하는 다양한 예제 및 해 보기, 확인 문제를 제시하여 Python 기본 문법을 익히도록 하였고, 각 명령어를 익히고 난 후에는 머신러닝에서 각 명령어가 어떻게 활용되는지 학습합니다.

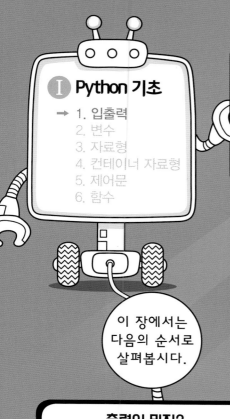

프로그래밍의 시작,
입출력

Python 프로그램은 결과를 출력하고 자료를 입력하는 것에서 시작합니다. 출력과 입력, 그리고 프로그램을 이해하기 쉽게 설명해 주는 주석에 대해 알아보겠습니다.

이 장에서는 다음의 순서로 살펴봅시다.

출력이 뭐지?

입력이 뭐지?

주석은 이렇게 사용해요!

머신러닝에서 입출력은 어떻게?

1 출력이 뭐지?

메시지 출력

사용자가 문서를 작성한 후에 인쇄 버튼을 누르면 프린터에서 인쇄된 문서가 나오고, 오디오 장치에서 음악을 재생하면 스피커를 통해 음악이 흘러나옵니다. 이와 같이 입력과 처리 과정을 통해 나온 최종 결과물이나 상태를 출력이라고 합니다. 프로그래밍에서의 출력값은 반드시 있어야 하며 사용 목적에 따라 다양한 형태로 출력할 수 있습니다.

프로그래밍은 메시지를 출력하는 것부터 시작합니다. Python은 특별한 명령어를 사용하지 않고도 간단한 내용을 출력할 수 있는 기능을 제공합니다.

간단한 메시지를 출력해 보겠습니다.

```
1    1+2
```
```
3
```

입력한 1+2의 연산 결과로 3이 출력됩니다.
그렇다면 '만나서 반갑습니다.'라는 메시지를 출력하려면 어떻게 해야 할까요?

```
1    만나서 반갑습니다.
```
```
SyntaxError: invalid syntax
```

프로그래밍에서 에러는 흔히 발생하고 여러 번의 시행착오도 필요한 과정입니다. 두려워하지 말고 자연스럽게 받아들이세요.

그런데 SyntaxError: invalid syntax 메시지가 나타납니다. 문자열을 출력할 때는 출력하고 싶은 메시지를 작은따옴표 ' ' 또는 큰따옴표 " " 안에 넣어야 합니다.

'만나서 반갑습니다.'가 바르게 출력되도록 수정해 보겠습니다.

따옴표(' ')는 공백이 포함된 문자열을 하나의 값으로 인식합니다.

```
1    '만나서 반갑습니다.'
```
```
'만나서 반갑습니다.'
```

입출력을 설명하는데 출력을 먼저 소개하는 이유가 뭔가요?

입력된 것을 확인하려면 출력을 먼저 배워야 하기 때문이야.

그렇지! 프로그램의 결과를 확인하기 위해서 출력은 반드시 있어야 하지.

Python은 결과를 다양한 형태로 출력할 수 있도록 print( ) 함수를 제공합니다. 출력하고 싶은 내용을 소괄호( ) 안에 적습니다.

> print(출력 내용)

한 개씩 출력

print( ) 함수를 사용하여 한 문장씩 적고 출력해 봅시다.

```
1  print(1+2)
2  print('안녕하세요.')
3  print('만나서 반갑습니다.')
4  print('Hello')
5  print('world')
```

```
3
안녕하세요.
만나서 반갑습니다.
Hello
world
```

코랩에서는 마지막 줄의 내용을 출력 명령 없이 출력하는 기능을 지원합니다. 하지만 여러 줄을 출력하려면 출력 명령 print()를 사용해야 합니다.

여러 개 출력

소괄호( ) 안에 여러 개의 문장이나 단어를 쉼표(,)로 분리하여 출력해 봅시다. 여러 개의 문장이나 단어를 한 줄에 출력할 수 있습니다.

```
1  print('안녕하세요.', '만나서 반갑습니다.')
2  print('Hello', 'world')
```

```
안녕하세요. 만나서 반갑습니다.
Hello world
```

서식 지정 출력

Python은 자료의 종류에 따라 문자를 출력할 때는 문자로, 숫자를 출력할 때는 숫자로 값의 서식을 지정하여 출력하는 기능을 제공합니다.

소괄호( ) 안에 서식 지정자와 출력할 값을 적습니다.

> print('서식 지정자' %값)

서식 지정자는 문자열 포맷팅(string formatting)이라고도 하며 정수, 실수, 문자열 등의 자료형에 일정한 서식을 부여하는 방법으로 사용자가 직접 지정할 수 있습니다.

서식 지정자 없이도 출력이 잘됩니다. 서식 지정자를 사용하는 이유와 방법을 기억해 두세요.

자료형	서식 지정자	설명
정수	%d	decimal integer, 정수형 자료 출력
실수	%f	• fixed point, 실수형 자료에 사용하며 소수점 아래 여섯째 자리까지 출력 • f 앞에 점(.)과 출력할 소수점 아래 자릿수 입력 예 %.2f → 소수점 아래 둘째 자리까지 출력
문자열	%s	string, 문자형 자료 출력

■ 한 개씩 출력

서식 지정자를 사용하여 다양한 형태의 자료를 출력해 보겠습니다.

'서식 지정자'와 %값 사이는 콤마(,)로 분리하지 않아요.

```
1   print('1 + 2 = %d' %(1+2))
2   print('%d' %3.14)
3   print('%f' %3.14)
4   print('원주율은 %.2f입니다.' %3.14)
5   print('안녕하세요. %s' %'만나서 반갑습니다.')
```

```
1 + 2 = 3
3   # 정수형이므로 3만 출력됩니다.
3.140000  # 소수점 아래 여섯째 자리까지 출력하므로 0이 추가로 출력됩니다.
원주율은 3.14입니다.  # 소수점 아래 둘째 자리까지 출력됩니다.
안녕하세요. 만나서 반갑습니다.
```

■ 여러 개 출력

2개 이상의 값을 연결하여 출력할 때는 '서식 지정자'와 '%값'의 개수를 똑같이 적고 출력할 값을 콤마(,)로 구분합니다. 다음과 같이 여러 개의 값을 연결하여 출력해 보겠습니다.

```
1   print('제 생일은 %d월 %d일입니다.' %(6, 1))
2   print('원주율 %.2f * 원의 지름 %d = 원의 둘레는 %.2f입니다.'  %(3.14, 3, 3 * 3.14))
3   print('오늘의 날씨는 %s으로 최저 기온은 %d도, 최고 기온은 %d도입니다.' %('맑음', 15, 19))
```

```
제 생일은 6월 1일입니다.
원주율 3.14 * 원의 지름 3 = 원의 둘레는 9.42입니다.
오늘의 날씨는 맑음으로 최저 기온은 15도, 최고 기온은 19도입니다.
```

Python은 다양한 형태의 출력을 제공하는데 그중 format( ) 함수를 사용하면 숫자를 문자열의 형태로 변환하여 출력할 수 있습니다. 새롭게 삽입될 자리에 중괄호{}를 표시하고 출력될 값을 format(값)으로 적습니다. 중괄호의 개수와 format( ) 함수 소괄호( ) 안에 값의 개수는 같아야 합니다.

print('{ }'.format(값))

다양하게 출력

format( ) 함수를 사용하여 앞의 예제 코드와 동일한 결과를 출력해 보겠습니다.

{ } 안은 띄어쓰기를 하지 않습니다. 띄어쓰면 오류 메시지가 출력됩니다.

```
1  print('제 생일은 6월 {}일입니다.'.format(1))
2  print('원주율 {} * 원의 지름 {} = 원의 둘레 {} 입니다.'.format(3.14, 3, 3 * 3.14))
3  print('오늘의 날씨는 {}으로 최저 기온은 {}도, 최고 기온은 {}도입니다.'.format('맑음',
   15, 19))
```

제 생일은 6월 1일입니다.

원주율 3.14 * 원의 지름 3 = 원의 둘레 9.42 입니다.

오늘의 날씨는 맑음으로 최저 기온은 15도, 최고 기온은 19도입니다.

format( ) 함수를 사용하면 숫자에 기호를 붙여 출력하는 경우, 실수의 소수점을 지정하여 출력하는 경우, 출력하는 자료 앞뒤에 공백을 함께 출력하는 경우 등 다양한 형태로 출력할 수 있습니다.

해 보기

서식 지정자와 format( ) 함수를 사용하여 다양한 형태의 자료를 자유롭게 출력해 봅시다.

```
1  print('{}월 {}일 날씨는 {}입니다.'.format(3, 10, '흐림')
2
3
4
5
```

핵심 내용

• print( ) 함수: 기본적인 출력을 할 수 있습니다.

• 서식 지정자: 자료의 형태에 따라 출력을 다르게 지정할 수 있습니다(정수: %d, 실수: %f, 문자열: %s).

• format( ) 함수: 숫자를 문자열로 변환하여 다양한 형태로 출력할 수 있습니다.

2 입력이 뭐지?

input()

프로그램에서 사용자로부터 어떠한 자료를 입력받을 때는 input( ) 함수를 사용하여 입력된 값을 저장하고 사용합니다.

input( ) 함수의 소괄호( ) 안에 사용자가 자료를 입력할 수 있도록 안내하는 내용을 적습니다. input( ) 함수가 실행되면 프로그램은 안내하는 내용을 보여 주고 사용자가 자료를 입력한 후 엔터키를 누를 때까지 기다립니다.

> input('안내할 말') # '안내하는 말 생략 가능

input( ) 함수를 사용하여 사용자로부터 이름을 입력받아 결과를 확인해 보겠습니다.

```
1  input('이름을 입력하세요.')
```
```
이름을 입력하세요. 나비 # '나비'는 사용자 입력 부분
'나비'
```

사용자에게 입력받은 자료를 저장하여 출력해 보겠습니다.

```
1  name = input('이름을 입력하세요.')
2  print('안녕하세요, %s님. 만나서 반갑습니다.' %name)
```
```
이름을 입력하세요. 나비
안녕하세요, 나비님. 만나서 반갑습니다.
```

사용자에게 입력받은 값은 name이라는 변수에 저장됩니다. 변수는 34쪽에서 배웁니다.

형 변환

input( ) 함수를 사용하여 자료를 입력하면 입력받은 값을 문자열로 인식합니다. 만약 연산을 위해 숫자를 입력받아야 한다면 입력받은 문자열 값을 숫자형으로 변환해 주어야 하는데 이렇게 자료형을 변환하는 것을 형 변환(Casting)이라고 합니다. 형 변환을 하려면 다음과 같이 자료형에 알맞은 형 변환 함수를 사용합니다.

input( )으로 숫자를 입력받아 보세요. 출력되는 숫자에 ' '가 찍히는 걸 확인할 수 있어요.
```
1  input()
```
```
3
'3'
```

자료형	형 변환 함수	설명	예시
정수형	int(값)	정수형으로 변환	int(4.5) ⇒ 4
실수형	float(값)	실수형으로 변환	float(4) ⇒ 4.0
모든 숫자(정수, 실수)	eval(표현식)	정수형/실수형 모두 가능	eval(3*3) ⇒ 9 eval(3*3.1) ⇒ 9.3
문자형	str(값)	문자열로 변환	str(123) ⇒ '123'

해 보기 1

원의 지름을 정수로 입력받아 원의 둘레를 출력해 보고, int를 사용하지 않을 때와 비교해 봅시다.

num이랑 circle은 뭘까요?

```
1  num = int(input('원의 지름을 입력하세요.')) # 문자열을 정수로 변환하여 num에 저장
2  circle = num * 3.14
3  print('원의 둘레는 %d입니다.' %circle)
```

⤷ 원의 지름을 입력하세요. 4
원의 둘레는 12입니다.

해 보기 2

해 보기 1에서 구한 원의 둘레는 정수입니다. 실수 형태로 출력하려면 어떻게 해야 할까요? 서식 지정자를 사용하여 실수로 출력해 봅시다.

num이랑 circle은 변수라고 하는데 33쪽 이후부터 자세히 알려 주마.

```
1  num = int(input('원의 지름을 입력하세요.'))
2  circle = num * 3.14
3  print('원의 둘레는 %.2f입니다.' %circle) # %.2f는 소수점 아래 둘째 자리까지 표시
```

⤷ 원의 지름을 입력하세요. 4
원의 둘레는 12.56입니다.

해 보기 3

원의 지름을 정수나 실수에 관계없이 숫자 자료형으로 입력받고, 계산 결과를 출력해 봅시다.

```
1  num = eval(input('원의 지름을 입력하세요.'))
2  circle = num * 3.14
3  print('원의 둘레는 %.2f입니다.' %circle)
```

⤷ 원의 지름을 입력하세요. 4.5
원의 둘레는 14.13입니다.

원의 지름을 정수로도 입력 받아 출력해 보세요.

핵심 내용

- input( ) 함수: 사용자로부터 자료를 입력받을 때 사용하며, 입력받은 자료를 문자형으로 인식합니다.
- 형 변환: 입력받은 자료의 형태를 정수형, 실수형, 문자형 등으로 변환하여 사용할 수 있습니다.

③ 주석은 이렇게 사용해요!

주석

프로그래밍하면서 때로는 작성된 코드가 어떠한 역할을 수행하는지 설명해야 할 때가 있습니다. 코드를 설명하기 위해 주석을 사용하며, 주석은 프로그램의 실행에 영향을 미치지 않습니다.

주석은 한 줄 단위의 주석과 블록 단위의 주석 두 가지가 있습니다.

한 줄 주석

'#'을 사용하여 코드에 대한 설명 글을 작성합니다.

코드에 대한 설명 글

앞의 예제에 주석을 넣고 실행해 보겠습니다.

할머니의 잔소리도
한 줄 주석처럼 간단하면
좋을 텐데~

```python
1   # 입력받은 값을 num에 저장
2   num = eval(input('원의 지름을 입력하세요.'))
3
4   # num은 입력받은 원의 지름을 저장한 장소의 이름
5   # 원의 지름 num과 원주율(3.14)을 곱하여 원의 둘레를 구하고 circle에 저장
6   circle = num * 3.14
7
8   # 계산한 원의 둘레를 실수형으로 소수점 아래 넷째 자리까지 출력
9   print('원의 둘레는 %.4f입니다.' %circle)
10
11  # 계산한 원의 둘레를 정수형으로 출력
12  print('원의 둘레는 %d입니다.' %circle)
```

⤷ 원의 지름을 입력하세요. 4.5
원의 둘레는 14.1300입니다.
원의 둘레는 14입니다.

코랩에서 주석을 입력하는
단축키는 'Ctrl + /'입니다.

Q 프로그램의 실행 결과가 주석을 넣기 전과 후에 달라지나요?

A 아니요. 주석은 프로그램의 실행 결과와 관련이 없습니다.

블록 주석

작은따옴표 세 개(''')나 큰따옴표 세 개(""")를 사용하여 2줄 이상의 블록 주석의 시작과 끝을 표현할 수 있습니다.

> '''
> 코드에 대한 설명 글(주석이 2줄 이상일 경우)
> '''

작은따옴표 세 개(''')를 사용하여 주석을 표현하고 실행해 보겠습니다.

이제는 나이가 들어서 잔소리도 길게는 못 하겠지만~ 우리 부엉이 잘되라고 하는 말이니까 힘을 내서 할 말은 다 해야 혀!

```
1  '''
2  입력받은 값을 num에 저장
3  num은 입력받은 원의 지름을 저장한 장소의 이름
4  원의 지름 num과 원주율(3.14)을 곱하여 원의 둘레를 구하고 circle에 저장
5  '''
6  num = eval(input('원의 지름을 입력하세요.'))
7  circle = num * 3.14
8  '''
9  계산된 원의 둘레를 실수형으로 소수점 아래 넷째 자리까지 출력
10 계산된 원의 둘레를 정수형으로 출력
11 '''
12 print('원의 둘레는 %.4f입니다.' %circle)
13 print('원의 둘레는 %d입니다.' %circle)
```

원의 지름을 입력하세요. `4.518`
원의 둘레는 14.1865입니다.
원의 둘레는 14입니다.

Q 주석을 사용하면 좋은 점이 무엇일까요?

A 주석은 프로그램을 구성하는 코드를 이해하기 쉽게 풀어쓴 설명으로, 코드를 해석하는 데 필요한 시간과 노력을 줄이는 역할을 합니다. 자신이 작성한 프로그램이라고 할지라도 시간이 지나면 어떻게 구현한 프로그램이었는지 기억해 내기 쉽지 않습니다. 타인이 내가 작성한 프로그램을 해석하고 오류가 있는 부분을 수정하거나 기능을 추가 또는 개선하려고 할 때, 주석이 있으면 코드 작성 의도와 방법을 쉽게 이해할 수 있어 빠른 업무 처리가 가능해집니다.

머신러닝에서 입출력은 어떻게?

머신러닝에서 입력은 csv 파일을 많이 이용하므로 input( ) 함수보다는 read_csv( ) 함수가 많이 사용됩니다. csv 파일은 스프레드시트에서 가져온 것과 같은 테이블 기반 데이터를 저장하기 위한 파일 형식입니다.

출력은 데이터프레임의 기초 정보, 행과 열의 개수, 데이터 출력, 통계량 출력 등 데이터를 확인하기 위해 매우 많이 사용됩니다. 코랩에서는 print( ) 함수를 생략해도 출력되므로 print( ) 함수를 생략하는 코드가 많습니다.

데이터프레임은 간단히 말하면 표 형태의 데이터입니다. 앞으로 배울 판다스(Pandas)에서는 데이터프레임을 직접 만들 수도 있고, 파일에서 불러들일 수도 있습니다.

다음은 머신러닝에서 자주 사용되는 입출력 관련 명령입니다.

```
1  df = pd.read_csv('rollercoasters.csv') #데이터 입력
2  # 데이터프레임의 기초 정보(데이터 개수, 속성명, 속성별 개수, 속성의 데이터 유형) 출력
3  df.info( )
4  df.shape # 데이터프레임의 행과 열의 개수를 쌍으로 출력
5  df.head( ) # 데이터프레임의 상위 5개 행 출력
6  df.tail( ) # 데이터프레임의 하위 5개 행 출력
7  df.describe( ) # 통계량 출력
```

다음은 위 코드 7행의 실행 결과 예시입니다.

	Ladder score	Logged GDP per capita	Social support	Healthy life expectancy	Freedom to make life choices	Generosity	Perceptions of corruption
count	149.000000	149.000000	149.000000	149.000000	149.000000	149.000000	149.000000
mean	5.532839	9.432208	0.814745	64.992799	0.791597	-0.015134	0.727450
std	1.073924	1.158601	0.114889	6.762043	0.113332	0.150657	0.179226
min	2.523000	6.635000	0.463000	48.478000	0.382000	-0.288000	0.082000
25%	4.852000	8.541000	0.750000	59.802000	0.718000	-0.126000	0.667000
50%	5.534000	9.569000	0.832000	66.603000	0.804000	-0.036000	0.781000
75%	6.255000	10.421000	0.905000	69.600000	0.877000	0.079000	0.845000
max	7.842000	11.647000	0.983000	76.953000	0.970000	0.542000	0.939000

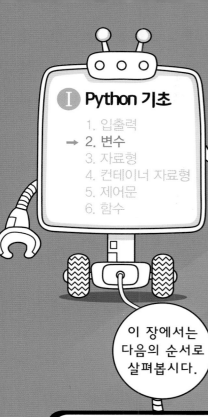

변하는 값을 기억해 줘,
변수

수학에서 변수는 어떤 관계나 범위 안에서 여러 가지 값으로 변할 수 있는 수를 의미합니다. 프로그래밍에서 변수는 프로그램이 실행되는 동안 필요한 자료를 기억하고 사용하기 위한 저장 공간을 의미합니다.

이 장에서는 다음의 순서로 살펴봅시다.

변수가 뭐지?

변수를 만들어요!

변수는 이렇게 사용해요!

머신러닝에서 변수는 어떻게?

1 변수가 뭐지?

변수란?

변수는 프로그램이 실행되는 동안 컴퓨터가 기억해야 할 값을 저장하는 공간입니다. 변수 이름을 설정하는 순간 메모리 안에 저장할 공간이 확보되는데, 이때 저장 공간의 크기를 결정하는 것이 변수에 저장될 자료의 형태입니다. Python은 변수를 생성할 때 자료형을 별도로 지정하지 않고 변수에 저장되는 값의 종류에 따라 자동으로 부여됩니다.

> 구체적인 자료형에 관한 설명은 47쪽 이후에 배웁니다.

변수의 값은 필요에 따라 변경할 수 있습니다. 농구 경기를 떠올려 봅시다.
현재 점수에서 A팀의 선수가 3점 숏을 넣어 득점했다면 A팀의 점수는 20점에서 3점을 더한 23점으로 변합니다.

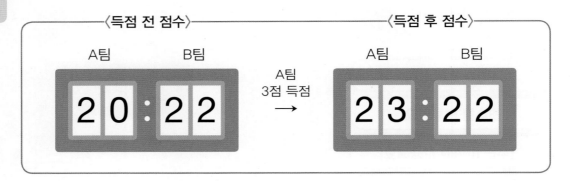

이렇게 경기가 진행되는 동안 각 팀의 점수를 기록하고 변경하는 것처럼 컴퓨터도 프로그램이 실행되는 동안 변수에 값을 저장하고, 필요에 따라 저장한 값을 바꿉니다. 이렇게 변수에 계속 바뀌는 수나 문자를 잠시 넣어 두고 사용하면 편리하기 때문에 프로그램을 작성할 때 변수를 가장 많이 사용합니다.

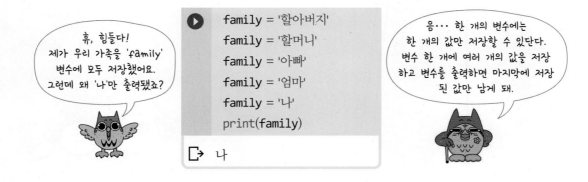

- **변수**: 프로그램이 실행되는 동안 컴퓨터가 기억하고 계산해야 하는 값을 저장하는 공간입니다. 이때 변수에 저장한 값은 필요에 따라 변합니다. 그래서 변~수!

변수를 언제 사용하면 좋을지 알아보겠습니다. 예를 들어, 구구단 중 9단을 출력하려면 다음과 같이 코드를 작성해야 합니다.

```
print(9*1)
print(9*2)
print(9*3)
   ⋮
```

만약 이 프로그램을 10단으로 바꾼다면 9가 있던 자리를 일일이 10으로 교체해야 하는 번거로움이 생깁니다. 이때 변수를 사용하면 쉽게 교체할 수 있습니다. 먼저 9를 dan이라는 이름의 변수에 저장하여 사용해 본 후, 다시 변수 dan에 저장할 값만 10으로 수정하면 됩니다. 코드 작성은 다음과 같습니다.

```
dan = 9
print(dan*1)
print(dan*2)
print(dan*3)
   ⋮
```
⟶
```
dan = 10
print(dan*1)
print(dan*2)
print(dan*3)
   ⋮
```

이처럼 변수는 다음의 장점을 갖습니다.
- 변수 이름으로 반복 사용할 수 있으므로, **코드의 재활용성**을 높인다.
- 값이 의미하는 바를 변수 이름으로 정하므로, **코드의 가독성**을 높인다.
- 변숫값만 수정하면 되므로, 코드의 수정을 쉽게 하도록 도움으로써 유지보수가 용이하다.

프로그램을 효율적으로 작성하기 위해서는 변수를 필요한 곳에 적절하게 사용해야 합니다. 그럼 변수를 어떻게 사용하는지 '택시 요금'을 계산하여 영수증을 출력하는 과정을 예로 들어 보겠습니다.

택시 요금을 계산하는 조건은 다음과 같습니다.

- 기본요금 3,800원
- 처음 2,000m까지는 기본요금
- 2,000m 이후, 가산 거리 133m당 100원씩 요금 증가

택시 요금을 출력하기 위해 어떤 변수를 사용하는지 확인해 봅시다.

1. 승객이 이동한 거리를 입력받습니다. 이동 거리는 이동 중인 경우라면 꾸준히 값이 바뀌므로 프로그램이 실행되는 동안 이동 거리를 저장해 두어야 합니다. 따라서 '이동 거리'라는 변수에 승객이 이동한 거리를 저장하도록 하겠습니다.

> 이동 거리 = 승객이 이동한 거리 입력

2. 승객이 내야 하는 택시 요금은 다음 식으로 계산합니다. 이동 거리에 따라 택시 요금도 달라지므로 '택시 요금' 변수도 필요합니다.

'이동 거리'를 변수에 저장하니까 '택시 요금'을 잘못 계산하는 일은 없을 거야!

> 택시 요금 = 3,800 + [(이동 거리 − 2,000) / 133 × 100]   ([ ] : 백단위 절상)

여기서 변수는 '이동 거리'와 '택시 요금'입니다. 택시에 탄 승객마다 이동 거리가 다르고, 이동 거리에 따라 택시 요금이 다르게 계산되기 때문입니다.

변수 추가

만약 기본요금이 오르고 가산 거리, 가산 거리 당 추가 요금이 오른다면 어떻게 해야 할까요? 요금 계산을 위해 프로그램을 살피며 바뀐 값을 일일이 수정해야 하므로 번거롭고, 실수로 수정하지 않은 부분이 있다면 택시 요금이 제대로 계산되지 않을 것입니다.
이러한 불편함을 해소하기 위해 필요한 변수를 추가하여 택시 요금을 계산해 보겠습니다.

택시 요금을 출력하는 데 추가한 변수가 어떻게 사용되는지 확인해 봅시다.

1. 필요한 변수는 다음과 같이 설정합니다.

앞에서 사용한 변수	추가할 변수
이동 거리, 택시 요금	기본요금, 가산 거리, 가산 거리 당 추가 요금

2. 승객이 내야 하는 택시 요금은 다음 식으로 계산합니다.

> 택시 요금 = 기본요금 + [(이동 거리 − 2,000) / 가산 거리 × 가산 거리 당 추가 요금]
> ([ ] : 백단위 절상)

핵심 내용

• 변수 사용의 장점: 프로그램을 만들 때 계산에 필요한 값을 변수로 설정하면, 변수의 일부 값이 변하더라도 나머지 계산에는 영향을 주지 않고 올바른 결과를 얻을 수 있으며 반복하여 사용할 수 있습니다.

변수 초기화

추가한 변수인 기본요금이 4,000원, 가산 거리가 120m, 가산 거리 당 추가 요금이 150원으로 바뀌면 어떻게 해야 할까요? 기준에 의해 바뀐 값을 변수의 초깃값으로 적용하여 택시 요금을 출력해 보겠습니다.

위 조건에 의해 변수에 값을 저장합니다.

- 기본요금 = 4,000
- 가산 거리 = 120
- 이동 거리 = 승객이 이동한 거리 입력
- 가산 거리 당 추가 요금 = 150
- 택시 요금 = 계산되는 택시 요금 계산

택시 요금 출력

변수명 위치에 변경된 값을 입력하여 '택시 요금'을 계산한 후 영수증으로 출력해 보겠습니다. 변수를 이용한 영수증 형식은 아래의 왼쪽 그림과 같고, 변수에 저장된 바뀐 값에 따라 영수증을 출력하면 오른쪽 그림과 같습니다.

1. 승객이 내야 하는 택시 요금은 다음 식으로 계산합니다.

택시 요금 = 4,000 + [(이동 거리 − 2,000) / 120 × 150]   ([ ] : 백단위 절상)

2. 영수증 형식에 맞게 택시 요금을 출력합니다.

영 수 증
• 기본요금: '기본요금' 원
• 가산 거리: '가산 거리' m
• 가산 거리 당 추가 요금: '가산 거리 당 추가 요금' 원
• 고객님의 이동 거리: '이동 거리' m
- -
총 비용: '택시 요금' 원

영 수 증
• 기본요금: 4,000원
• 가산 거리: 120m
• 가산 거리 당 추가 요금: 150원
• 고객님의 이동 거리: '이동 거리' m
- -
총 비용: '택시 요금' 원

이제 택시 요금을 계산하는 기준이 달라져도 쉽게 택시 요금을 계산할 수 있어요!

왼쪽 영수증에서 3개의 변수인 '기본요금', '가산 거리', '가산 거리 당 추가 요금'이 추가된 것을 확인할 수 있습니다. 따라서 '이동 거리'와 '택시 요금' 외에 '기본요금', '가산 거리', '가산 거리 당 추가 요금'을 변수에 추가하면 사용하는 변수는 모두 5개가 됩니다.

이처럼 자주 바뀌는 값을 변수로 설정하여 변수의 값만 바꾸어 주면 쉽게 프로그램을 수정할 수 있습니다. 또 실수로 수정하지 않은 부분이 생겨 택시 요금이 달라질 수 있다는 걱정도 없어지게 됩니다.

2 변수를 만들어요!

변수 이름 짓기

프로그램에서 사용하는 변수는 변수 이름을 만드는 규칙이나 방법이 있습니다. 이 규칙과 방법을 잘 기억해 두면 변수 이름을 만들 때 도움이 됩니다.

프로그램에서 변수를 사용하려면 먼저 변수를 만들어야 합니다. 다음의 규칙에 따라 만들어야 합니다.

규칙

규칙1 숫자로 시작할 수 없다.

> 123abc(x)   abc123(O)

변수 이름을 숫자부터 시작하면 프로그램에서 올바르게 인식하지 못하고 오류라고 판단합니다. 따라서 변수 이름은 항상 문자로 시작해야 합니다.

규칙2 띄어쓰기를 하지 않는다.

> abc1 xyz2 (abc1와 xyz2를 각각 다른 변수로 인식)
> abc1xyz2(O)   abc1_xyz2(O)

변수 이름에 띄어쓰기가 있으면 띄어쓰기를 기준으로 서로 다른 변수로 인식하기 때문에 띄어쓰기를 하지 않습니다. 만약 띄어쓰기를 하고 싶을 때는 '언더바(_)'를 사용합니다.

규칙3 대문자와 소문자를 구분하여 사용한다.

> abc123   ABC123 (두 변수는 서로 다른 변수)

프로그램에서는 변수 이름의 대문자와 소문자를 구분하기 때문에 명확히 해야 합니다.

규칙4 한글보다는 영어 사용을 권장한다.

> Star_1(O)   별_1(△)

변수의 이름은 한국어, 중국어, 일본어 등 전 세계의 모든 언어를 사용할 수 있지만, 일반적으로 영어 알파벳을 사용하여 변수를 만듭니다. 지금은 아니지만 예전에는 한글로 변수 이름을 만들면 프로그램이 한글로 된 변수를 오류로 인식했던 적도 있습니다.

방법

사람들은 자신의 아이디나 별명을 지을 때 어떠한 의미가 드러나도록 합니다. 변수 이름도 마찬가지로 x, y처럼 아무 의미 없는 알파벳을 나열하여 쓰는 것보다 그 의미가 드러나도록 짓는 것이 좋습니다.

변수의 이름을 짓는 것은 생각보다 어려워서 어떤 프로그래머는 코드를 작성하는 것보다 변수의 이름을 짓는 것이 더 어렵다고 말하기도 합니다.

방법1 간단하고 기억하기 쉽게 짓는다.

> name_of_user(x)   name(O)

프로그램 내에서 사용과 관리가 쉬운 이름으로 지어야 합니다. 예를 들어, 숫자를 저장하기 위한 변수는 abcd_1234보다 num이라고 짓는 것이 기억하기 더 쉽습니다.

방법2 변수의 용도와 목적이 명확하게 짓는다.

> a(x)   age(O)

프로그램 내에서 변수의 용도와 목적에 맞도록 이름을 지으면 코드를 읽고 이해하는 데 필요한 노력을 줄일 수 있습니다. 변수에 저장되는 값이 나이라면 a라고 이름 짓기보다는 age라고 이름을 지었을 때 그 변수 안에 무엇이 저장되는지 더 쉽게 알 수 있습니다.

Q
A 택시 요금을 계산하는 프로그램에서 변수의 이름은 어떻게 지으면 좋을까요?

1. 택시 요금은 tf보다 taxi_fare라고 짓습니다.

tf	너무 많이 축약되어 어떤 값을 저장하기 위해 사용하는 변수인지 알기 어렵습니다.
taxi_fare 또는 taxiFare	택시 요금을 의미하는 변수인 것을 금방 알 수 있습니다.

2. 이동 거리는 a보다 distance라고 짓습니다.

a	의미 없는 이름으로 지으면 어떤 값을 저장하려고 했는지 알기 어렵습니다.
distance	이동 거리를 의미하는 변수인 것을 금방 알 수 있습니다.

변수 이름을 짓는 규칙과 방법을 잘 살펴보았나요? 프로그램을 만들 때 변수 이름을 그 용도와 목적이 잘 드러나게 지으려다 보면 변수 이름이 복잡해질 때가 있습니다. 변수의 특징이 드러나 보이도록 이름을 잘 짓는 방법을 알아보겠습니다.

CamelCase

카멜 케이스(CamelCase)는 띄어쓰기 대신 대문자로 단어를 구분하는 표기 방식으로, 글자의 모양이 낙타의 등처럼 보인다고 해서 붙여진 이름입니다.

■ **lowerCamelCase(단봉낙타 표기법)**
변수 이름의 첫 글자는 소문자로 표기하고, 나머지 단어의 첫 글자를 대문자로 표기합니다.

예 taxiFare

■ **UpperCamelCase (쌍봉낙타 표기법)**
변수에 사용되는 모든 단어의 첫 글자를 대문자로 표기합니다.

예 TaxiFare

Snake_Case

스네이크 케이스(snake_case)는 단어가 길고 뱀처럼 보여서 붙여진 이름입니다. 단어 사이에 언더바(_)를 사용하여 표현합니다.

예 taxi_fare

그 밖에도 헝가리안 표기법 등 다양한 이름의 규칙들이 존재합니다.

보충 **헝가리안 표기법(Hungarian Notation)**

헝가리안 표기법은 변수 이름 앞에 변수의 유형(type)을 접두어로 표기하는 방법입니다.

chName	문자를 의미하는 character의 ch를 변수 첫 문자로 사용합니다.
iName	정수를 의미하는 integer의 i를 변수 첫 문자로 사용합니다.

변수를 사용하는 목적을 알아보고 변수 이름을 짓는 규칙에 대해 살펴보았습니다. 이제부터 프로그램에서 변수를 만들고 변수에 특정 값을 저장하는 방법을 알아보겠습니다.

변숫값 정하기

> 변수 이름 = 저장할 값

여기에서 '='는 수학에서 사용하는 '같다'의 의미가 아닌 '오른쪽의 값을 왼쪽에 저장한다.'라는 의미입니다.

예를 들어, a라는 이름의 변수에 10을 저장하려면 어떻게 할까요?

> a = 10

변수에는 숫자뿐만 아니라 다음과 같이 문자열도 저장할 수 있습니다.

> language = 'python'

> 수학에서는 '같다'를 '='로 표현하지만,
> 프로그래밍에서는 '같다'를 '=='로 표현하지.
> 이건 이 할미 부엉이도 알아요.
> 55쪽에서 확인!

Q A 수학에도 변수가 있는데 프로그래밍의 변수와는 무엇이 다르죠?

> x + y = 2

위의 식은 수학에서 사용하는 식으로, 변수 x와 y는 어떤 값인지 정해져 있지 않은 수, 즉 미지수를 의미합니다.

프로그래밍에서의 변수는 특정한 값을 저장하는 공간으로, 아래와 같이 x와 y라는 변수에 각각 저장된 어떤 값을 의미하므로 위의 수학 식처럼 표현할 수 없습니다.

> y = 1
> x = 2

상수

프로그래밍을 하다보면 변수와 상수에 대해 언급할 때가 많습니다. 변수는 변하는 수라서 변수, 상수는 '항상 그대로인 수'라는 의미로 상수라고 합니다. 상수를 사용하여 프로그램을 만드는 경우를 살펴보겠습니다.

$$x = x + 1$$

위에서 사용된 x는 변수이고 1은 상수입니다.
변수 x에 저장된 값에 1을 더한 후에 다시 변수 x에 저장하라는 것으로, 변수 x의 값을 1 증가시킨다는 의미입니다.

변수 vs 상수

변수와 상수의 특징을 정리하면 다음과 같습니다.

문법	변수	상수
공통점	특정한 값을 가지고 있다.	
차이점	• 자신만의 이름이 있다. • 재사용이 가능하다. • 값을 수정할 수 있다.	• 이름이 없다. • 재사용이 불가능하다. • 값을 수정할 수 없다.

변수와 상수를 사용하여 3.141592를 두 번 출력해 보겠습니다.

오른쪽 코드에서 저장되는 형식의 차이점을 생각해 보세요.

형식	변수	상수
코드	a=3.141592 print(a) print(a)	print(3.141592) print(3.141592)
저장되는 형식	• 'a'라는 이름이 있다. • 'a'를 다시 사용할 수 있다. • 'a'에 3.141592 대신 다른 값을 저장(수정)할 수 있다. **한 개의 변수**(a)에 값을 저장하고 print( ) 함수를 두 번 실행한다.	• 3.141592를 가리키는 이름이 없다. • 한 번 사용한 3.141592는 이를 가리키는 이름이 없으므로 이름의 재사용이나 수정이 불가능하다. **두 개의 3.141592 상수**는 서로 다른 메모리에 저장되고, print( ) 함수를 두 번 실행한다.

저장되는 형식 부분 박스 안: 3.141592 / a (변수), 3.141592 / 3.141592 (상수)

3 변수는 이렇게 사용해요!

변수

해 보기 1

변수를 만들고 print() 함수를 사용하여 변숫값을 출력하는 프로그램을 만들어 봅시다.

헤헤,
출력이라면
이제 자신 있어요!

```
1  num = 10
2  print(num)
3  num = 20
4  print(num)
```

```
10
20
```

코드를 자세히 알아봅시다.

```
1  num = 10
```

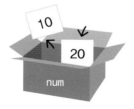

num이라는 이름의 변수를 만들고 10을 저장합니다.

```
2  print(num)
```

print() 함수를 사용하여 변수 num에 현재 저장되어 있는 값인 10을 출력합니다.

```
3  num = 20
```

변수 num에 먼저 저장되어 있던 10 대신에
새로운 값 20을 저장합니다.

```
4  print(num)
```

변수 num에 현재 저장되어 있는 값인 20을 출력합니다.

확인 문제

변수 i에 3을 저장하여 값을 출력하고, i의 값에 3을 더하여 바뀐 값을 출력하도록 코드를 완성해 봅시다.

```
1      i = 3
2      print(i)
3      
4      
```

```
3
6
```

해 보기 2

변수에는 한 번에 한 개의 값만 저장할 수 있고, 두 개의 값을 저장하기 위해서는 두 개의 변수를 만들어야 합니다. 두 개의 변수를 만든 후, 두 변수의 값을 더해 봅시다.

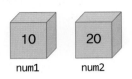

```
1  num1 = 10
2  num2 = 20
3  print(num1)
4  print(num1 + num1)
5  print(num1 + num2)
```

```
10
20
30
```

코드를 자세히 알아봅시다.

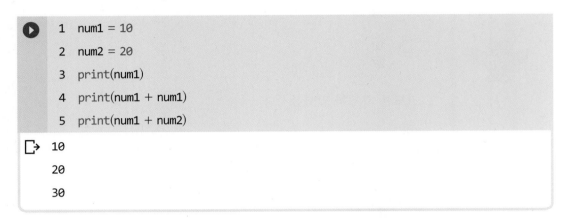

```
1  num1 = 10   # 변수 num1에 10 저장
```

```
2  num2 = 20   # 변수 num2에 20 저장
```

```
3  print(num1)   # 변수 num1에 저장된 값인 10 출력
```

```
4  print(num1 + num1)   # 변수 num1에 저장된 값인 10과 10을 더한 20 출력
```

```
5  print(num1 + num2)   # 변수 num1에 저장된 값인 10과 변수 num2에 저장된 값인 20을
                          더한 30 출력
```

확인 문제

변수 i와 j를 만든 후 각각 5와 3을 저장해 보고, 두 변수의 합과 차를 출력해 봅시다.

```
1
2
3
4
```

```
8
2
```

머신러닝에서 변수는 어떻게?

머신러닝에서 컴퓨터에게 데이터를 학습시키고 제대로 학습되었는지 확인하는 과정에서 데이터를 불러올 때 변수가 사용됩니다. 즉 서로 다른 사람이 서로 다른 필체로 작성한 숫자(훈련 데이터)를 정확하게 인식할 수 있도록 화상 처리 시스템으로 학습시키고 테스트 데이터로 제대로 학습되었는지 확인해야 하는데, 이때 데이터를 불러오는 과정에서 변수가 사용되는 것입니다.

MNIST를 예로 들어 변수가 어떻게 사용되는지 살펴봅시다.

• 변수를 사용한 코드

```
(X_train, y_train), (X_test, y_test) = mnist.load_data()
```

• 위 코드에서 사용하는 변수

X_train = 훈련 데이터
y_train = 정답
X_test = 테스트 데이터
y_test = 테스트 결과 확인

• 위 코드 해석

mnist.load_data( ) 명령은 사용할 데이터를 불러와 X_train, y_train, X_test, y_test의 변수에 해당하는 데이터를 각각 저장하라는 의미입니다.

훈련 데이터랑
테스트 데이터가
뭘까요?

훈련 데이터는 머신러닝에서
학습에 필요한 데이터인데 공부할 때 푸는
문제라고 볼 수 있어. 그리고 테스트 데이터는
머신러닝에서 성능과 평가에 사용하는 데이터로
시험에 필요한 데이터라고 할 수 있단다.
이 데이터들을 사용하는 머신러닝과 딥러닝 문제
해결 영역에서 자세히 배우도록 하자꾸나.

연습하는 데이터와
시험 보는 데이터가 같으면
안 되겠지? 그래서 이 둘은
물과 기름 같아.

머신러닝에서 변수는 어떻게?

> **보충** | MNIST란?

MNIST 데이터는 사람이 직접 손으로 쓴 0에서 9까지의 손글씨 숫자 데이터입니다.

사람들의 필체가 각기 다르기 때문에 사람도 간혹 손글씨 숫자를 알아보기 힘든 경우가 있는데, 마찬가지로 인공지능도 손글씨 숫자를 인식하기 어려운 경우가 있을 것입니다. 인공지능이 사람의 손글씨를 잘 인식하도록 하기 위해서는 매우 방대한 양의 손글씨 데이터가 필요합니다. 이러한 이유로 미국 인구 조사국 직원들과 중고등학교 학생들이 손으로 쓴 숫자 데이터를 수집하여 MNIST를 구성하였습니다.

MNIST 데이터는 60,000개의 훈련 데이터와 10,000개의 테스트 데이터로 구성되어 있습니다. 그리고 각 숫자는 28×28 픽셀로 이루어져 있으며, 각 픽셀은 0~255까지의 값으로 표현됩니다. 값이 255로 갈수록 흰색, 0으로 갈수록 검은색에 가깝습니다.

MNIST 테스트 데이터 셋 샘플

[출처:https://upload.wikimedia.org/wikipedia/commons/2/27/MnistExamples.png]

MNIST는 이미 잘 정리되어 있는 양질의 데이터로 구성되어 있기 때문에 딥러닝을 처음 공부하는 사람들이 컴퓨터 비전(이미지) 처리를 연습할 때 많이 다루는 관문과도 같은 데이터 셋입니다.

> MNIST 데이터는 291쪽 이후 Part 2의 '손글씨 숫자를 분류하다'에서 자세히 알아보아요.

저장하는 스타일이 달라,
자료형

변수에 저장하는 자료의 종류는 숫자, 문자열, 불린, 리스트, 튜플, 딕셔너리 등이 있으며 이를 자료형(Data Type)이라고 합니다.
자료형은 기본 자료형과 컨테이너 자료형으로 나눌 수 있습니다.

이 장에서는 다음의 순서로 살펴봅시다.

자료형이 뭐지?

기본 자료형 VS 컨테이너 자료형

기본 자료형은 이렇게 사용해요!

컨테이너 자료형은 이렇게 사용해요!

10   5.2   'hello'   'world'

숫자   문자열

True   False

불린

자료형

로봇이 똑똑하기도 하지. 숫자는 숫자대로 문자는 문자대로 정리하고 있구나!

이 로봇이 블록들을 분류하고 있는데 어떻게 나누는 것일까요?

자료형에 따라 나누어 담아야 다음번에 제대로 사용할 수 있어.

3   8

1 자료형이 뭐지?

자료형 이란?

변수는 값을 저장하는 공간으로 숫자뿐 아니라 다양한 종류의 자료를 저장할 수 있습니다. 변수에 저장되는 자료는 종류와 특징에 따라 구분되는데 이를 자료형이라고 합니다.

변수를 물건을 담는 상자라고 생각해 봅시다. 상자에 다양한 종류의 물건을 넣을 수 있지만 한 상자에는 단 한 개의 물건만 넣을 수 있습니다. 이러한 자료형을 기본 자료형이라고 합니다.

기본 자료형은 다음과 같이 한 개의 상자에 한 개의 자료만 담을 수 있습니다.

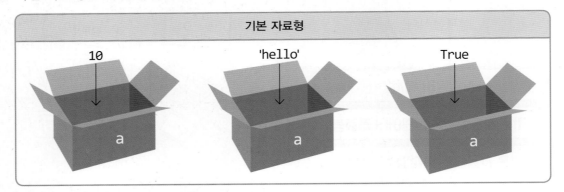

하지만 프로그램에서 여러 개의 자료를 한 개의 변수에 저장하고 처리해야 할 때도 있습니다. 이처럼 한 상자에 여러 개의 자료를 담을 수 있는 자료형을 **컨테이너**(Container) **자료형**이라고 합니다.

컨테이너 자료형은 다음과 같이 한 개의 상자에 여러 종류의 자료를 담을 수 있습니다.

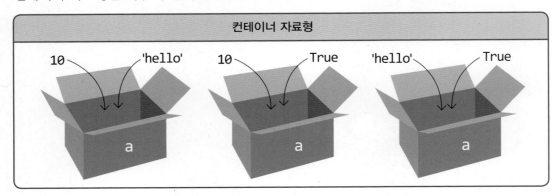

핵심 내용

• 기본 자료형: 한 개의 변수에 한 개의 값만 담을 수 있습니다.
• 컨테이너 자료형: 한 개의 변수에 다양한 자료형의 값을 담을 수 있습니다.

2 기본 자료형 VS 컨테이너 자료형

기본 자료형 VS 컨테이너 자료형

Python에는 기본 자료형으로 숫자, 문자열, 불린이 있고, 컨테이너 자료형으로 리스트, 튜플, 딕셔너리가 있습니다. 자료형마다 처리하는 방법이나 연산 방법이 다르기 때문에 프로그램을 잘 만들기 위해서는 현재 다루고 있는 변수의 자료형을 아는 것이 중요합니다.

[기본 자료형]

숫자(Number)	• 숫자로 이루어진 자료이다. • 사칙연산을 처리할 수 있다.
문자열(String)	• 문자로 이루어진 자료이다. • 큰따옴표(" ")나 작은따옴표(' ')로 묶어서 사용한다.
불린(Boolean)	• 참과 거짓으로 저장되는 자료이다. • True 또는 False로 표현한다.

[컨테이너 자료형]

리스트(List)	• 순서가 유의미하며, 여러 가지 자료의 목록이다. • 대괄호[ ]로 묶어서 표현한다.
튜플(Tuple)	• 리스트처럼 여러 가지 자료의 목록이지만, 리스트와 달리 값을 수정할 수 없다. • 소괄호( )로 묶어서 표현한다.
딕셔너리(Dictionary)	• 키(key)를 가진 자료의 목록이다. • { }로 묶어서 {키:값}처럼 쌍으로 표현한다.

상자 그림을 자료형에 맞게 나타내면 다음과 같습니다.

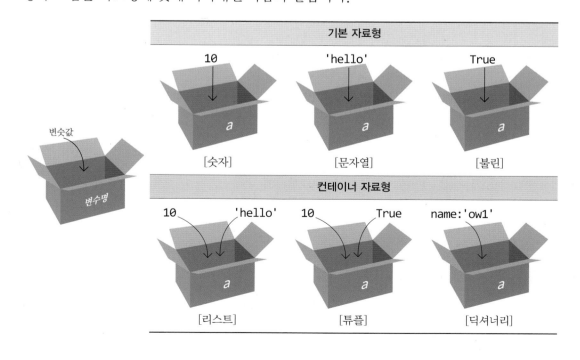

3 기본 자료형은 이렇게 사용해요!

이제 자료형에 대해 자세히 알아볼까요?

기본 자료형인 숫자(Number), **문자열**(String), **불린**(Boolean)은 아래 사진과 같이 마치 모양이 다른 블록 퍼즐을 모양이 맞는 곳에 끼워 넣는 것처럼 자료의 특징에 따라 저장하고 처리하는 방법이 다릅니다.

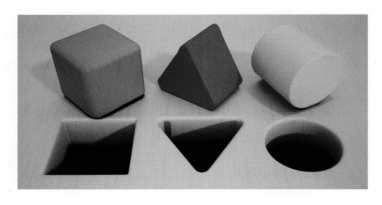

숫자형

숫자형 자료는 수를 나타내는 것으로 정수와 실수로 나뉩니다.
소수점이 없는 숫자를 정수라고 하고, 소수점이 있는 숫자를 실수라고 합니다.

정수

변수에 정수를 저장하고 type( ) 함수를 사용하여 실제 정수의 자료형이 어떻게 출력되는지 확인해 보겠습니다.

```
1  a = 10          # 변수 a에 정수 10 저장
2  b = -5          # 변수 b에 정수 -5 저장
3  print(a+b)
4  print(type(a+b)) # type( ) 함수는 ( ) 안 값의 자료형 출력
```
```
5
<class 'int'>
```

이 코드의 실행 결과를 통해 변수 a와 변수 b의 값은 정수이고, 두 변수를 더한 값도 정수형이 되므로 〈class 'int'〉를 출력한 것을 확인할 수 있습니다.

핵심 내용

- 정수: 소수점이 없는 숫자를 의미합니다.
- 정수의 type( ) 함수: 〈class 'int'〉를 출력합니다.

| 실수 | 변수에 실수를 저장하고 type( ) 함수를 사용하여 실제 실수 자료형을 어떻게 출력하는지 확인해 보겠습니다. |

```
1   a = 1.2          # 변수 a에 실수 1.2를 저장합니다.
2   b = 2.3          # 변수 b에 실수 2.3을 저장합니다.
3   print(a+b)
4   print(type(a+b))
```

```
3.5
<class 'float'>
```

위 코드의 실행 결과를 통해 변수 a와 변수 b의 값은 실수이고, 두 변수를 더한 값도 실수형이 되므로 〈class 'float'〉를 출력한 것을 확인할 수 있습니다.

숫자형 연산자

Python에는 수학의 사칙연산 이외에도 프로그래밍에서 사용하는 연산자가 있습니다. 어떠한 연산자가 있는지 살펴봅시다.

종류		설명	예	결과
사칙연산	+	더하기	5 + 2	7
	-	빼기	5 - 2	3
	*	곱하기	5 * 2	10
	/	나누기	5 / 2	2.5
	%	나머지	5 % 2	1
	//	몫	5 // 2	2
	**	제곱	5 ** 2	25

지금은 Python의 연산자가 낯설겠지만 계속 연습하다 보면 곧 익숙해질 거예요.

다음 코드를 작성하고 결과를 확인해 봅시다. 위 표와 동일한 결과가 잘 나왔나요?

```
1   print(5 + 2)
2   print(5 * 2)
3   print(5 / 2)
4   print(5 % 2)
5   print(5 // 2)
6   print(5 ** 2)
```

핵심 내용

- 실수: 소수점이 있는 숫자를 의미합니다.
- 실수의 type( ) 함수: 〈class 'float'〉를 출력합니다.

문자열

문자열(String)은 문자로 이루어진 자료입니다. 문자열은 알파벳 한 글자가 될 수도 있고 특정 단어나 문장이 될 수도 있습니다. 프로그램을 처음 배울 때에 사람들이 제일 먼저 출력해 보는 'Hello world'가 바로 문자열입니다.

문자열 생성

문자열을 쓰고 큰따옴표(" ")나 작은따옴표(' ')로 감싸서 문자열 자료를 만듭니다. 숫자도 따옴표로 감싸면 문자열로 인식합니다. 다음의 문자열을 출력해 보겠습니다.

```
1  print('Hello Python')
2  print("Hello Python")
3  print(3+5)
4  print('3'+'5')
```

```
Hello Python
Hello Python
8
35
```

다음과 같이 따옴표와 함께 문자열을 출력해 보겠습니다.

```
1  print("'Hello' Python")
2  print('"Hello" Python')
```

```
'Hello' Python
"Hello" Python
```

> 큰따옴표(" ")나 작은따옴표(' ') 둘 다 사용해도 되지만, 문자열의 시작과 끝에는 반드시 짝을 맞추어 사용해야 해요.

이때 따옴표는 반드시 짝을 맞추어 사용해야 하며 짝이 맞지 않을 때는 오류가 생깁니다.

```
1  print(''Hello' Python")
```

```
SyntaxError: invalid syntax
```

따옴표의 짝을 맞추지 않아 Python 문법에 오류가 생겼으므로 'SyntaxError'가 나타납니다.

확인 문제

아래 코드의 문법 오류를 고쳐 'Hello' Python을 출력해 봅시다.

```
1  print('"Hello' Python")
```

문자열 연산

문자열에서 '+'는 숫자의 덧셈 연산자와는 그 역할이 다릅니다. 다음 코드를 실행해 보고 결과를 확인해 보겠습니다.

HelloPython의 사이를 띄어쓰기하고 싶을 때는 print(str1+' '+ str2)처럼 따옴표 안에 빈칸을 넣어 ' ' 또는 " "로 묶으면 되지요.

```
1    str1 = 'Hello'
2    str2 = 'Python'
3    print(str1 + str2)
```
```
HelloPython
```

문자열에서의 덧셈(+)은 두 문자열을 연결해 주는 문자열 연결 연산자입니다.

숫자를 큰따옴표나 작은따옴표로 묶으면 문자열로 인식합니다. 숫자를 문자열로 인식했을 때와 숫자로 인식했을 때의 차이점을 확인해 보겠습니다.

```
1    num1 = '123' + '456'
2    num2 = 123 + 345
3    print(num1)
4    print(num2)
5    print(type(num1))
6    print(type(num2))
```
```
123456
468
〈class 'str'〉
〈class 'int'〉
```

위 코드의 실행 결과를 통해 print(num1)은 숫자를 문자열로 인식하여 출력했으며 print(num2)는 숫자로 인식하여 두 수를 더한 결과를 출력한 것을 확인할 수 있습니다. 또한 type() 함수를 통해 num1은 문자열이고 num2는 정수형임을 알 수 있습니다.

핵심 내용

• 문자열: 문자로 이루어진 자료로 한 글자, 특정 문자나 문장이 해당됩니다.
• 문자열 덧셈(+) 연산: 문자열에서 '+'는 두 문자열을 연결하는 역할을 합니다.
• 문자열의 type( ) 함수: 〈class 'str'〉을 출력합니다.

형 변환

만약 문자열과 숫자를 더하면 어떻게 될까요?

```
1   a = 'Hello'
2   b = 123
3   print(a + b)
```

```
TypeError: can only concatenate str (not "int") to str
```

변수 a는 문자열(str), 변수 b는 정수형(int)으로 서로 자료형이 다르기 때문에 두 변수를 연결할 수 없다(더할 수 없다)는 TypeError 메시지가 출력됩니다. 문자열은 문자열만 연결할 수 있습니다.

형 변환에 대한 자세한 내용은 28쪽을 참고하세요.

이런 경우에는 문자열을 숫자로, 또는 숫자를 문자열로 바꾸어 사용하는데 이것을 자료형의 변환 즉, 형 변환이라고 합니다. Python에서 사용하는 형 변환 함수는 다음과 같습니다.

정수형	int( )
실수형	float( )
문자열	str( )

형 변환 함수를 사용하여 변수 b값을 문자열로 바꾸고 변수 a와 변수 b를 더한 결과를 출력해 보겠습니다.

주인등록번호는 숫자로 이루어져 있고 기호 '-'도 포함되어 있지만 연산을 하지 않으니까 문자열로 인식하지!

```
1   a = 'Hello'
2   b = 123
3   print(a + ' ' + str(b))  # 변수 b를 문자형으로 변환
```

```
Hello 123
```

'+' 기호가 문자열 연결 연산자 역할을 하여 두 문자열이 연결된 것을 확인할 수 있습니다.

확인 문제

1. 형 변환 함수를 사용하여 변수 a를 정수형, 실수형, 문자열로 각각 출력해 봅시다.

```
1   a = 3
```

2. 형 변환 함수를 사용하여 '나의 생일은 6월 1일이다.'를 출력해 봅시다.

```
1   birth_month = 6
2   birth_day = 1
```

불린

불린(Boolean)은 주어진 조건을 만족하는지 여부를 참(True)과 거짓(False)으로 표현하기 위한 자료형입니다. 불리언이라고도 하며 Python에서는 짧게 불(Bool)이라고 쓰기도 합니다. 조건이 참이면 참(True)을 거짓이면 거짓(False)을 반환합니다.

비교 연산자

불린을 사용하는 형식을 알아보겠습니다.

```
1  a = (5 > 2)
2  b = (5 < 2)
3  print(a, type(a))  # a가 참인지 거짓인지 출력
4  print(b, type(b))  # b가 참인지 거짓인지 출력
```

```
True <class 'bool'>
False <class 'bool'>
```

a의 경우 5는 2보다 크므로 참(True)을 반환하고, b의 경우 5는 2보다 작지 않으므로 거짓(False)을 반환합니다. 자료형은 모두 'bool'로 출력되는 것을 확인할 수 있습니다.

위 코드에서 (5>2)처럼 값의 크기를 비교하는 연산자를 비교 연산자라고 하며, 조건에 만족하는지를 확인하고 참과 거짓을 반환합니다. 종류는 다음과 같습니다.

종류	설명	예	결과
<	값이 작다.	5 < 2	False
>	값이 크다.	5 > 2	True
<=	값이 작거나 같다.	5 <= 2	False
>=	값이 크거나 같다.	5 >= 2	True
==	두 값이 같다.	5 == 2	False
!=	두 값이 다르다.	5 != 2	True

비교 연산자를 사용하여 연산 결과를 출력해 보겠습니다.

비교 연산자를 사용하면 자료형이 같은지 다른지도 구분할 수 있어요.

```
1  print(5 > 2)  # 5는 2보다 크다.
2  print(5 == 2)  # 5와 2는 같다.
3  print(5 == str(5))
```

```
True
False
False
```

핵심 내용

• 불린: 주어진 조건을 만족하는지 여부를 확인하기 위해 사용합니다.
• 불린의 type( ) 함수: 〈class 'bool'〉을 출력합니다.

논리 연산자

논리 연산자는 and, or, not으로 연산 결과에 따라 참(True)과 거짓(False)을 반환합니다.

종류	설명	예	결과
and	• 조건이 모두 True일 때 True 반환 • 조건 중 하나라도 False이면 False 반환	5 > 2 and 7 > 4	True
		5 > 2 and 7 < 4	False
		5 < 2 and 7 > 4	False
		5 < 2 and 7 < 4	False
or	• 조건 중 하나라도 True이면 True 반환 • 조건이 모두 False일 때 False 반환	5 > 2 or 7 > 4	True
		5 > 2 or 7 < 4	True
		5 < 2 or 7 > 4	True
		5 < 2 or 7 < 4	False
not	• 논리값의 반대 값 반환 • True → False, False → True	not 5 > 2	False
		not 5 < 2	True

논리 연산자를 사용하여 연산 결과를 출력해 보겠습니다.

```
1  print(5 > 2 and 7 < 4)
2  print(5 > 2 or 7 < 4)
3  print(not 5 > 2)
```

```
False
True
False
```

보충 **Python에서 연산자 우선순위**

Python에서 여러 개의 연산자를 사용하여 연산을 수행할 때 다음과 같이 먼저 실행되는 우선순위가 있습니다.

거듭제곱 (**) > 곱셈, 나눗셈, 나머지 (*, /, %) > 덧셈, 뺄셈 (+, -) > 비교 연산자 (<, <=, >=, !=, ==) > 논리 연산자 not > and > or

예 2 + 3 ** 2 % 2 ➡ 2 + {(3 ** 2) % 2}
①
②
③

Q **우리 생활에서 논리 연산자를 활용하는 사례는 무엇이 있을까요?**

A 예를 들어, 키가 120cm보다 크면서 나이가 10살보다 많은 사람만 탈 수 있는 놀이기구의 탑승자를 구분할 때 다음과 같은 조건식을 사용합니다.

(키 > 120) and (나이 > 10)

4 컨테이너 자료형은 이렇게 사용해요!

자료형

컨테이너 자료형인 리스트(List), 튜플(Tuple), 딕셔너리(Dictionary)는 여러 개의 자료를 하나의 변수에 저장하여 사용하고 관리합니다. 달걀 한 판을 예로 들어 기본 자료형과 컨테이너 자료형을 비교해 보겠습니다.

컨테이너 자료형을 사용하면 다양한 자료형을 하나의 변수에 모아둘 수 있어요.

기본 자료형	컨테이너 자료형
a1 = egg1 a2 = egg2 ⋮ a30 = egg30 30개의 변수 필요	egg_board = [egg1,egg2,…,egg30] 1개의 변수만 필요

달걀 한 판을 기본 자료형으로 표현하려면 한 개의 변수에 한 개의 자료를 저장하므로 30개의 변수가 필요하지만, 컨테이너 자료형은 30개의 자료를 한 개의 변수에 담을 수 있어 자료를 좀 더 효율적으로 저장하고 관리할 수 있습니다.

리스트

리스트(List)는 여러 가지 자료를 저장할 수 있는 목록으로, 리스트 안에 들어가는 여러 가지 자료를 요소(element)라고 합니다. 숫자, 문자열, 불린의 기본 자료형 여러 개를 하나의 리스트에 저장할 수 있습니다.

리스트를 생성하는 여러 가지 방법을 살펴보겠습니다. 리스트는 대괄호[ ] 안에 요소를 나열하고 쉼표(,)로 각 요소를 구분합니다.

> 리스트 이름 = [요소1, 요소2, 요소3, …]

리스트 만들기

한 개의 리스트에 여러 가지 자료를 저장하고 자료형을 출력해 보겠습니다.

```
1  chameleon =[2, True, 'red', 'blue', 'green', 'yellow']
2  print(chameleon)
3  print(type(chameleon))
```

```
[2, True, 'red', 'blue', 'green', 'yellow']
〈class 'list'〉
```

위 코드의 실행 결과를 통해 출력된 자료형이 리스트인 것을 확인할 수 있습니다. 이처럼 리스트에는 여러 종류의 자료형을 저장할 수 있습니다.

인덱싱

리스트 안의 여러 개 요소에서 원하는 요소는 어떻게 찾을까요? 리스트에서 특정 요소를 찾는 것을 인덱싱(indexing)이라고 합니다.

리스트에 입력한 자료는 다음과 같이 리스트의 이름에 0부터 순서대로 번호를 붙여 사용할 수 있습니다. 이때 대괄호[ ] 안에 들어간 번호를 인덱스(index)라고 합니다.

리스트 이름[인덱스]

인덱스를 붙이는 방법은 다음과 같습니다.

왼쪽(앞)에서 시작하는 경우	0으로 시작하여 오른쪽으로 1씩 증가한다(0: 첫 번째 요소). 예 달리기 대회의 수상자 리스트에서 1등을 알고 싶을 때
오른쪽(뒤)에서 시작하는 경우	−1로 시작하여 왼쪽으로 1씩 감소한다(−1: 마지막 요소). 예 회원 리스트의 마지막에 있는 사람을 알고 싶을 때

chameleon이라는 리스트에 인덱스를 붙여보겠습니다.

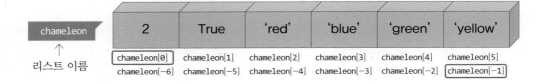

Python에서는 우리가 일반적으로 1부터 수를 셀 때와 달리 0부터 수를 셉니다. 따라서 인덱스 [1]은 앞에서부터 두 번째 요소임을 기억하는 것이 중요합니다.

아하, Python에서는 앞에서부터 '0, 1, 2, 3, …' 이렇게 세야 하는데, 이 숫자를 인덱스라고 하는구나!

핵심 내용

• 리스트: 여러 가지 자료(요소), 즉 여러 종류의 자료형을 저장할 수 있습니다.
• 리스트의 type( ) 함수: ⟨class 'list'⟩를 출력합니다.

해 보기 1

chameleon 리스트의 요소별 자료형을 출력해 봅시다.

```
1  chameleon = [2, True, 'red', 'blue', 'green', 'yellow']
2  print(type(chameleon[0]))    # 첫 번째 요소의 자료형 출력
3  print(type(chameleon[1]))    # 두 번째 요소의 자료형 출력
4  print(type(chameleon[-1]))   # 마지막 요소의 자료형 출력
```

```
〈class 'int'〉
〈class 'bool'〉
〈class 'str'〉
```

해 보기 2

리스트 안에 리스트를 넣어 자료를 저장하고 저장된 값의 자료형을 출력해 봅시다.

```
1  chameleon = [2, True, ['red', 'blue'], ['green', 'yellow']]
2  print(chameleon[2])          # 세 번째 요소 출력
3  print(chameleon[-1])         # 마지막 요소 출력
4  print(type(chameleon[-1]))   # 마지막 요소의 자료형 출력
```

```
['red', 'blue']
['green', 'yellow']
〈class 'list'〉
```

Python에서는 리스트 내부의 한 요소로 리스트가 저장될 수 있어요.

요소 변경

리스트의 마지막 요소를 purple로 바꾸어 보겠습니다.

```
1  chameleon = [2, True, 'red', 'blue', 'green', 'yellow']
2  chameleon[-1] = 'purple'  # 리스트의 인덱스를 이용하여 요소 수정
3  print(chameleon)
```

```
[2, True, 'red', 'blue', 'green', 'purple']
```

마지막 요소가 yellow에서 purple로 바뀐 것을 확인할 수 있습니다.

리스트에 저장된 자료는 필요에 따라 요소를 변경할 수 있습니다.

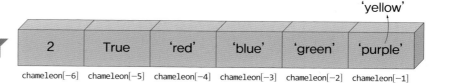

 튜플

튜플(Tuple)은 리스트와 매우 비슷한 형태의 자료형이지만 리스트와 다른 점은 한 번 저장한 요소를 바꿀 수 없다는 점입니다. 따라서 한 번 생성된 튜플은 읽기만 가능합니다.

튜플은 소괄호( ) 안에 요소를 쓰고 쉼표(,)로 각 요소를 구분합니다.

> 튜플 이름 = (요소1, 요소2, 요소3, …)

잊지 마세요!
튜플은 대괄호[ ] 대신 소괄호( )를 사용합니다.

컴퓨터의 색상값을 예로 들어 살펴볼까요? 컴퓨터는 색상을 (Red, Green, Blue) 순서의 값으로 표현합니다. 흰색은 (255, 255, 255)값을 갖는데, 누군가가 이 값을 (255, 255, 0)으로 변경한다면 컴퓨터는 흰색이 아닌 노란색을 표현할 것입니다. 이럴 때 값을 쉽게 변경하지 못하도록 튜플로 자료를 저장하여 사용합니다.

튜플 만들기

튜플에 여러 요소를 저장하고 자료형을 출력해 보겠습니다.

```
1  chameleon = (2, True, 'red', 'blue', 'green', 'yellow')
2  print(chameleon)
3  print(type(chameleon))
```

```
(2, True, 'red', 'blue', 'green', 'yellow')
<class 'tuple'>
```

튜플도 리스트처럼 다양한 종류의 자료형을 저장할 수 있어요.

튜플의 요소는 다음 그림과 같은 순서로 저장됩니다. 이처럼 튜플의 각 요소를 표현하는 방식은 리스트와 동일합니다.

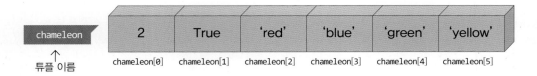

	2	True	'red'	'blue'	'green'	'yellow'
chameleon	chameleon[0]	chameleon[1]	chameleon[2]	chameleon[3]	chameleon[4]	chameleon[5]

튜플 이름

튜플은 소괄호( )를 생략해도 변수를 생성하고 사용할 수 있습니다. 소괄호( )의 유무에 따른 결과를 출력해 보겠습니다.

```python
1  owl1 = ('kiki', 8, True)
2  owl2 = 'popo', 10, True
3  print(owl1)
4  print(owl2)
5  print(type(owl1))
6  print(type(owl2))
```

```
('kiki', 8, True)
('popo', 10, True)
〈class 'tuple'〉
〈class 'tuple'〉
```

소괄호( )의 유무와 상관없이 저장되는 자료가 1개일 때는 요소의 끝에 쉼표(,)를 붙여야 튜플로 인식합니다. 쉼표를 붙였을 때와 붙이지 않았을 때의 결과를 비교해 보겠습니다.

쉼표가 없으면 기본 자료형 변수로 인식한다는 것을 헷갈리면 안 된다우!

```python
1  tuple_1 = 10   # 숫자형으로 저장, tuple_1 = (10)도 가능
2  tuple_2 = 10,  # 튜플로 저장, tuple_2 = (10,)도 가능
3  print(type(tuple_1))
4  print(type(tuple_2))
```

```
〈class 'int'〉
〈class 'tuple'〉
```

인덱싱

다양한 자료형으로 구성된 튜플을 생성하여 결과를 출력해 보겠습니다.

리스트와 동일하게 인덱스를 [0]부터 시작하고, 마지막 인덱스는 [-1]로 사용할 수 있어요.

```python
1  owl = ('kiki', 8, True)
2  print('Name: ', owl[0])
3  print('Age: ', owl[1])
4  print('Female: ', owl[-1])
```

```
Name: kiki
Age: 8
Female: True
```

	문자열	숫자	불린
owl	'kiki'	8	True
	owl[0]	owl[1]	owl[2]
	owl[-3]	owl[-2]	owl[-1]

튜플 요소의
변경

변경하면 안 되는
요소는 튜플을 사용해서
저장하면 좋겠지요?

튜플과 리스트의 표현 방법은 비슷하지만, 리스트와 달리 튜플은 한 번 저장된 요소를 변경할 수 없습니다. 따라서 요소를 변경하면 다음과 같은 에러 메시지가 출력됩니다.

```
1   chameleon = (2, True, 'red', 'blue', 'green', 'yellow')
2   chameleon[-1] = 'purple'
3   print(chameleon)
```

   TypeError: 'tuple' object does not support item assignment

위 코드의 실행 결과를 통해 '값 할당 불가 메시지'가 출력된 것을 확인할 수 있습니다.
리스트와 튜플의 또 다른 점은 바로 요소의 삭제에 있습니다. 앞에서 설명했던 것과 같이 튜플을 생성한 후에는 값을 변경할 수 없기 때문에 튜플의 요소를 삭제할 때도 다음과 같은 오류 메시지가 출력됩니다.

```
1   chameleon = (2, True, 'red', 'blue', 'green', 'yellow')
2   del chameleon[-1]   # 요소를 삭제할 때 del 명령어 사용
3   print(chameleon)
```

   TypeError: 'tuple' object doesn't support item deletion

위 코드의 실행 결과를 통해 '값 삭제 불가 메시지'가 출력된 것을 확인할 수 있습니다.
단, 튜플 간 덧셈은 가능하며, 연산 결과는 문자열의 덧셈과 같이 요소들을 합쳐서 한 개의 튜플로 구성됩니다.

```
1   chameleon1 = (2, True, 'red')
2   chameleon2 = ('blue', 'green', 'yellow')
3   print(chameleon1 + chameleon2)
```

   (2, True, 'red', 'blue', 'green', 'yellow')

이처럼 튜플은 리스트와 표현 방법은 매우 유사하지만, 요소 한 개를 표시할 때는 쉼표(,)를 사용하고, 일부 요소의 변경과 삭제는 할 수 없다는 것을 알 수 있습니다.
요소를 변경하려면 '+' 연결 연산자를 사용하여 순서대로 합치는 경우만 가능합니다.

핵심 내용

• 튜플: 리스트와 표현 방법이 비슷한 자료형이지만 한 번 저장된 요소를 바꿀 수 없습니다.
• 튜플의 type( ) 함수: 〈class 'tuple'〉을 출력합니다.

딕셔너리

딕셔너리(Dictionary)는 서로 연관된 정보를 key와 value로 묶어서 저장하고 활용하는 자료형입니다.

딕셔너리는 중괄호{ } 안에 요소를 'key:value(키:값)'의 한 쌍 형태로 표현하고 쉼표(,)로 각 요소를 구분합니다.

> 딕셔너리 이름 = {key1:value1, key2:value2, …}

딕셔너리를 이해하기 위해 사전을 떠올려 볼까요?
사전에 단어를 저장할 때 A~Z까지 해당하는 영역의 'key(알파벳):value(단어)'로 묶어서 저장하면 필요한 단어를 더 쉽게 찾을 수 있습니다.

딕셔너리 만들기

key(알파벳)와 value(단어)를 묶어 딕셔너리를 생성하고, type( ) 함수로 자료형을 출력해 보겠습니다.

```python
1  # 한 개의 key에 한 개의 value 저장
2  dict_1 = {'A': 'apple', 'B': 'bus'}
3  # 한 개의 key에 여러 개의 value 저장
4  dict_2 = {'A': ['apple', 'answer'], 'B': ['bus', 'buy']}
5  print(dict_1)
6  print(dict_2)
7  print(type(dict_1))
8  print(type(dict_2))
```

```
{'A': 'apple', 'B': 'bus'}
{'A': ['apple', 'answer'], 'B': ['bus', 'buy']}
<class 'dict'>
<class 'dict'>
```

2행처럼 한 개의 key에 한 개의 value를 저장하거나 4행처럼 한 개의 key에 여러 개의 value를 저장할 수 있습니다.

딕셔너리에 문자열을 입력할 때는 반드시 따옴표(' ' 또는 " ") 안에 넣어야 합니다. 따옴표가 없다면 중괄호 { } 안의 문자열을 key나 value로 인식하지 않고 새로운 변수로 인식해 버리므로 'NameError: name 'A' is not defined' 라는 에러 메시지가 출력됩니다.

key

딕셔너리는 key를 사용하여 요소에 접근합니다.

> 딕셔너리 이름[key]

key를 사용하여 특정 요소의 value나 자료형을 출력해 보겠습니다.

dict_2처럼
한 개의 key에 여러
개의 value를 저장하면
그 요소의 자료형을
리스트로 인식한다우!

```
1  dict_1 = {'A': 'apple', 'B': 'bus'}
2  dict_2 = {'A': ['apple', 'answer'], 'B': ['bus', 'buy']}
3  print(dict_1['A'])
4  print(type(dict_1['A']))
5  print(dict_2['A'])
6  print(type(dict_2['A']))
```

```
apple
<class 'str'>
['apple', 'answer']
<class 'list'>
```

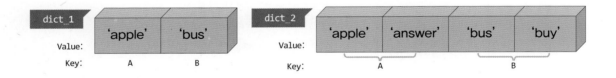

dict_1

Value: 'apple' 'bus'

Key: A   B

dict_2

Value: 'apple' 'answer' 'bus' 'buy'

Key: A   B

value 변경

딕셔너리의 value를 변경할 때도 key를 사용합니다.

key 'B'의 value를 'bus'에서 'bye'로 변경해 보겠습니다.

```
1  dict_1 = {'A': 'apple', 'B': 'bus', 'C': 'cup'}
2  dict_1['B'] = 'bye'
3  print(dict_1)
```

```
{'A': 'apple', 'B': 'bye', 'C': 'cup'}
```

핵심 내용

- 딕셔너리: 서로 연관된 자료를 key(키)와 value(값)로 묶어서 저장하는 자료형입니다.
- 딕셔너리 type( ) 함수: <class 'dict'>를 출력합니다.

지금까지 여러 개의 자료형을 한 개의 변수에 저장하는 컨테이너 자료형에 대해 알아보았습니다. 해 보기를 통해 리스트, 튜플, 딕셔너리의 차이점을 정리해 보겠습니다.

해 보기 1

요소를 저장하고 자료형을 출력해 봅시다.

리스트	리스트 이름 = [요소1, 요소2, 요소3, …]
튜플	튜플 이름 = (요소1, 요소2, 요소3, …)
딕셔너리	딕셔너리 이름 = {key1 : value1, key2 : value2, …}

```
1  list_1 = [2, True, 'red', 'blue', 'green', 'yellow']  # 리스트는 [ ]로 생성
2  tuple_1 = ('kiki', 8, True)  # 튜플은 ( )로 생성
3  dict_1 = {'A': 'apple', 'B': 'bus', 'C': 'cup'}  # 딕셔너리는 {키:값}으로 생성
4  print(type(list_1))
5  print(type(tuple_1))
6  print(type(dict_1))
```

```
〈class 'list'〉
〈class 'tuple'〉
〈class 'dict'〉
```

해 보기 2

자료형에 맞는 인덱싱 방법으로 특정 요소의 값을 출력해 봅시다.

리스트	리스트 이름[인덱스]
튜플	튜플 이름[인덱스]
딕셔너리	딕셔너리 이름[key]

```
1  list_1 = [2, True, 'red', 'blue', 'green', 'yellow']
2  tuple_1 = ('kiki', 8, True)
3  dict_1 = {'A': 'apple', 'B': 'bus', 'C': 'cup'}
4  print('리스트의 4번째 요소:', list_1[3])
5  print('튜플의 2번째 요소:', tuple_1[1])
6  print('딕셔너리의 key A의 value:', dict_1['A'])
```

```
리스트의 4번째 요소: blue
튜플의 2번째 요소: 8
딕셔너리의 key A의 value: apple
```

해 보기 3

리스트와 딕셔너리, 튜플의 요소를 변경해 보고 결과를 비교해 봅시다.

리스트에서 제일 마지막 요소를 'purple'로 변경해 봅시다.

```
1  list_1 = [2, True, 'red', 'blue', 'green', 'yellow']
2  list_1[-1] = 'purple'
3  print(list_1)
```

```
[2, True, 'red', 'blue', 'green', 'purple']
```

딕셔너리에서 key 'A'의 value를 'answer'로 변경해 봅시다.

```
1  dict_1 = {'A':'apple', 'B':'bus', 'C':'cup'}
2  dict_1['A'] = 'answer'
3  print(dict_1)
```

```
{'A': 'answer', 'B': 'bus', 'C': 'cup'}
```

튜플에서 두 번째 요소를 변경해 봅시다.

```
1  tuple_1 = 'kiki', 8, True
2  tuple_1[1] = 10
3  print(tuple_1)
```

```
TypeError: 'tuple' object does not support item assignment
```

튜플은 요소를 변경할 수 없다는 메시지가 출력됩니다.

리스트	요소 변경 가능
딕셔너리	
튜플	요소 변경 불가

우와~ 할머니,
리스트, 튜플, 딕셔너리의
차이점을 이제 확실히
알 것 같아요.

그래~ 우리 손자를
가르친 보람이 있구나!
필요에 따라 자료형을 잘
선택해야 좋은 프로그램을
만들 수 있어.

편리하게 사용해 볼까,
컨테이너 자료형

앞에서 자료형은 기본 자료형과 컨테이너 자료형으로 구분한다는 것을 배웠습니다. 이번에는 컨테이너 자료형인 리스트와 튜플, 딕셔너리를 활용하는 여러 가지 방법을 알아보겠습니다.

이 장에서는 다음의 순서로 살펴봅시다.

리스트는 이렇게 사용해요!

튜플은 이렇게 사용해요!

딕셔너리는 이렇게 사용해요!

머신러닝에서 자료형은 어떻게?

1 리스트는 이렇게 사용해요!

리스트 생성 방법

리스트(List)는 앞에서 살펴본 것처럼 자료의 목록을 의미합니다. 리스트에 저장할 수 있는 요소(element)에는 숫자, 문자열, 불린 등이 있습니다. 리스트를 생성하는 여러 가지 방법을 살펴보겠습니다.

요소 사용

> 빈 리스트일 경우에 첫 번째 요소를 출력하기 위해 'print(type (a[0]))'을 입력하면, 'IndexError: list index out of range'라는 인덱스 에러 메시지가 나타납니다.

빈 대괄호([ ])를 사용하면 빈 리스트를 생성할 수 있습니다.

```
1  list_a = []
2  print(list_a, type(list_a))
```

```
[] ⟨class 'list'⟩
```

동일한 자료형의 요소를 가진 리스트를 생성하고, 리스트의 요소와 자료형, 특정 요소의 자료형을 출력해 보겠습니다.

```
1  list_b = [1, 3, 5, 7]
2  list_c = ['owl', 'chameleon']
3  print(list_b, type(list_b), type(list_b[0]))
4  print(list_c, type(list_c), type(list_c[0]))
```

```
[1, 3, 5, 7] ⟨class 'list'⟩ ⟨class 'int'⟩
['owl', 'chameleon'] ⟨class 'list'⟩ ⟨class 'str'⟩
```

여러 가지 자료형의 요소를 가진 리스트를 생성하고, 리스트의 요소와 특정 요소의 자료형을 출력해 보겠습니다.

```
1  list_d = ['owl', 27, True]
2  print(list_d)
3  print(type(list_d))
4  print(type(list_d[0]), type(list_d[1]), type(list_d[2]))
```

```
['owl', 27, True]
⟨class 'list'⟩
⟨class 'str'⟩ ⟨class 'int'⟩ ⟨class 'bool'⟩
```

list( ) 함수 사용

list( ) 함수는 입력받은 자료형을 리스트로 만들어 반환합니다. 이때 range( ) 함수를 사용하면 일정한 간격을 가진 정수 리스트를 만들 수 있습니다.

list(range(start, stop, step))

'a는 3미만의 정수'에서 3은 포함되지 않는 것을 떠올리면 이해가 쉬울까요?

start는 범위의 시작값, stop은 끝 값 다음의 값(즉, 끝 값은 stop-1), step은 증감하는 간격을 의미합니다. step을 생략하면 step을 1로 인식하여 시작값부터 1씩 증가시킵니다.

list( ) 함수와 range( ) 함수를 사용하여 주어진 범위의 리스트를 생성해 봅시다.

```
1  list1 = list(range(0, 10))       # 0부터 9까지 1의 간격으로 리스트 생성
2  list2 = list(range(0, 10+1))     # 0부터 10까지 1의 간격으로 리스트 생성
3  list3 = list(range(0, 10, 2))    # 0부터 9까지 2의 간격으로 리스트 생성
4  list4 = list(range(0, 10+1, 2))  # 0부터 10까지 2의 간격으로 리스트 생성
5  print(list1)
6  print(list2)
7  print(list3)
8  print(list4)
```

range( ) 함수에서 10을 포함하고 싶을 때는 범위의 끝 값을 10+1로 씁니다.
range( ) 함수 사용법은 91쪽에서도 제시됩니다.

```
[0, 1, 2, 3, 4, 5, 6, 7, 8, 9]
[0, 1, 2, 3, 4, 5, 6, 7, 8, 9, 10]
[0, 2, 4, 6, 8]
[0, 2, 4, 6, 8, 10]
```

range( ) 함수를 사용하여 역순으로 입력되는 리스트를 만들 때는 반드시 step에 값을 입력해야 합니다.

```
1  list5 = list(range(10, 0))  #step 값을 생략하면 빈 리스트 생성
2  print(list5)
3  list6 = list(range(10, 0, -1))
4  print(list6)
5  list7 = list(range(10, 0-1, -1))
6  print(list7)
```

```
[]
[10, 9, 8, 7, 6, 5, 4, 3, 2, 1]
[10, 9, 8, 7, 6, 5, 4, 3, 2, 1, 0]
```

슬라이싱

슬라이싱(Slicing)을 사용하면 리스트에서 요소의 일부를 선택하여 새로운 리스트 형식으로 사용할 수 있습니다.

대괄호[ ] 안에 선택하려고 하는 요소의 범위를 콜론(:)을 사용하여 지정합니다.

> 리스트 이름 [from : to]

from은 슬라이싱을 시작하는 값의 인덱스입니다.
to는 슬라이싱할 끝 값의 다음 값으로, 끝 값의 인덱스는 to-1이 됩니다.
리스트의 처음부터 두 번째 요소(인덱스 1)까지 슬라이싱하여 새로운 리스트에 저장한 후 출력해 보겠습니다.

```
1  owl_1 = ['kiki', 8, True]
2  owl_2 = owl_1[0:2]
3  print('owl_1은:', owl_1)
4  print('owl_2는:', owl_2)
```

```
owl_1은: ['kiki', 8, True]
owl_2는: ['kiki', 8]
```

두 리스트는 다음 그림과 같이 저장됩니다.

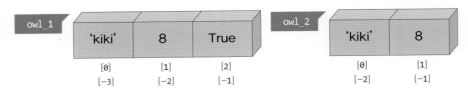

범위 지정을 빈칸[:]으로 두면 '처음부터:끝까지'를 의미합니다. 다양한 방법으로 리스트를 슬라이싱하여 출력해 보겠습니다.

```
1  owl = ['kiki', 8, True]
2  print(owl[1:2])     # 리스트의 두 번째 요소만 출력
3  print(owl[1: ])     # 리스트의 두 번째 요소부터 끝까지 출력
4  print(owl[ :-1])    # 리스트의 처음부터 끝에서 두 번째 요소까지 출력
5  print(owl[ : ])     # 리스트의 처음부터 끝까지 출력
```

```
[8]
[8, True]
['kiki', 8]
['kiki', 8, True]
```

print(owl[:-1])에서 마지막 값은 (-1)-1을 의미하므로 인덱스 -2의 요소까지 출력됩니다.

Python에서 리스트의 연산은 +(더하기), *(곱하기) 연산자만을 사용합니다.

리스트 연결 연산자(+)로 리스트를 연결해 보겠습니다.

```
1  list1 = [1, 2, 3, 4]
2  list2 = [5, 6, 7, 8]
3  list3 = list1 + list2
4  print(list3)
```

⤷ [1, 2, 3, 4, 5, 6, 7, 8]

부엉아,
저 '+' 표시를 어디서
봤을까나?

할머니~ 문자열 연산에서도
나왔어요! 거기서도 문자열을 연결해
준다고 배웠잖아요. 기억 안 나시나요?

리스트에서 더하기 연산을 할 때 두 리스트의 자료형이 같아야 할까요?
문자열의 '+' 연산과 비교하여 생각해 봅시다.

문자열 연산에서 다음과 같이 자료형이 같지 않을 때는 에러 메시지를 출력합니다.

```
1  a = 'Hello'
2  b = 123
3  print(a + b)
```

⤷ TypeError: can only concatenate str (not "int") to str

하지만 리스트의 '+' 연산에서는 리스트에 저장된 요소의 자료형이 같지 않아도 연결하여
요소를 나열한 결과를 출력합니다.

출력 결과를 보면 자료
형이 같지 않은 요소는
콤마(,)로 연결합니다.

```
1  a = ['Hello']
2  b = [123]
3  print(a + b)
```

⤷ ['Hello', 123]

*(곱하기)

리스트 반복 연산자(*)로 리스트를 반복해서 나열해 보겠습니다. '*(곱하기)' 연산자 뒤에는
반복 횟수를 입력합니다.

```
1  list_1 = [1, 2, 3, 4]
2  list_2 = list_1 * 3
3  print(list_2)
```

[1, 2, 3, 4, 1, 2, 3, 4, 1, 2, 3, 4]

연산 결과를 그림으로 나타내면 다음과 같습니다.

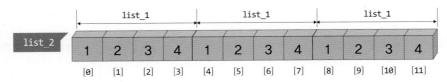

해 보기

리스트의 '+'와 '*' 연산 결과를 출력해 봅시다.

```
1  list1 = [1, 2.0, 'a']
2  list2 = [3, 4.0, 'b']
3  # list1 요소의 자료형 출력
4  print(type(list1[0]), type(list1[1]), type(list1[2]))
5  list3 = list1 + list2
6  list4 = list1 * 3
7  print(list3)
8  print(list4)
```

⟨class 'int'⟩ ⟨class 'float'⟩ ⟨class 'str'⟩
[1, 2.0, 'a', 3, 4.0, 'b']
[1, 2.0, 'a', 1, 2.0, 'a', 1, 2.0, 'a']

list3과 list4는 다양한 자료형의 요소를 가진 리스트가 됩니다. 연산 결과를 그림으로 나
타내면 다음과 같습니다.

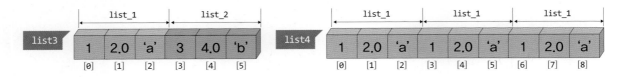

요소 추가

Python에서는 요소를 추가하는 함수를 활용하여 리스트를 쉽게 추가할 수 있습니다. 다음 세 가지 함수를 사용하여 리스트의 요소를 추가하는 방법을 알아보겠습니다.

append( )

append( ) 함수는 리스트의 가장 마지막에 요소를 한 개씩 추가합니다.

> 리스트 이름.append(요소)

리스트의 가장 마지막에 요소를 추가하고 리스트를 출력해 보겠습니다.

```
1  list1 = ['kiki']
2  list1.append(8)
3  list1.append(True)
4  print(list1)
```

⤷ ['kiki', 8, True]

extend( )

extend( ) 함수는 리스트의 가장 마지막에 여러 개의 요소들을 한번에 추가합니다.

> 리스트 이름.extend([요소1, 요소2 ,…])

가장 마지막에 여러 개의 요소를 한번에 추가하고 리스트를 출력해 보겠습니다.

여러 요소를 한꺼번에 추가할 때는 [ ]를 사용합니다.

```
1  list1 = ['kiki']
2  list1.extend([8, True])
3  print(list1)
```

⤷ ['kiki', 8, True]

insert( )

insert( ) 함수는 리스트의 특정 위치(인덱스)에 요소를 추가하며, 기존의 요소는 밀려납니다.

> 리스트 이름.insert(인덱스, 요소)

리스트의 두 번째 요소에 8을 입력하고 리스트를 출력해 보겠습니다.

요소를 추가할 때 추가되는 위치와 추가되는 요소 개수를 비교해 보세요.

```
1  list1 = ['kiki', True]
2  list1.insert(1, 8)   # 리스트의 두 번째 위치에 8 추가
3  print(list1)
```

⤷ ['kiki', 8, True]

요소 삭제

리스트에서 요소를 삭제하는 방법을 알아보겠습니다.

remove( )

remove( ) 함수는 리스트의 특정 요소를 삭제합니다.

> 리스트 이름.remove(요소)

내 주름도 하나씩 삭제해 주면 안 될까?

'kiki'를 삭제하고 리스트를 출력해 보겠습니다.

```
1  list1 = ['kiki', 8, True]
2  list1.remove('kiki')
3  print(list1)
```

  [8, True]

pop( )

pop( ) 함수는 리스트의 특정 위치(인덱스)를 지정하여 요소를 삭제합니다. 인덱스를 입력하지 않으면 가장 마지막 요소를 삭제합니다.

> 리스트 이름.pop(인덱스)

특정 위치의 요소를 삭제하고 리스트를 출력해 보겠습니다.

중간에 있는 요소를 삭제하면 뒤에 있는 요소들을 당겨와 빈 인덱스를 채웁니다.

```
1  list1 = ['kiki', 8, True]
2  print(list1)
3  list1.pop(1)    # list1의 두 번째 요소를 삭제합니다.
4  print(list1)
5  list1.pop( )    # list1의 마지막 요소를 삭제합니다.
6  print(list1)
```

⯈ ['kiki', 8, True]
['kiki', True]
['kiki']

그 외에도 리스트의 요소를 모두 제거하는 clear( ) 함수와 del 명령어가 있습니다.

리스트 이름.clear( )	리스트의 모든 요소를 삭제합니다.
del 리스트 이름[인덱스]	리스트의 특정 요소를 삭제하며, 삭제할 범위를 지정할 수 있습니다.

기타 함수

리스트를 정렬하는 방법에는 오름차순으로 정렬하는 방법과 내림차순으로 정렬하는 방법이 있습니다. 문자열도 알파벳 순서에 따라 정렬할 수 있습니다.

sort( ) 함수는 리스트를 정렬할 때 사용합니다.

sort( )

리스트 이름.sort( )	리스트 이름.sort(reverse = True)
정렬 옵션을 생략하면 오른쪽으로 갈수록 값이 커지는 오름차순으로 정렬합니다.	오른쪽으로 갈수록 값이 작아지는 내림차순으로 정렬합니다.

sort( ) 함수로 리스트의 요소를 정렬하고 정렬된 리스트를 출력해 보겠습니다.

```
1  list1 = [3, 1, 2, 5, 4]
2  list2 = ['c', 'd', 'b', 'a']
3  list1.sort()        # list1의 요소를 오름차순으로 정렬
4  print(list1)
5  list2.sort(reverse = True) # list2의 요소를 내림차순으로 정렬
6  print(list2)
```

```
[1, 2, 3, 4, 5]
['d', 'c', 'b', 'a']
```

max()
min()

리스트에서 max( ) 함수와 min( ) 함수를 사용하여 최댓값과 최솟값을 출력해 보겠습니다.

max(리스트 이름) / min(리스트 이름)

```
1  list1 = [3, 4, 1, 7, 5, 6, 2]
2  list2 = ['c', 'd', 'e', 'b', 'a']
3  print(max(list1))
4  print(min(list2))
```

```
7
a
```

sum()

숫자형 요소를 가진 리스트에서 sum( ) 함수를 사용하여 합계를 출력해 보겠습니다.

sum(리스트 이름)

```
1  list1 = [3, 4, 1, 7, 5, 6, 2]
2  print(sum(list1))
```

```
28
```

in/not in 연산자

리스트에 특정값이 있는지 확인할 때 in과 not in 연산자를 사용합니다. 요소의 포함 여부에 따라 True와 False를 반환합니다.

> 요소 in 리스트 이름
>
> 요소 not in 리스트 이름

특정 요소가 리스트에 있는지 확인하고 결과를 True 또는 False로 출력해 보겠습니다.

```
1  list1 = ['kiki', 8, True]
2  print('kiki' in list1)       # 리스트에 'kiki'가 있는지 확인
3  print('kiki' not in list1)   # 리스트에 'kiki'가 없는지 확인
4  print(9 in list1)            # 리스트에 9가 있는지 확인
5  print(9 not in list1)        # 리스트에 9가 없는지 확인
```

```
True
False
False
True
```

for in 반복문

리스트의 모든 요소를 차례대로 출력할 때 for in 반복문을 사용합니다.

for in 반복문의 첫 문장 끝에는 반드시 ':'을 입력하고 다음 줄에 '반복하여 실행하는 코드'는 들여쓰기를 합니다. in 뒤에 리스트를 입력하면 리스트의 요소만큼 반복합니다.

> for 변수 in 리스트:
>
>   반복하여 실행하는 코드

> Python에서는 내포 관계를 들여쓰기로 나타냅니다. 들여쓰기의 간격이 항상 일정해야 코드가 오류없이 실행됩니다.

리스트 안의 내용을 반복하여 차례대로 출력해 보겠습니다.

> for in 반복문은 91쪽에서 더 자세히 알아보아요.

```
1  list1 = ['kiki', 8, True]
2  for i in list1:
3      print(i)    # 리스트의 첫 번째부터 모든 내용 출력
```

```
kiki
8
True
```

더 알아보기

문자열 인덱싱

Python은 리스트에 문자열을 저장하면 각 문자열을 하나의 요소로 갖는 또 다른 리스트의 형태로 저장합니다. 즉, 리스트 안의 리스트가 생성되고 인덱싱을 사용하여 문자열의 특정 문자를 찾을 수 있습니다.

문자열 요소를 갖는 chameleon 리스트를 살펴봅시다.

```
1  chameleon = ['red', 'blue', 'green', 'yellow']
2  # 세 번째 요소와 자료형 출력
3  print(chameleon[2])
4  print(type(chameleon[2]))
```

```
green
<class 'str'>
```

2차원 인덱싱

chameleon 리스트의 문자열 요소는 오른쪽 그림과 같이 저장됩니다.

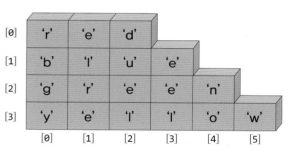

문자열이 저장된 리스트의 요소를 chameleon[0] ~ chameleon[3]으로 인덱싱하고, 요소 안의 문자열을 chameleon[0][0] ~ chameleon[3][5]로 한 번 더 인덱싱하는 것을 2차원 인덱싱이라고 합니다.

2차원 인덱싱을 사용하여 다음 코드를 작성해 보고 결과를 확인해 봅시다.

```
1  chameleon = ['red', 'blue', 'green', 'yellow']
2  print(chameleon[0][0], chameleon[1][0], chameleon[2][0], chameleon[3][0])
3  print(chameleon[0][3])
```

```
r b g y
IndexError: string index out of range
```

2차원 배열을 사용하면 영어 단어 맞추기 게임을 만들 수 있겠어!

리스트에 저장된 첫 번째 문자열이 출력되었으나, chameleon[0][3]에는 저장된 문자가 없으므로 '문자열 인덱스가 값의 범위를 벗어났다는 의미의 오류 메시지'가 출력됩니다.

2 튜플은 이렇게 사용해요!

튜플(Tuple)은 여러 개의 값을 묶어서 저장하고 처리할 수 있는 장점을 가진 자료형입니다. 하지만 리스트와는 달리 한 번 저장한 요소를 바꿀 수 없습니다.

패킹

한 개의 변수에 여러 개의 요소를 저장하는 것을 패킹(packing)이라고 하는데, 여러 가지 자료를 하나의 컨테이너 변수인 튜플로 저장하는 것을 의미합니다.

패킹을 사용하여 ( ) 안에 값을 입력하고 다양한 방법으로 튜플을 생성한 후, 튜플의 요소와 자료형을 출력해 보겠습니다.

오른쪽 코드의 2~3행처럼 튜플을 패킹할 때 ( )를 생략해서 사용할 수도 있어요.

```
1  owl_1 = ('kiki', 8, True)
2  owl_2 = ('kiki', 8), True   # 첫 번째 요소에 ('kiki', 8)의 튜플 저장
3  owl_3 = 'kiki', (8, True)   # 두 번째 요소에 (8, True)의 튜플 저장
4  print('owl_1은', owl_1)
5  print(type(owl_1[0]), type(owl_1[1]), type(owl_1[2]))
6  print('owl_2는', owl_2)
7  print(type(owl_2[0]), type(owl_2[1]))
8  print('owl_3은', owl_3)
9  print(type(owl_3[0]), type(owl_3[1]))
```

```
owl_1은 ('kiki', 8, True)
〈class 'str'〉 〈class 'int'〉 〈class 'bool'〉
owl_2는 (('kiki', 8), True)
〈class 'tuple'〉 〈class 'bool'〉
owl_3은 ('kiki', (8, True))
〈class 'str'〉 〈class 'tuple'〉
```

손자 부엉이에게 주고 싶은 과자를 선물 상자에 담아 포장해 볼까?

각 변수에 패킹된 모습을 그림으로 나타내면 다음과 같습니다.

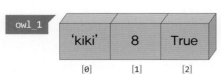

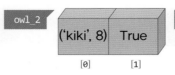

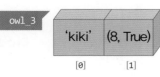

언패킹

튜플에 저장된 여러 개의 요소를 다시 변수에 한 개씩 나누어 담는 것을 **언패킹**(unpacking) 이라고 합니다. 언패킹할 때는 튜플 요소의 개수와 같은 수의 변수가 필요합니다.

튜플을 언패킹하고 각각의 변숫값과 자료형을 출력해 보겠습니다.

```
1  owl = ('kiki', 8, True)
2  # owl에 저장된 튜플의 요소를 세 개의 변수에 각각 저장
3  owl_name, owl_age, owl_male = owl
4  print(owl_name, type(owl_name))
5  print(owl_age, type(owl_age))
6  print(owl_male, type(owl_male))
```

```
kiki <class 'str'>
8 <class 'int'>
True <class 'bool'>
```

> 할머니가 주신 과자 상자의 포장을 풀고 한 개씩 엄마, 아빠에게 드려야지!

Python에서는 튜플의 언패킹을 사용하여 변숫값을 쉽게 교환(swap)할 수 있습니다.

```
1  a, b = 10, 20
2  a, b = b, a  # '='의 우측 b와 a는 변수
3  print('a는 ', a, ', ', 'b는 ', b)
```

```
a는 20 , b는 10
```

> 튜플은 여러 개의 값을 묶어 처리할 수 있는 장점 때문에 함수에서 많이 사용하는 자료형입니다. 자세한 예시는 함수 편에서 다시 한번 살펴보도록 하지요.

보충 | **C언어에서 두 개의 변수를 교환하는 방법**

C언어에서는 a와 b의 두 변숫값을 교환할 때 temp라는 임시 변수를 사용해야 합니다.

```c
1  int a = 10;
2  int b = 20;
3  int temp;
4
5  int main()
6  {  temp = a;
7     a = b;
8     b = temp;
9     printf("a는 %d, b는 %d ", a, b);
10 }
```

```
a는 20, b는 10
```

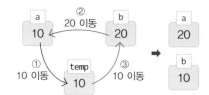

①→②→③순으로 변숫값 이동

3 딕셔너리는 이렇게 사용해요!

딕셔너리(Dictionary)는 서로 연관된 정보를 key와 value로 묶어서 저장하는 자료형으로 자료를 저장하고 처리하기 쉽다는 장점이 있습니다.

key를 사용하여 딕셔너리에 요소를 추가하거나 변경, 삭제할 수 있으며, 한 개의 key에 튜플이나 리스트의 형식으로 여러 개의 value를 저장할 수 있습니다.

요소 추가

딕셔너리에 새로운 key를 생성하여 새로운 요소를 추가합니다. 만약 이전에 사용했던 key에 새로운 value를 입력하면 새로운 value로 대체됩니다.

> 딕셔너리 이름[새로운 key] = [요소1, 요소2, …, 요소n]
> └────value────┘

딕셔너리에 요소를 추가, 변경하고 내용과 자료형을 출력해 보겠습니다.

```
1  chameleon = {'name': ('cabo', 'camely')}
2  print(chameleon)
3  # 새로운 'color' key에 ['red', 'yellow'] value 추가
4  chameleon['color'] = ['red', 'yellow']
5  print(chameleon)
6  print(type(chameleon['name']), type(chameleon['color']))
7  # 기존의 'name' key의 value를 'perl'로 변경
8  chameleon['name'] = 'perl'
9  print(chameleon)
10 print(type(chameleon['name']), type(chameleon['color']))
```

```
{'name': ('cabo', 'camely')}
{'name': ('cabo', 'camely'), 'color': ['red', 'yellow']}
<class 'tuple'> <class 'list'>
{'name': 'perl', 'color': ['red', 'yellow']}
<class 'str'> <class 'list'>
```

코딩 전에 key에 새로운 요소를 추가할 건지, 변경할 건지 잘 생각해야 해!

확인 문제 1

player 딕셔너리를 만들어 ☐ 부분의 요소를 추가하고 그 내용을 출력해 봅시다.

key	value
name	John
score	80
gender	M

딕셔너리의 요소를 삭제할 때는 del 명령어를 사용합니다.

> del 딕셔너리 이름[key]

특정 key의 value를 삭제하여 결과를 출력해 보겠습니다.

```
1  chameleon = {'name': ('cabo', 'camely'), 'color': ['red', 'yellow']}
2  del chameleon['color']
3  print(chameleon)
```

```
{'name': ('cabo', 'camely')}
```

앞에서 배웠던 in과 not in 연산자를 사용하여 딕셔너리에 특정 key가 있는지 없는지 확인하고 그 결과를 True 또는 False로 출력합니다.

> key in 딕셔너리 이름
>
> key not in 딕셔너리 이름

딕셔너리에 특정 key가 있는지 없는지 확인하고 결과를 출력해 보겠습니다.

```
1  chameleon = {'name': ('cabo', 'camely'), 'color': ['red', 'yellow']}
2  print('color' in chameleon)
3  print('color' not in chameleon)
4  print('age' in chameleon)
5  print('age' not in chameleon)
```

```
True
False
False
True
```

위 코드의 실행 결과를 통해 리스트의 in/not in 연산자와 사용 방법이 비슷하다는 것을 알 수 있습니다.

확인 문제 2

- 확인 문제 1 에서 만든 player 딕셔너리에서 'score' key를 삭제해 봅시다.
- 확인 문제 1 에서 'number'라는 key가 있는지 없는지를 True 또는 False로 출력해 봅시다.

함수 사용

함수를 사용하여 딕셔너리의 key와 value를 용도에 맞게 출력할 수 있습니다. 다양한 출력 방법을 알아보겠습니다.

get()

get() 함수를 사용하여 특정 key의 value를 가져옵니다.

> 딕셔너리 이름.get('key')

특정 key의 value를 출력해 보겠습니다.

```
1  chameleon = {'name': ('cabo', 'camely'), 'color': ['red', 'yellow']}
2  print(chameleon.get('name'))
3  print(chameleon.get('color'))
```

```
('cabo', 'camely')
['red', 'yellow']
```

출력된 특정 value의 자료형도 출력해 보도록 합니다.

keys()
values()
items()

key와 value를 출력하는 함수입니다.

keys( )	딕셔너리의 key를 모두 출력합니다.
values( )	딕셔너리의 value를 모두 출력합니다.
items( )	딕셔너리의 key와 value를 모두 출력합니다.

keys( ), values( ), items( ) 함수를 사용하여 딕셔너리의 key와 value를 출력해 보면서 그 성격을 확인해 보겠습니다.

```
1  chameleon = {'name': ('cabo', 'camely'), 'color': ['red', 'yellow']}
2  print(chameleon.keys( ))
3  print(chameleon.values( ))
4  print(chameleon.items( ))
```

```
dict_keys(['name', 'color'])
dict_values([('cabo', 'camely'), ['red', 'yellow']])
dict_items([('name', ('cabo', 'camely')), ('color', ['red', 'yellow'])])
```

위 코드의 실행 결과를 통해 함수 앞에 'dict_'가 출력된 것을 확인할 수 있습니다.

for in 반복문

for in 반복문을 사용하여 딕셔너리의 key와 value를 출력할 수 있습니다.

> for key in 딕셔너리 이름:
> 반복하여 실행하는 코드

for in 반복문을 사용하여 딕셔너리의 key와 value를 출력해 보겠습니다.

```python
1  chameleon = {'name': ('cabo', 'camely'), 'color': ['red', 'yellow']}
2  # key와 value를 모두 출력
3  for key in chameleon:
4      print(key, chameleon[key])
5  # key를 모두 출력
6  # end = ' '를 사용하여 key를 줄바꿈 대신 1칸 공백을 띄우고 출력하도록 설정
7  for key in chameleon:
8      print(key, end = ' ')
9  # value를 모두 출력
10 for key in chameleon:
11     print(chameleon[key], end = ' ')
```

```
name ('cabo', 'camely')
color ['red', 'yellow']
name color ('cabo', 'camely') ['red', 'yellow']
```

for in 반복문은 91쪽에서 다시 설명하도록 하겠습니다.

우리 손자,
이제 자료 정리는 혼자서도
잘할 수 있겠지?

힛, 할머니~
이제 걱정 마세요!

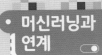

머신러닝에서 자료형은 어떻게?

머신러닝에서 기본 자료형과 컨테이너 자료형은 매우 많이 사용되고 있기 때문에 종류와 기본 형식은 이해하고 있어야 합니다.

Part 2의 '성별을 분류하다'의 이목구비 데이터 셋의 기본 정보를 살펴보면 자료형(dtype)을 확인할 수 있습니다. 다음 코드 실행 결과를 통해 자료형의 종류가 정수형(int64), 실수형(float64), 범주형(object)이 있음을 확인할 수 있습니다. 이러한 자료형은 데이터를 이해하는 데 기본이 되는 정보입니다.

```
1   df.info()
```

```
<class 'pandas.core.frame.DataFrame'>
RangeIndex: 5001 entries, 0 to 5000
Data columns (total 8 columns):
 #   Column                  Non-Null Count   Dtype
---  ------                  --------------   -----
 0   long_hair               5001 non-null    int64
 1   forehead_width_cm       5001 non-null    float64
 2   forehead_height_cm      5001 non-null    float64
 3   nose_wide               5001 non-null    int64
 4   nose_long               5001 non-null    int64
 5   lips_thin               5001 non-null    int64
 6   distance_nose_to_lip_long  5001 non-null int64
 7   gender                  5001 non-null    object
dtypes: float64(2), int64(5), object(1)
memory usage: 312.7+ KB
```

속성명	설명
long_hair	머리카락 길이(0: 짧은 머리, 1: 긴 머리)
forehead_width_cm	이마 너비(cm)
forehead_height_cm	이마 높이(cm)
nose_wide	코 너비(0: 좁은 코, 1: 넓은 코)
nose_long	코 길이(0: 짧은 코, 1: 긴 코)
lips_thin	입술 두께(0: 얇은 입술, 1: 두꺼운 입술)
distance_nose_to_lip_long	인중 길이(0: 짧은 인중, 1: 긴 인중)
gender	성별(male: 남성, female: 여성)

다음과 같이 mnist.load_data( )에 4개의 변수를 저장할 수 있는데, 이는 X_train, y_train, X_test, y_test가 튜플이기 때문에 가능합니다.

```
1   mnist = keras.datasets.mnist
2   (X_train, y_train), (X_test, y_test) = mnist.load_data( )
```

판다스에서는 딕셔너리를 사용하여 데이터프레임을 생성할 때도 있습니다.

```
1   import pandas as pd  # 판다스 라이브러리 불러오기
2   dic = {'age': [60, 70, 12], 'weight': [3.8, 7.2, 6.3], 'height': [4.4, 5.6, 6.4],
3         'nickname': ['Shark', 'Audrey', 'Smurf']}
4   owl = pd.DataFrame(dic, ['grandpa', 'grandma', 'grandson'])  # 데이터프레임 생성
5   owl
```

	age	weight	height	nickname
grandpa	60	3.8	4.4	Shark
grandma	70	7.2	5.6	Audrey
grandson	12	6.3	6.4	Smurf

흐름을 내 마음대로,
제어문

프로그램은 작성된 순서에 따라 실행되는데 실행의 순서를 변경해야 할 때는 제어문을 이용합니다.

제어문은 조건 만족 여부에 따라 실행 순서가 달라지는 선택문과 특정 실행문을 여러 번 반복 실행하는 반복문이 있습니다.

이 장에서는 다음의 순서로 살펴봅시다.

선택문이 뭐지?

선택문은 이렇게 사용해요!

반복문이 뭐지?

반복문은 이렇게 사용해요!

머신러닝에서 제어문은 어떻게?

후훗, 그런 것쯤이야. 이 자동차 게임은 도로를 주행하는 반복문과 엑셀을 밟으면 속도를 조절하는 선택문으로 설계되어 있지! 그럼 나도 이 게임으로 운전 연습 좀 해야겠다.

아빠, 이 자동차 게임은 도로를 주행하다 브레이크를 밟으면 자동차가 멈추고, 엑셀을 밟으면 속도가 빨라져요. 그리고 장애물을 만나면 옆길로 갈 수 있어요! 진짜 운전하는 것 같죠?

1 선택문이 뭐지?

일반적인 프로그램은 아래의 코드처럼 작성된 순서대로 실행됩니다.

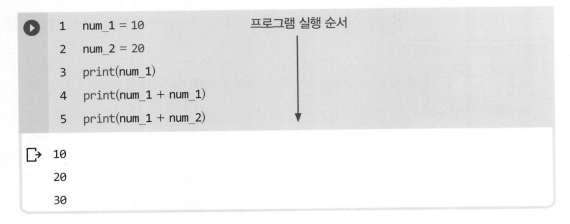

```
1   num_1 = 10
2   num_2 = 20
3   print(num_1)
4   print(num_1 + num_1)
5   print(num_1 + num_2)
```

프로그램 실행 순서

```
10
20
30
```

선택문 이란?

그런데 목적지까지 가는 길을 알려 주는 경로 찾기 앱은 출발지와 목적지를 입력하고 나면 버스나 지하철, 자동차 등 이동 수단에 따라 다른 경로를 보여 줍니다. 제시된 경로 중 어떤 것을 이용할까? '시간이 충분한가?'와 같은 조건을 고려하여 최적의 경로를 찾아 선택할 수 있습니다.

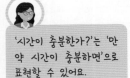

'시간이 충분한가?'는 '만약 시간이 충분하면'으로 표현할 수 있어요.

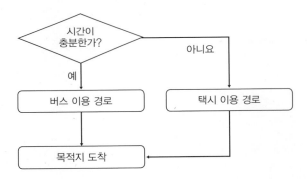

이와 같이 '조건을 만족하는가?'에 따라 실행의 순서가 달라지는 구조를 **선택 구조**라고 하고, '만약 ~라면'의 구조를 가진 명령문을 **선택문**이라고 합니다.

핵심 내용

• 선택 구조: 주어진 조건에 따라 서로 다른 실행을 하는 구조입니다.
• 선택문: '만약 ~라면'과 같은 선택 구조를 만들 때 사용하는 명령문입니다.

2 선택문은 이렇게 사용해요!

제어문

Python에서 선택문은 'if', 'if ~ else', 'if ~ elif ~ else'의 세 가지 방법을 사용합니다. 선택의 가짓수가 몇 개냐에 따라 세 가지 선택문에서 선정하여 사용합니다.

if

if는 '만약 ~라면'이라는 의미로 else나 elif 없이 독립적으로 사용합니다. if와 조건을 적고 콜론(:)을 씁니다. 반복할 명령문은 다음 줄에 들여쓰기 합니다. 만약 조건이 참(예)이라면 다음 줄에 나오는 명령문을 실행합니다.

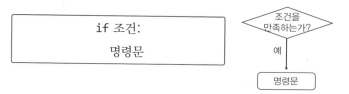

숫자를 입력받아 0보다 크면 '양수입니다.'를 출력해 보겠습니다.

input( ) 함수를 통해 입력받은 값은 문자열로 인식되므로 숫자를 비교하기 위해서는 형변환을 해야 합니다.

```
1  # 입력받은 값을 숫자형(int)으로 변환하여 변수 a에 저장
2  a = int(input('수를 입력하세요.:'))
3  if a > 0:
4      print('양수입니다.')
```

⤷ 수를 입력하세요.: 1
양수입니다.

해 보기

수학 문제를 내고 답을 입력받아 정답이면 '정답입니다.'를 출력해 봅시다.

보통 스페이스바(spacebar)로 4칸을 띄워 들여쓰기 하는데, Python 통합 개발 환경(IDE)이나 코랩에서는 자동으로 들여쓰기가 됩니다.

```
1  a = input('1 + 2 는?')
2  if a == '3':
3      print('정답입니다.')
```

⤷ 1 + 2 는? ⬚3
정답입니다.

위 코드를 실행할 때 정답이 아닌 숫자를 입력하면 어떠한 결과가 출력되는지 확인해 봅시다.

if~ else

if~else는 조건에 대하여 참(예) 또는 거짓(아니요)에 따라 다른 내용을 실행해야 할 때 사용하며, if 조건을 만족하면 명령문1을 실행하고 그렇지 않으면 else 다음의 명령문2를 실행합니다. else 뒤에도 콜론(:)을 쓰고 들여쓰기 합니다.

> 부엉아, 점심에 짜장면 먹을려? 아니면 짬뽕시켜 줄까?

```
if 조건:
        명령문1
else:
        명령문2
```

조건을 만족하는가? → 아니요
예 ↓   ↓
명령문1   명령문2

숫자를 입력받아 0보다 크면 '양수입니다.'를 출력하고, 아니면(작으면) '음수입니다.'를 출력해 보겠습니다.

> 할머니, 저는 탕수육이 먹고 싶은데 어떻게 해요?

```
1   a = int(input('수를 입력하세요.:'))
2   if a > 0:
3       print('양수입니다.')
4   else:
5       print('음수입니다.')
```

> 수를 입력하세요.: [-1]
> 음수입니다.

해 보기

위의 프로그램에서 '0'을 입력하면 어떠한 결과를 출력할까요? 왜 그러한 결과가 나왔는지 이야기해 봅시다.

> 음수입니다.

if 문에서 a>0의 조건만 제시하고 만족하지 않는 이외의 경우는 '음수입니다.'를 출력하도록 프로그래밍하였기 때문입니다. 여기서는 '0'을 별도로 고려하지 않았습니다.

Q '0'을 입력했을 때 '0입니다.'를 출력하려면 어떻게 해야 할까요?

A 수학에서 정수는 양의 정수, 0, 음의 정수로 분류합니다. 프로그래밍에서도 이를 적용해야 합니다.

정수 { 양의 정수 / 0 / 음의 정수 }   ∴ 0인 경우에도 실행할 수 있는 명령어를 제시합니다.

if~
elif~
else

if~elif~else는 비교해야 하는 조건이 2개 이상일 때 사용합니다. if 조건을 만족하면 명령문1을 실행하고, 그렇지 않고 elif 조건을 만족하면 명령문2, 그것도 아니면 else 뒤의 명령문3을 실행합니다. elif 조건문 뒤에도 콜론(:)을 쓰고 들여쓰기 합니다.

```
if 조건1:
    명령문1
elif 조건2:
    명령문2
else:
    명령문3
```

오호, elif로 다른
메뉴를 선택할 수 있잖
여. 이제 짜장면, 짬뽕,
탕수육 중에서 하나를
선택할 수 있겠어.

숫자를 입력받아 0보다 크면 '양수입니다.'를 출력, 0이면 '0입니다.'를 출력, 0보다 작으면 '음수입니다.'를 출력해 보겠습니다.

```
1  a = int(input('수를 입력하세요.:'))
2  if a > 0:
3      print('양수입니다.')
4  elif a == 0:
5      print('0입니다.')
6  else:
7      print('음수입니다.')
```

수를 입력하세요.: 0
0입니다.

핵심 내용

- if: 비교할 조건이 하나이고, 조건이 참일 때만 명령을 실행하는 경우에 사용합니다.
- if~else: 조건이 1개이고 조건이 참일 때와 거짓일 때 서로 다른 명령을 실행해야 하는 경우에 사용합니다.
- if~elif~else: 조건이 2개 이상이고 조건 만족 여부에 따라 서로 다른 명령을 실행해야 하는 경우에 사용합니다.
- 콜론(:) 사용: if, elif, else와 비교할 조건을 적고 콜론(:)을 씁니다.
- 들여쓰기: 조건 만족 여부에 따라 실행할 명령문을 다음 줄에 들여쓰기 합니다.

제어문

3 반복문이 뭐지?

프로그래밍할 때 한 개의 명령문을 여러 번 반복해서 실행해야 할 때가 있습니다. 부엉이 가족을 모두 출력하는 프로그램을 살펴봅시다.

> 1 print('우리 가족에는 할아버지가 있습니다.')
> 2 print('우리 가족에는 할머니가 있습니다.')
> 3 print('우리 가족에는 누나가 있습니다.')
> 4 print('우리 가족에는 동생이 있습니다.')

반복문 이란?

위의 프로그램은 '할아버지, 할머니, 누나, 동생'이라는 단어를 제외하면 문장의 구조와 내용이 같은 명령문을 4번 반복해서 작성했습니다.

만약 부엉이 가족이 100마리라면 어떻게 해야 할까요? 100개의 명령문을 모두 작성하는 것은 비효율적입니다. 이때 반복해서 실행할 명령문을 한 번만 작성하고 반복 실행하도록 만들면 공간의 낭비도 적고 효율적인 프로그램이 됩니다.

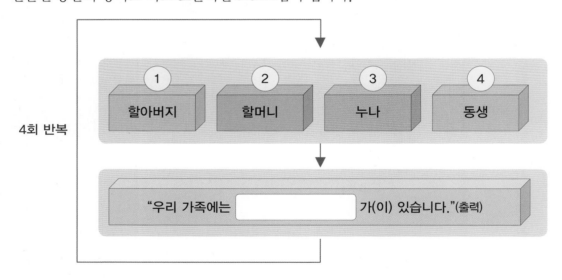

이처럼 명령문을 반복하여 실행하는 구조를 반복 구조라고 하고, '~회 반복', '~할 때까지 반복', '무한 반복'과 같은 명령문을 반복문이라고 합니다.

 핵심 내용

• 반복 구조: 특정 명령문을 반복하여 실행하는 구조입니다.
• 반복문: '~회 반복', '~할 때까지 반복', '무한 반복'과 같은 명령문이 있습니다.

4 반복문은 이렇게 사용해요!

반복문의 형식은 일반적으로 for문과 while문으로 구분합니다. for문은 반복하는 횟수를 제시하는 횟수 반복에 사용하고, while문은 반복하는 횟수를 알 수 없지만 조건을 만족하는 동안 반복하는 조건 반복에 사용하고, 무한하게 반복하는 무한 반복에 사용합니다.

for

리스트와 반복 횟수

원하는 명령문을 반복할 때 **for**문을 사용합니다. for 뒤에 반복 횟수(범위)를 적어 주고 콜론(:)을 씁니다. 반복되는 명령문은 다음 줄에 들여쓰기 합니다.

for문을 사용하여 리스트의 모든 요소를 반복할 수 있습니다.

> for 변수 in 리스트 이름:
>   명령문

for문을 사용하여 리스트의 모든 요소를 출력해 보겠습니다.

```
1  family = ['할아버지', '할머니', '누나', '동생']
2  for i in family:  # 변수 i는 리스트 family의 요소
3    print('우리 가족에는', i, '가(이) 있습니다.')
```

> 우리 가족에는 할아버지 가(이) 있습니다.
> 우리 가족에는 할머니 가(이) 있습니다.
> 우리 가족에는 누나 가(이) 있습니다.
> 우리 가족에는 동생 가(이) 있습니다.

range( )와 반복 범위

range( ) 함수를 사용하여 반복되는 범위를 지정할 수 있습니다.

> for 변수 in range(start, stop, step):
>   명령문

range()에 관한 자세한 설명은 69쪽에서 확인하세요.

반복의 범위를 지정하여 리스트에 있는 우리 가족 중 몇 명만 출력해 보겠습니다.

```
1  family = ['할아버지', '할머니', '누나', '동생']
2  for i in range(2, 4):  # 범위는 인덱스 2와 3에 해당
3    print('우리 가족에는', family[i], '가(이) 있습니다.')
```

> 우리 가족에는 누나 가(이) 있습니다.
> 우리 가족에는 동생 가(이) 있습니다.

while

조건 반복

실행의 조건을 만족하는 동안 반복하거나 무한 반복하여 실행할 때 while문을 사용합니다.

제시된 조건이 '참(예)'인 동안 명령문을 반복합니다. while 뒤에 반복의 조건을 적고 콜론(:)을 씁니다. 반복되는 명령문은 들여쓰기 합니다.

리스트에 값이 있는 동안 가족을 출력하는 명령문을 반복해 보겠습니다.

> len( )은 리스트에 저장된 요소의 개수를 세는 함수입니다.

```
1  family = ['할아버지', '할머니', '누나', '동생']
2  i = 0          # i는 정수형 변수
3  while i < len(family):  # family 리스트의 요소 개수만큼 아래 명령문 반복
4     print('우리 가족에는', family[i], '가(이) 있습니다.')
5     i += 1
```

우리 가족에는 할아버지 가(이) 있습니다.
우리 가족에는 할머니 가(이) 있습니다.
우리 가족에는 누나 가(이) 있습니다.
우리 가족에는 동생 가(이) 있습니다.

리스트의 크기를 안다면 3행을 'while i < 4 :'로 변경하여 실행할 수 있는데, 이는 'i가 4보다 작은 동안 실행하기'라는 표현이 됩니다.

무한 반복

명령문을 무한 반복하여 실행합니다. while 뒤에 콜론(:)을 쓰고 반복되는 명령문은 들여쓰기 합니다.

핵심 내용

• 반복문의 종류: for ~ in 횟수 반복, while(조건) 조건 반복, while(True) 무한 반복이 있으며 반복문 뒤에는 콜론(:)을 씁니다.
• 들여쓰기: 반복문에 따라 반복되는 명령문은 들여쓰기 합니다.

다음 프로그램을 실행해 보고 결과가 어떻게 나오는지 살펴보면서 while문의 조건 반복과 비교해 보겠습니다.

이럴 때는 "'할머니'를 10번 불러줘." 아니면, "'할머니'가 대답할 때까지 불러줘."라고 쓰면 되겠어.

```
1  family = ['할아버지', '할머니', '누나', '동생']
2  while True:
3      print(family)
```

➡ ['할아버지', '할머니', '누나', '동생']이 무한 반복 출력됩니다.

이처럼 while 다음에 조건이 없기 때문에 명령문이 무한 반복됩니다.

반복문 벗어나기

break

반복문을 수행하다 중간에 반복문을 빠져나오거나 반복문 안에서 더이상 명령을 수행하지 않도록 해야 할 경우가 있습니다.

반복문 실행 중 특정 조건에서 반복문을 벗어날 때 break 명령을 사용합니다. if 뒤에 반복문을 벗어날 수 있는 조건을 적고 다음 줄에 break를 들여쓰기 합니다.

```
반복문:
    if 조건:
        break
    명령문
```

숫자를 입력받아 출력하기를 반복하고 9가 입력되면 반복이 종료되도록 코드를 작성해 보겠습니다.

```
1  while True:
2      data = input('숫자를 입력하세요.:')
3      if data == '9':
4          break
5      print('입력된 숫자는', data, '입니다.')
```

➡ 숫자를 입력하세요.: 3
입력된 숫자는 3 입니다.
숫자를 입력하세요.: 7
입력된 숫자는 7 입니다.
숫자를 입력하세요.: 9

continue

반복문을 실행하다가 특정 조건에 대하여 반복문 안의 continue 다음 명령문을 실행하지 않고 넘어가도록(반복문으로 이동) 합니다.

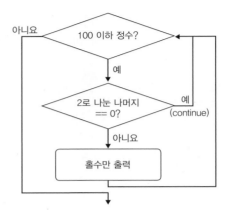

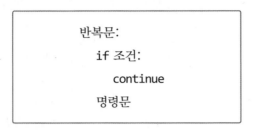

24시간 동안 매시 정각에 알람이 울리고, 오후 7시부터 오전 7시에는 알람이 울리지 않도록 코드를 작성해 보겠습니다.

```
1   for time in range(1, 25):  # 1시에서 24시까지 반복
2     if time <= 7 or time >= 19:
3       continue    # 19시부터 7시까지는 실행하지 않고 넘어감.
4     print('지금은', time, '시 입니다.')   # if 조건과 continue에 의해 실행 여부 결정
```

```
지금은 8 시 입니다.
지금은 9 시 입니다.
       ⋮
지금은 17 시 입니다.
지금은 18 시 입니다.
```

해 보기 ①

for문을 사용하여 사용자가 입력한 단수의 구구단을 출력해 봅시다.

1. 구구단은 1부터 9까지 9번 반복하여 곱셈을 해야 합니다.
2. 사용자가 입력한 문자는 연산이 가능하도록 숫자로 변환하여 연산 결과를 출력합니다.
3. 같은 결과일지라도 다양한 방법으로 코드를 작성할 수 있으므로 각자 다양한 방법으로 코드를 작성해 봅니다.

```
단수를 입력하세요.9
9 * 1 = 9
9 * 2 = 18
9 * 3 = 27
9 * 4 = 36
9 * 5 = 45
9 * 6 = 54
9 * 7 = 63
9 * 8 = 72
9 * 9 = 81
```

```
1   dan = int(input('단수를 입력하세요.'))  # 입력받은 문자를 숫자로 변환하여 저장
2   for i in range(1, 10):  # 1부터 9까지 반복
3     value = dan * i
4     print(dan, '*', i, '=', value)
```

해 보기 2

1~50까지의 자연수 중에서 3의 배수 또는 7의 배수를 출력해 봅시다.

1. range()를 사용하여 반복의 범위를 정해 줍니다.
2. 3 또는 7의 배수인지 확인하기 위해 % 연산자를 이용합니다.
   (a % 3 == 0이라면 3의 배수, a % 7 == 0이라면 7의 배수가 됩니다.)

```
1  for a in range(1, 51):
2    if a % 3 == 0 or a % 7 == 0:
3      print(a)
```

```
3
6
7
9
⋮
45
48
49
```

할머니!
이 정도는 제가 손으로
얼른 쓸 수 있다구요!

그랴? 그럼
1부터 500까지
수 중에서 3의 배수와
7의 배수를 찾아볼려?

확인 문제

1 2단부터 9단까지 구구단을 출력해 봅시다.

2 continue나 break문을 사용하여 1~100까지 짝수의 합을 출력해 봅시다.

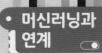

머신러닝에서 제어문은 어떻게?

머신러닝에서 모델을 훈련시키기 위해 훈련 데이터를 입력하는데, 이때 많은 양의 데이터를 입력하기 위해 반복문을 사용합니다. 또 머신러닝의 정확성을 높이기 위한 시스템 훈련 시 최적의 값을 찾기 위해 조건을 만들고 조건에 맞는지 비교할 때는 선택문을 사용합니다.

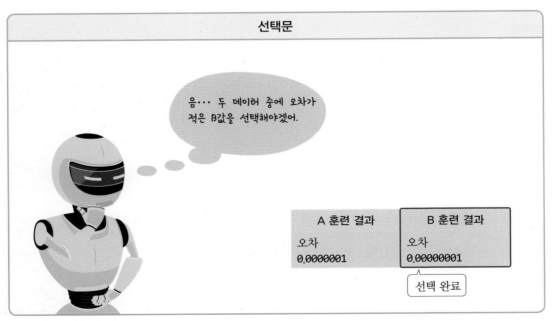

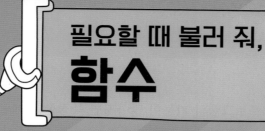

필요할 때 불러 줘,
함수

프로그램을 만들 때 자주 사용하는 기능을 함수로 정의하면 복잡한 프로그램을 쉽게 만들 수 있을 뿐만 아니라 필요할 때 호출하여 사용할 수 있습니다.

이 장에서는 다음의 순서로 살펴봅시다.

함수가 뭐지?

함수는 이렇게 사용해요!

함수를 활용해요!

머신러닝에서 함수는 어떻게?

1 함수가 뭐지?

함수란?

프로그래밍할 때 프로그램의 기능이 많아지면 특정한 기능을 함수로 만들고 필요할 때마다 호출하여 사용할 수 있습니다. 함수를 사용하면 특정 기능이 필요할 때마다 호출하여 코드를 재사용할 수 있습니다. 알아두면 편리한 함수 사용법을 알아보겠습니다.

수학에서 함수는 입력한 수를 계산하여 결괏값을 얻는 기능(function)을 의미합니다. 이해를 돕기 위해 입력한 수에 2를 더하여 결괏값을 출력하는 함수를 그림으로 나타내 보겠습니다.

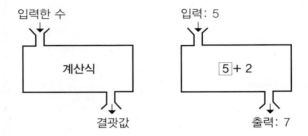

위의 그림에서 입력한 수 5를 x라고 하고, x에 2를 더하여 출력하는 함수를 f(x)라고 할 때, f(x) = x + 2로 표현할 수 있습니다. f(x)는 x의 값을 대입한 함숫값에 해당하고, 수학에서는 y = x + 2로 쓰기도 합니다. 따라서 함수는 값을 입력받아 기능을 수행하고 결과를 돌려주는 것이라고 할 수 있습니다.

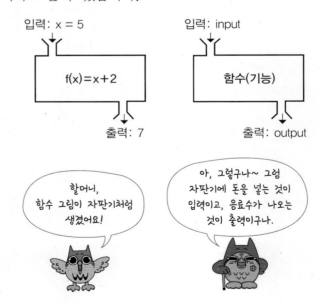

핵심 내용

- 함수: 특정 기능을 수행하도록 정의한 것입니다.
- 함수의 장점: 재사용이 가능하고 프로그램 분석이 쉽습니다.

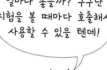

함수의
정의

프로그래밍에서 함수를 사용하려면 기능을 정의하여 함수임을 선언합니다. 함수를 선언할 때는 def 뒤에 '함수 이름과 콜론(:)'을 적고 다음 줄에 들여쓰기를 한 다음 함수의 기능을 작성합니다. 함수 실행 후에 결괏값의 반환 여부를 마지막에 정의합니다.

```
def 함수 이름():
    기능
    return 반환값
```

내 머릿속에 구구단 함수가 선언되어 있다면 얼마나 좋을까? 구구단 시험을 볼 때마다 호출해서 사용할 수 있을 텐데!

앞에서 보았던 계산식을 함수로 선언하면 다음과 같습니다. 이때 함수의 실행을 위해 입력되는 변수(함수가 전달받은 값) x를 매개 변수라고 합니다.

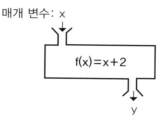

매개 변수: x

$f(x)=x+2$

y

```
1  def f(x):
2      y = x + 2
3      return y
```

이렇게 선언된 함수는 호출해서 사용합니다. 함수를 호출할 때 함수의 입력값으로 넘겨주는 값을 인수(argument)라고 하고, 함수가 실행되어 전달(반환)하는 값인 y를 반환값 또는 리턴값(return value)이라고 합니다.

함수를 정의하고 호출하여 결과를 출력해 보겠습니다.

함수의 선언은 102쪽에서, 함수의 호출은 104쪽에서 자세하게 알아보아요.

```
1  def f(x):        # 'def 함수명:'으로 함수 생성
2      y = x + 2
3      return y      # 함수가 계산한 실행 결괏값 y를 반환, y는 리턴값
4  i = f(5)          # 인수 5를 넘겨주고 함수 호출
5                    # 함수의 실행 결괏값은 i에 저장
6  print(i)          # i 출력
```

```
7
```

핵심 내용

- def: 함수를 만들겠다는 의미로 함수를 정의할 때 사용합니다.
- 함수의 호출: 함수를 실행하는 것입니다.
- 매개 변수: 함수의 실행을 위해 함수가 전달받은 값을 저장하는 변수입니다.
- 인수: 함수에게 실행을 요청하기 위해 호출할 때 넘겨주는 값입니다.
- 반환, 리턴(return): 함수의 실행 결괏값을 함수를 호출한 곳으로 다시 돌려주는 것입니다.
- 반환값, 리턴값(return value): 함수의 실행 후 함수가 돌려주는 결괏값입니다.

① 함수가 뭐지?

함수의 유형

함수는 매개 변수와 리턴값의 유무에 따라 네 가지 유형으로 나눌 수 있습니다.

자판기를 예를 들어 알아봅시다. 자판기에 넣은 돈을 매개 변수라고 하고 음료수를 리턴값이라고 가정하면, 함수의 네 가지 유형을 다음과 같이 나타낼 수 있습니다.

'def 함수명( ):'으로 생성한 함수는 기다리고 있다가 프로그램에 함수 이름이 등장할 때마다 실행됩니다.

유형	그림	형식	설명	해석
유형 1	자판기 기능	def 자판기( ): 　자판기의 기능	자판기에 돈을 넣지 않았고, 음료수가 나오지 않았다.	매개 변수가 없고 리턴값이 없다. 입력값과 결괏값이 없다.
유형 2	자판기 기능 음료수	def 자판기( ): 　자판기의 기능 　return 음료수	자판기에 돈을 넣지 않았고, 음료수가 나왔다.	매개 변수가 없고 리턴값이 있다. 입력값이 없고 결괏값이 있다.
유형 3	돈 자판기 기능	def 자판기(돈): 　자판기의 기능	자판기에 돈을 넣었고, 음료수가 나오지 않았다.	매개 변수가 있고, 리턴값이 없다. 입력값이 있고 결괏값이 없다.
유형 4	돈 자판기 기능 음료수	def 자판기(돈): 　자판기의 기능 　return 음료수	자판기에 돈을 넣었고, 음료수가 나왔다.	매개 변수가 있고, 리턴값이 있다. 입력값과 결괏값이 있다.

일반적인 함수는 유형 4의 형태입니다. 'def 함수명( ):'으로 생성한 함수는 기다리고 있다가 프로그램에 함수 이름이 등장할 때마다 실행됩니다. 그렇다고해서 다른 유형에 문제가 있는 것은 아닙니다. 이유는 Python에 더 익숙해지면 알게 되겠지요?

해 보기

위에서 살펴본 네 가지 유형의 함수를 만들고 서로 비교해 봅시다.

유형 1

매개 변수가 없고 리턴값이 없으므로 None(없음)이 출력됩니다.

리턴값이 없을 수는 있어도 리턴이 없을 수는 없습니다.

```
1  def f():
2      x = 5        # 매개 변수 대신 함수 안에서 x를 정의하여 사용
3      y = x + 2
4  # return 생략
5  print(f())
```
▶ None

유형 2

매개 변수가 없지만, 계산 결과 y를 리턴하므로 7이 출력됩니다.

```
1  def f():
2      x = 5            # 매개 변수 대신 함수 안에서 x를 정의하여 사용
3      y = x + 2
4      return y
5
6  print(f())
```
▶ 7

유형 3

인수 '5'를 전달받은 매개 변수가 있고 리턴값은 없으므로 None(없음)이 출력됩니다.

```
1  def f(x):
2      y = x + 2  # 매개 변수 x를 받아 사용
3   # return 생략
4  print(f(5))
```
▶ None

유형 4

인수 '5'를 전달받을 매개 변수가 있고 계산 결과 y를 리턴하므로 7이 출력됩니다.

함수에게 전달할 때는 '인수', 함수 관점에서 전달받은 인수를 저장하는 변수는 '매개 변수'로 기억해 두세요.

```
1  def f(x):
2      y = x + 2   # 매개 변수 x를 받아 사용
3      return y
4
5  print(f(5))
```
▶ 7

② 함수는 이렇게 사용해요!

함수를 잘 사용하려면 다양한 유형의 함수를 만들고 호출하여 사용하는 방법을 연습하는 것이 좋겠지요? 함수를 선언하고 호출하여 사용하는 과정을 자세히 살펴보겠습니다.

함수의 선언

프로그램 안에서 기능에 따라 함수를 만들고 사용할 때는 먼저 함수의 기능을 정의하여 선언합니다. 이후 함수가 필요할 때마다 함수를 호출하여 사용합니다. 따라서 함수의 선언은 함수를 호출하여 사용하기 전에 이루어져야 합니다.

만약 함수를 선언하지 않은 상태에서 함수(함수 이름)를 호출한 다음에 함수를 선언한다면 어떻게 될까요? 마찬가지로 오류가 발생합니다. 즉 함수를 선언했다는 것은 함수가 사용될 것에 대비하여 미리 함수를 만들어 두었다는 것을 의미하므로 반드시 함수가 사용되기 전에 선언되어 있어야 오류 없이 사용할 수 있습니다.

함수를 선언할 때는 def 뒤에 함수의 이름(매개 변수)을 씁니다. 함수 이름(매개 변수) 뒤에는 반드시 콜론(:)을 쓰고 다음 줄은 들여쓰기 합니다.

```
def 함수 이름(매개 변수):
    기능
    return 반환값
```

```
def plus(x):
    total = x + 2
    return total
```

> 유형 1과 유형 3처럼 return의 반환값이 없을 때는 return을 생략할 수 있어요.

함수를 선언할 때 100쪽에서 설명한 함수의 네 가지 유형에 따라 매개 변수와 반환값을 빼거나 넣어 함수를 정의할 수 있습니다.

유형 1
```
def 함수_이름():
    기능
    return # 생략 가능
```

유형 2
```
def 함수_이름():
    기능
    return 반환값
```

유형 3
```
def 함수_이름(매개 변수):
    기능
    return # 생략 가능
```

유형 4
```
def 함수_이름(매개 변수):
    기능
    return 반환값
```

> 함수를 네 가지 유형에 따라 정의하면 결과가 어떻게 달라질까요? 유형에 따른 함수를 선언하고 리턴값을 예측해 봐야겠어요.

핵심 내용

• 함수의 선언 ─ def 뒤에 함수의 이름과 콜론(:)을 씁니다.
　　　　　　 └ 함수의 사용 전에 이루어져야 합니다.

해 보기

해 보기에서 직접 코딩하지 말고 결과만 예측해 보세요.

새 친구의 이름(str1)을 입력받아 인사말을 반환하는 함수를 네 가지 유형으로 선언해 보고 결과를 예측해 봅시다.

```
1  def hello(str1):
2      str2 = str1 + '야, 만나서 반가워'
3      return str2
```

유형 1 매개 변수가 없고, 리턴값이 없다.

함수 선언
```
1  def hello():
2      str2 = str1 + '야, 만나서 반가워'
```

결과 예측 리턴값이 없으므로 None이 반환(리턴)됩니다.

유형 2 매개 변수가 없고, 리턴값이 있다.

함수 선언
```
1  def hello():
2      str2 = str1 + '야, 만나서 반가워'
3      return str2
```

결과 예측 리턴이 있으나 입력값이 없으므로 NameError: name 'str1' is not defined. 에러가 발생합니다.

유형 3 매개 변수가 있고, 리턴값이 없다.

함수 선언
```
1  def hello(str1):
2      str2 = str1 + '야, 만나서 반가워'
```

결과 예측 리턴값이 없으므로 None이 반환(리턴)됩니다.

유형 4 매개 변수가 있고, 리턴값이 있다.

함수 선언
```
1  def hello(str1):
2      str2 = str1 + '야, 만나서 반가워'
3      return str2
```

결과 예측 '매개 변숫값:str1 야, 만나서 반가워'가 반환됩니다.

함수의 호출

앞에서 선언한 함수는 실제 인사말을 출력하지 않습니다. 인사말을 출력하려면 함수를 호출해야 합니다. 함수를 선언한 후에 함수를 사용해야 할 때 함수의 이름과 인수를 넘겨주는 것을 함수의 호출이라고 하며 이때 함수가 실행됩니다.

함수의 호출을 이해하기 위해 음료 자판기를 생각해 볼까요? 자판기 안에 음료수가 아무리 많아도 돈을 넣고 버튼을 누르지 않으면 음료수가 나오지 않는 것처럼 함수의 호출은 돈을 넣고 자판기의 버튼을 누르는 것과 같습니다.

할머니,
저 용돈 주세요!

함수를 호출할 때는 함수 이름 뒤에 있는 소괄호( ) 안에 인수를 적습니다. 매개 변수가 없는 함수는 괄호 안을 비워 두고 호출합니다.

용돈이 뭐다냐?
용돈을 줄 계획도
없는데?

> \# 함수 선언
>
> def 함수 이름(매개 변수):
>   기능
>   return 반환값
>
> \# 함수 호출
> **함수 이름(인수)**

함수로
이동하여
블록을
실행합니다.

프로그램은 작성된 순서대로 위에서부터 실행되는데, 함수 사용을 위한 함수의 호출은 반드시 함수가 선언된 이후에 이루어져야 합니다.
만약 다음과 같이 함수의 선언과 호출의 순서가 뒤바뀐다면 "NameError: name '함수_이름' is not defined." 라는 오류 메시지가 출력됩니다.

아 할머니~!!!!

> \# 함수 호출
> 함수 이름(인수) \# 함수 선언 전에 함수를 호출했으므로 오류 발생
>
> \# 함수 선언
> def 함수 이름(매개 변수):
>   기능
>   return 반환값

핵심 내용

• 함수의 호출 ─ 함수 이름 뒤에 있는 소괄호( ) 안에 인수를 써 줍니다.
            └ 함수를 호출하기 전에 함수를 선언해야 합니다.

인수의 사용

함수를 호출할 때 인수를 함께 전달하는 경우, 함수는 인수를 저장하는 매개 변수가 반드시 있어야 합니다. 만약, 함수 호출 시 인수를 전달했는데 매개 변수가 없거나, 인수를 전달하지 않았는데 매개 변수가 있으면 오류 메시지가 출력됩니다. 따라서 다음과 같이 함수의 유형에 따라 함수를 호출해야 합니다.

함수 유형			함수 선언	함수 호출
유형 1	매개 변수	x	def 함수 이름( ): 　　기능	함수 이름( )
	리턴값	x		
유형 2	매개 변수	x	def 함수 이름( ): 　　기능 　　return 반환값	함수 이름( )
	리턴값	o		
유형 3	매개 변수	o	def 함수 이름(매개 변수): 　　기능	함수 이름(인수)
	리턴값	x		
유형 4	매개 변수	o	def 함수 이름(매개 변수): 　　기능 　　return 반환값	함수 이름(인수)
	리턴값	o		

해 보기

빈칸의 내용을 채우며, 수를 입력받아 입력된 수가 짝수인지 홀수인지를 판단하고 그 결과를 출력해 봅시다.

짝수와 홀수를 판단하는 기능은 함수를 정의하여 사용하고, 입력받은 수를 인수로 넘겨주어 함수를 호출하는 기능을 이용합니다. 결괏값은 반환(리턴)합니다.

```
1  # 함수 선언
2  _____
3      if x % 2 == 0:
4          str1 = '짝수'
5      else:
6          str1 = '홀수'
7      return _____
8  # 입력받은 값을 숫자형으로 변환
9  num = int(input('수를 입력하세요. : '))
10 # 함수 호출: 반환된 값을 result에 저장
11 result = _____
12 print('결과는', result, '입니다.')
```

수를 입력하세요. : ☐4
결과는 짝수 입니다.

input()을 사용하여 입력받은 내용은 문자열로 인식하므로 정수형, 실수형으로 적절히 변환해야 합니다.

return

처음 프로그래밍을 배울 때 반환(return)한다는 의미를 이해하기 힘들 수 있습니다. 반환은 호출한 곳으로 돌아간다는 의미입니다. 다음의 대화를 살펴볼까요?

만약 호출한 곳으로 돌아가지 않는다면 프로그램은 영원히 종료되지 않습니다. 그곳에 계속 머물러 있을 테니까요.

할머니가 심부름을 시키기 위해 손자 함수를 호출합니다. 손자 함수는 심부름을 마치고 다시 할머니에게 돌아가야 하는데, 함수를 호출한 할머니에게 돌아가는 것을 반환(return)이라고 합니다. 반환할 때는 값이 없이 돌아갈 수도 있고, 값을 가지고 돌아갈 수도 있습니다. 위의 왼쪽 그림과 같이 아들이 엄마에게 지갑을 주고 왔으므로 빈손(리턴값 x)으로 돌아왔습니다. 오른쪽 그림은 마트에서 주스를 사왔으므로 할머니에게 돌아올 때 주스(리턴값 o)를 가지고 옵니다.

다음 두 프로그램의 실행 결과를 비교하면서 반환(return)의 의미를 생각해 봅시다.

```
1   def f(a, b):
2       add = a + b
3       return add   # 더하기 결괏값 반환
4   num = f(1, 2)
5   print('리턴값은', num, '입니다.')   # 결괏값을 반환받아 출력
```

리턴값은 3 입니다.

```
1   def f(a, b):
2       add = a + b
3       print('더하기 결과는', add, '입니다.')   # 결괏값을 함수 내에서 출력
4   num = f(1, 2)
5   print('리턴값은', num, '입니다.')
```

더하기 결과는 3 입니다.
리턴값은 None 입니다.

매개 변수가 있고, 리턴값이 없는 유형을 생각해 보세요.

f( ) 함수로부터 반환된 값이 없으므로 '리턴값은 None 입니다.'를 출력합니다.

함수는 한 번에 여러 개의 매개 변수를 전달받아 사용하고 여러 개의 값을 반환할 수도
있습니다. 단, 여러 개의 값을 넘겨주거나 반환할 때는 튜플 자료형으로 전달합니다.

두 개의 값을 인수로 넘겨주고 다시 여러 개의 리턴값을 받아 출력해 보겠습니다.

```python
1  # 함수 선언
2  def arithmetic(num1, num2):
3      add = num1 + num2
4      mul = num1 * num2
5      return add, mul   # 두 개의 값 반환
6  # 함수 호출
7  result = arithmetic(3, 4)   # 두 개의 값을 인수로 넘겨줌.
8  print(result)  # 리턴값은 튜플의 형태로 출력
9  print(type(result))
```

⤷ (7, 12)
   〈class 'tuple'〉

위 코드의 실행 결과를 통해 튜플 자료형을 확인할 수 있습니다. 이처럼 튜플 형태의 리
턴값을 두 개의 변수에 나누어 저장하는 것을 언패킹이라고 앞에서 배웠습니다.

함수의 리턴값을 언패킹하고 각각의 변수를 출력해 보겠습니다.

```python
1  # 함수 선언
2  def arithmetic(num1, num2):
3      add = num1 + num2
4      mul = num1 * num2
5      return add, mul
6  # 함수 호출
7  result1, result2 = arithmetic(3, 4)
8  print('더하기:', result1)
9  print('곱하기:', result2)
```

괄호 없이 여러 개의
값을 리턴받고 변수에
할당하는 것은 튜플에
서만 할 수 있어요.

⤷ 더하기: 7
   곱하기: 12

해 보기

새 친구의 이름을 입력받아 인사말을 출력하는 함수를 여러 가지 유형을 이용하여 만들고 실행해 봅시다.

유형 1

매개 변수가 없고 리턴값이 없는 형태의 경우는 다음과 같습니다. 입력되는 매개 변수가 없으므로 str1의 값을 함수 내에서 지정합니다.

```python
1  # 함수 선언
2  def hello():
3      # input()으로 입력받은 새 친구의 이름을 str1에 저장
4      str1 = input('새 친구의 이름을 입력하세요.: ')
5      str2 = str1 + '야(아), 만나서 반가워.'
6      print(str2)
7      return   # return 명령은 있으나 리턴값이 없으므로 실제 리턴은 하지 않음.
8
9  # 함수 호출
10 hello()
```

▷ 새 친구의 이름을 입력하세요.: 미로
미로야(아), 만나서 반가워.

유형 2

매개 변수가 없고 리턴값이 있는 형태로 변경한 후 str2를 리턴하면 다음과 같습니다. 빈칸에 알맞은 내용을 채워 넣고 인사말을 출력해 봅시다.

f(x)=x+1에서 결과값을 출력할 때는 print(f(x))로 씁니다.

```python
1  def         :
2      str1 = input('새 친구의 이름을 입력하세요.: ')
3      str2 = str1 + '야(아), 만나서 반가워.'
4      return str2
5
6  print(hello())
```

▷ 새 친구의 이름을 입력하세요.: 미로
미로야(아), 만나서 반가워.

Q 유형 2에서 6행을 hello(str1)로 수정하고 결과를 확인해 봅시다. 왜 이러한 결과가 나올까요?

A 'NameError: name 'str1' is not defined.' 에러가 출력됩니다.
매개 변수가 없는 형태로 선언되었기 때문에 'str1'을 알지 못합니다.

유형 3

함수를 호출하기 전에 새 친구의 이름을 입력받아 str1에 저장한 후, 함수에게 str1을 인수로 전달합니다.

매개 변수가 있고 리턴값이 없는 형태로 변경하면 다음과 같습니다. 빈칸에 알맞은 내용을 채워 넣고 인사말을 출력해 봅시다.

```
1  def [          ] :
2      str2 = str1 + '야(아), 만나서 반가워.'
3      print(str2)
4      return
5
6  str1 = input('새 친구의 이름을 입력하세요.: ')
7  [          ]        # hello 함수를 호출할 때 str1을 인수로 넘겨줌.
```

▷ 새 친구의 이름을 입력하세요.: 미로

미로야(아), 만나서 반가워. ← 함수 실행 과정에서 출력한 문장

유형 4

매개 변수가 있고 리턴값이 있는 형태로 변경하고 인사말을 출력해 봅시다.

```
1  def hello(str1):
2      str2 = str1 + '야(아), 만나서 반가워.'
3      return str2
4  str1 = input('새 친구의 이름을 입력하세요.: ')
5  print(hello(str1))
```

▷ 새 친구의 이름을 입력하세요.: 미로

미로야(아), 만나서 반가워. ← 함수 실행 결과로 돌려받아 출력한 문장

유형3과 유형4의 차이점을 비교해 보세요. 무엇이 다른가요?

해 보기 2

빈칸을 채워 비밀번호를 설정하고 입력받은 번호가 설정한 비밀번호와 같으면 '환영합니다.'를 출력하고, 설정한 비밀번호와 다르면 '비밀번호가 다릅니다.'를 출력해 봅시다.

입력된 수가 비밀번호와 같은지 확인하는 함수를 선언하고 호출하여 사용해 보세요.

```
1  def password(x):
2      no = '1234'
3      if x == no:
4          str1 = '환영합니다.'
5      else:
6          str1 = '비밀번호가 다릅니다.'
7      return str1
8  word = input('비밀번호를 입력하세요.: ')
9  [          ]
10 print(result)
```

▷ 비밀번호를 입력하세요.: 1234

환영합니다.

지역 변수

변수의 사용 범위

함수 내부에서 선언한 변수를 **지역 변수**(local variable)라고 하며, 함수 외부에서 정의한 변수를 전역 변수(global variable)라고 합니다.

다음 코드를 통해 전역 변수와 지역 변수의 사용 범위에 대해 알아보도록 하겠습니다. 함수 외부에서 정의한 num 전역 변수와 함수 내부에서 정의한 num 지역 변수의 값을 출력해 봅시다.

지역 변수와 전역 변수의 이름을 다르게 하여요, 9행에서 각각 출력해 보세요. 어떤 결과가 나타날까요?

```
1  num = 100  # 전역 변수 num
2  def plus(n): # 함수 선언
3    num = n + 1  # 지역 변수 num
4    print('지역 변수 num:', num)
5
6  plus(10)           # 함수 호출
7  plus(20)
8  print('전역 변수 num:', num)
```

```
지역 변수 num: 11
지역 변수 num: 21
전역 변수 num: 100
```

3행처럼 함수 내부에서 정의한 num 지역 변수는 6행과 7행처럼 함수를 호출할 때마다 초기화되어 결괏값을 반환합니다. 즉, 지역 변수는 함수가 실행되는 동안만 존재하며 함수 실행이 종료되면 값이 사라집니다. 반면에 8행의 num 전역 변수는 함수 내부에서 정의한 num 지역 변수에 영향을 받지 않으며 프로그램이 종료되기 전까지 값이 존재합니다.

함수 내부에서 전역 변수 사용

함수 내부에서 함수 외부에 있는 전역 변수를 사용하기 위해서는 'global'이란 예약어를 변수명 앞에 붙이면 됩니다. 전역 변수에 값을 누적하여 더한 결과를 출력해 봅시다.

```
1  num = 10 # 전역 변수
2  def plus():
3    global num # 전역 변수 num 사용
4    num = num + 10
5    print('전역 변수 num:', num)
6
7  plus()
8  plus()
```

```
전역 변수 num: 20
전역 변수 num: 30
```

핵심 내용

- 지역 변수: 함수 내부에서 정의한 변수로 함수 내에서만 사용할 수 있습니다.
- 전역 변수: 함수 외부에서 정의한 변수로 함수를 포함하여 프로그램 전체에서 사용할 수 있습니다.
- 함수 내부에서 전역 변수 사용: 함수 내부에서 사용 시 변수명 앞에 global 예약어를 붙입니다.

3 함수를 활용해요!

내장 함수

함수에는 사용자의 필요에 의해 만들어서 사용하는 사용자 정의 함수와 Python에서 미리 만들어서 제공하는 내장 함수가 있습니다. 내장 함수는 매개 변수나 리턴값의 여부에 따라 사용 규칙이 다르므로 각 함수에 맞는 사용 규칙을 따라 호출해야 합니다.

Python의 내장 함수에는 다음과 같은 것들이 있는데 그중 몇 가지 함수의 활용법을 알아 보도록 하겠습니다.

A	E	L	R
abs()	enumerate()	len()	range()
aiter()	eval()	list()	repr()
all()	exec()	locals()	reversed()
any()			round()
anext()	**F**	**M**	
ascii()	filter()	map()	**S**
	float()	max()	set()
B	format()	memoryview()	setattr()
bin()	frozenset()	min()	slice()
bool()			sorted()
breakpoint()	**G**	**N**	staticmethod()
bytearray()	getattr()	next()	str()
bytes()	globals()		sum()
		O	super()
C	**H**	object()	
callable()	hasattr()	oct()	**T**
chr()	hash()	open()	tuple()
classmethod()	help()	ord()	type()
compile()	hex()		
complex()		**P**	**V**
	I	pow()	vars()
D	id()	print()	
delattr()	input()	property()	**Z**
dict()	int()		zip()
dir()	isinstance()		
divmod()	issubclass()		__import__()
	iter()		

자세한 내장 함수의 사용법은 https://docs.python.org/ko/3/library/functions.html을 참고하세요.

프로그램에서 자주 사용하는 print() 함수도 내장 함수로서 소괄호() 안의 값을 인수로 입력받아 출력해 줍니다.

enumerate()

enumerate() 함수는 리스트에 저장된 요소의 순서와 값을 확인합니다. 리스트의 요소가 몇 번째인지 알려 주는 (순서, 요소)로 이루어진 튜플 형태로 결괏값을 반환합니다.

> enumerate(리스트 이름, start)

start는 요소의 순서를 셀 때 시작하는 숫자로 생략하는 경우 0부터 시작합니다.

chameleon 리스트의 순서와 요소를 출력해 보겠습니다.

```
1  chameleon = ['red', 'blue', 'green', 'yellow']
2  for i in enumerate(chameleon):
3    print(i)
```

```
(0, 'red')
(1, 'blue')
(2, 'green')
(3, 'yellow')
```

인덱스 번호와 요소를 tuple 형태로 반환합니다.

Python에서 제공하는 함수의 사용법에는 enumerate(iterable, start)로 표기되어 있습니다. iterable은 반복하여 출력할 수 있는 즉, 여러 개의 요소를 가진 컨테이너 자료형을 의미합니다.

Q 내장 함수를 사용하면 어떤 점이 좋을까요?

A Python에서 자주 사용하는 함수를 정의해 두고 프로그래밍할 때 필요한 기능을 가져와서 사용하면 되므로 쉽고 간단하게 프로그램을 만들 수 있습니다.

map()

map( ) 함수는 반복문을 사용하지 않고도 컨테이너 자료형의 요소를 특정 함수에 한 개씩 입력한 후, 함수의 실행 리턴값을 받아 다시 컨테이너 자료형으로 리턴하는 함수입니다.

> map(함수 이름, 컨테이너 자료형의 이름)

숫자로 된 리스트에 map( ) 함수를 적용한 실행 결과를 확인해 보겠습니다.

```python
1  def plus(num1):
2      total = num1 + 2
3      return total
4  list_a = [1, 2, 3, 4]
5  result = map(plus, list_a)   #plus 함수에 'list_a' 리스트 요소 전달
6  print(list(result))   # map 결과를 리스트 형식으로 출력
```
[3, 4, 5, 6]

Q 위 문제를 map( ) 함수를 사용하지 않고 반복문을 사용하려면 어떻게 해야 하나요?

A map( ) 함수를 사용하지 않고 위 코드와 동일한 결과를 얻기 위해서는 다음과 같은 반복문을 사용해야 합니다. 이때 요소 추가 append( ) 함수를 사용합니다.

```python
1  def plus(num1):
2      total = num1 + 2
3      return total
4  list_a = [1, 2, 3, 4]
5  result = [ ]
6  for i in list_a:
7      result.append(plus(i))
8  print(result)
```
[3, 4, 5, 6]

zip()

'*'은 가변형 매개 변수의 표현으로 한 개 이상의 값을 쓸 수 있다는 것을 나타냅니다.

zip() 함수는 여러 개의 컨테이너 자료형의 요소를 묶어 튜플 형태로 출력해 줍니다. 소괄호() 안에 튜플 형태로 출력하고 싶은 컨테이너 자료형의 이름을 여러 개 입력할 수 있습니다.

> zip(*컨테이너 자료형의 이름)

리스트, 튜플, 딕셔너리 자료형을 zip() 함수를 사용하여 튜플 형태로 출력해 봅시다.

```
1  x = [1, 2, 3, 4]  # 리스트
2  y = (5, 6, 7, 8)  # 튜플
3  z = {'a':1, 'b':3, 'c':3, 'd':4}  # 딕셔너리
4  for result in zip(x, y, z):
5      print(result) # zip 결과 출력
```

```
(1, 5, 'a')
(2, 6, 'b')
(3, 7, 'c')
(4, 8, 'd')
```

확인 문제

1부터 100 사이의 정수 중에서 입력받은 수의 배수를 찾아 리스트 형태로 출력해 봅시다. 배수를 찾는 부분은 함수로 구성합니다. 빈칸을 채워 코드를 완성해 봅시다.

51쪽에서 학습한 % 연산자를 사용하면 배수를 찾을 수 있어요. 배수를 찾아 리스트에 요소를 추가해 보세요.

```
1  # 함수 선언
2  def multiple(x):
3      multiple_list = []
4  
5  
6  
7  
8  
9      return multiple_list
10
11  num = int(input('1부터 100까지의 수 중 배수를 찾고 싶은 수를 입력하세요.: '))
12  # 함수 호출
13  list1 = multiple(num)
14  print(list1)
```

```
1부터 100까지의 수 중 배수를 찾고 싶은 수를 입력하세요.: 4
[4, 8, 12, 16, 20, 24, 28, 32, 36, 40, 44, 48, 52, 56, 60, 64, 68, 72, 76, 80, 84, 88, 92, 96]
```

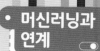

머신러닝에서 함수는 어떻게?

함수와 헷갈리기 쉬운 메소드(method)가 있습니다. 메소드도 함수와 같은 기능을 수행합니다. 차이가 있다면 함수는 독립적으로 사용되고 메소드는 클래스나 객체와 관련 있는 함수입니다.

이 책에서는 클래스와 객체를 다루지는 않지만 Python은 객체 지향 언어이므로 많은 함수가 객체로 이루어져 있습니다.

함수와 메소드의 관계를 포함 관계로 표현해 보겠습니다.

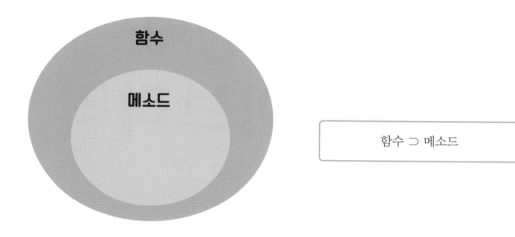

함수 ⊃ 메소드

함수는 sum( ), abs( )와 같이 독립적으로 사용되지만, 메소드는 df.head( ), df.info( ), plt.plot( ), model.fit( )와 같은 형태로 사용됩니다.

머신러닝에서는 def를 사용하여 함수를 만들고 데이터 탐색 및 시각화, 학습, 평가 등 기능별로 함수를 사용할 수 있습니다. 또한 메소드를 사용한 객체와 관련된 함수를 많이 사용합니다.

데이터 불러오기, 시각화, 학습, 평가 관련 함수들이 메소드로 만들어져 있으므로 기억해 두면 Part 2 학습 시 도움이 됩니다.

머신러닝에 필요한 라이브러리

1. 배열 연산에 강한, NumPy
2. 데이터 분석에 유용한, Pandas
3. 데이터 시각화에 필요한, Matplotlib

'머신러닝에 필요한 라이브러리' 영역에서는 머신러닝에서 데이터 분석을 위해 중요한 역할을 하는 3대 라이브러리를 소개합니다.

수치 데이터를 쉽고 빠르게 다루는 넘파이(NumPy), 대용량 데이터를 효율적으로 처리할 수 있는 판다스(Pandas), 데이터를 차트(chart)나 플롯(plot)으로 시각화하는 맷플롯립(Matplotlib)의 사용법을 알고, Part 2에서 학습할 데이터 분석 및 머신러닝과 딥러닝 문제 해결에 대비할 수 있도록 합니다.

배열 연산에 강한, NumPy

머신러닝을 구현하기 위해 방대한 양의 데이터를 처리하는 데 Python 라이브러리 중에 NumPy(넘파이)를 사용하면 편리합니다. NumPy는 배열의 연산에 최적화되어 있어 데이터를 분석할 때 기본적으로 사용하는 라이브러리입니다.

1 넘파이란 이런 것!

NumPy

넘파이의 역할

머신러닝에서 이미지, 영상, 텍스트, 소리 등의 모든 데이터는 실수 형태(수치 데이터)의 배열로 표현합니다.

이미지를 예를 들어 살펴볼까요? 이미지는 다음 그림과 같이 수치 데이터로 구성된 2차원 배열, 즉 행렬로 표현합니다.

배열은 동일한 성질을 갖는 데이터를 1차원, 2차원, 3차원, … 등 m차원으로 기억하는 장소를 의미합니다. 이 중 2차원 배열을 행렬이라고 부릅니다.

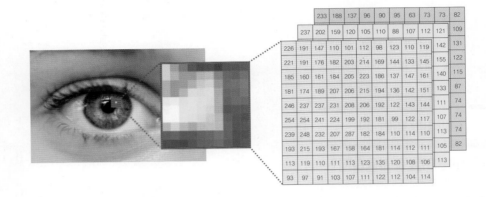

넘파이는 이러한 수치 데이터의 배열을 구성하고, 배열을 연산 처리하는 데 필요한 라이브러리입니다.

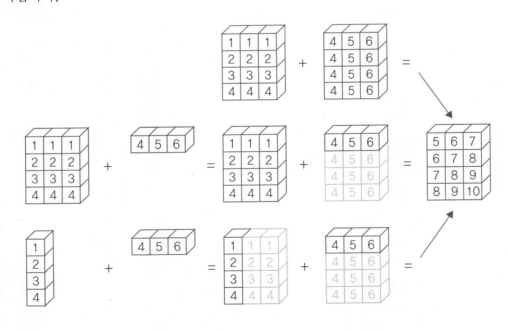

~~~핵심 내용~~~

• 머신러닝에서 데이터 표현: 모든 데이터는 실수 형태(수치 데이터)의 배열로 표현합니다.

• 넘파이: 수치 데이터의 배열 구성 및 배열의 연산 처리에 필요한 라이브러리입니다.

2 넘파이는 어떻게 사용하지?

데이터의 유형

넘파이에서 사용하는 데이터의 구조는 개수나 형태에 따라 크게 스칼라(scalar), 벡터(vector), 행렬(matrix), 텐서(tensor)로 표현됩니다. 이 네 가지 유형에 대해 살펴봅시다.

■ 스칼라: 한 개의 숫자로 이루어진 데이터입니다.

> 예시 24

■ 벡터: 스칼라(숫자)의 집합이며, 여러 개의 숫자가 특정한 순서대로 모여 있는 1차원 배열입니다. 1개의 행이나 열로 구성되는 숫자 리스트 형태입니다.

> 예시 [1, 2, 3] → 행 벡터 $\begin{bmatrix} 1 \\ 2 \\ 3 \end{bmatrix}$ → 열 벡터

■ 행렬: 벡터의 집합이며, 1개 이상의 행과 열로 구성된 **2차원 배열**입니다.

> 예시 $\begin{bmatrix} 1\,2\,3 \\ 4\,5\,6 \end{bmatrix}$ → 2개의 행, 3개의 열

■ 텐서: 행렬의 집합이며, **3차원 이상의 배열**입니다.

> 예시 $\begin{bmatrix} \begin{bmatrix} 1\,2 \\ 3\,4 \end{bmatrix} & \begin{bmatrix} 5\,6 \\ 7\,8 \end{bmatrix} \\ \begin{bmatrix} 5\,6 \\ 7\,8 \end{bmatrix} & \begin{bmatrix} 1\,2 \\ 3\,4 \end{bmatrix} \end{bmatrix}$

Q 리스트를 사용하지 않고 1차원 배열인 벡터를 사용하는 이유는 무엇일까요?

A 1차원 배열인 벡터는 Python의 리스트와 비슷한 형태를 가지며 연산도 할 수 있습니다. 그러나 데이터를 컨테이너 자료형인 리스트로 표현하면 연산에 제약 사항이 많습니다.

리스트는 연속되지 않은 메모리를 사용하며, 반복문을 사용하여 연산을 수행하기 때문에 상대적으로 수행 속도가 느립니다. 반면에 벡터 형태의 배열은 연속된 메모리에 데이터를 저장하며, 반복문 없이도 빠르게 연산할 수 있습니다.

리스트	리스트 1 = [1, 2, 3, 4, 5]
	리스트 2 = [6, 7, 8, 9, 10]
	리스트 1 + 리스트 2 = [[1, 2, 3, 4, 5], [6, 7, 8, 9, 10]]
배열	벡터 1 = [1, 2, 3, 4, 5]
	벡터 2 = [6, 7, 8, 9, 10]
	벡터 1 + 벡터 2 = [7, 9, 11, 13, 15]

Python에서 넘파이를 사용할 때는 다음과 같이 넘파이 라이브러리를 불러오는 과정이 먼저 실행되어야 합니다.

```
1  # 넘파이 라이브러리를 불러와 np라는 별명으로 사용
2  import numpy as np
```

배열 생성

라이브러리를 불러오고 나면 배열 생성 함수를 사용하여 배열을 생성합니다. 지금부터 배열을 생성하는 함수를 하나씩 살펴보겠습니다.

array( )

넘파이의 array( ) 함수를 사용하여 배열을 생성합니다. 넘파이 객체는 앞에서 설정한 'np'를 사용하고, 소괄호( ) 안의 대괄호[ ]는 Python 리스트입니다.

> 넘파이 객체.array([데이터1, 데이터2, …, 데이터n])

■ 행 벡터 생성

다음과 같이 할아버지, 할머니, 손자 부엉이의 나이를 나타내는 owl_age라는 이름의 배열을 생성해 봅시다. 1행 n열의 1차원 배열, 즉 행 벡터가 생성됩니다.

```
1  owl_age = np.array([60, 70, 12])
2  owl_age
```

```
array([60, 70, 12])
```

행/열 번호는 인덱스가 아닙니다. 인덱스로 자리를 지정할 때는 0부터 시작해요. 129쪽을 참고하세요.

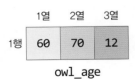

■ 열 벡터 생성

만약 위의 배열을 3행 1열의 열 벡터로 만들고 싶다면 리스트 내부의 각 요소마다 대괄호 [ ]를 사용하여 선언합니다. 이 결과로 3행 1열의 열 벡터가 생성됩니다.

```
1  owl_age = np.array([[60], [70], [12]])
2  owl_age
```

```
array([[60],
       [70],
       [12]])
```

넘파이 사용 시 1행에 'import numpy as np' 코드 작성을 잊지 마세요.

■ 행렬 생성

2차원 배열인 행렬은 다음과 같이 생성할 수 있습니다. 리스트 내부에 행을 기준으로 대괄호 [ ]를 사용하여 데이터를 나열합니다.

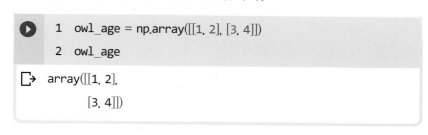

```
1  owl_age = np.array([[1, 2], [3, 4]])
2  owl_age
```

```
array([[1, 2],
       [3, 4]])
```

	1열	2열
1행	1	2
2행	3	4

owl_age

---

arange( )

arange( ) 함수를 사용하여 배열의 크기(범위)를 지정하면 지정한 범위의 정숫값을 갖는 1차원 배열을 생성합니다.

> 넘파이 객체.arange(배열 크기)

np.arange(1, 6)은 1부터 5까지 1씩 증가하는 배열을 반환해.

owl_age의 배열 원소를 1부터 5까지의 정숫값으로 생성해 보겠습니다.

```
1  owl_age = np.arange(1, 6)
2  owl_age
```

```
array([1, 2, 3, 4, 5])
```

1열	2열	3열	4열	5열
1	2	3	4	5

1행

owl_age

Q
배열 원소를 0이나 1 또는 임의의 수로 채우는 방법은 무엇일까요?

A
zeros( ) 함수, ones( ) 함수, random.rand( ) 함수를 사용하면 배열의 데이터를 0이나 1 또는 임의의 값을 실수 형태로 채울 수 있습니다. 배열의 값을 초기화할 때 종종 사용되며 다음 공식을 사용합니다.

> 넘파이 객체.zeros(배열 크기)
> 넘파이 객체.ones(배열 크기)
> 넘파이 객체.random.rand(배열 크기) # 배열 크기에 임의의 실숫값 생성

■ zeros( ) 함수

```
1  owl_age = np.zeros((2, 3))
2  owl_age
```

```
array([[0., 0., 0.],
       [0., 0., 0.]])
```

■ ones( ) 함수

```
1  owl_age = np.ones(5)
2  owl_age
```

```
array([1., 1., 1., 1., 1.])
```

■ random.rand( ) 함수

```
1  owl_age = np.random.rand(2, 2)
2  owl_age
```

```
array([[0.0925981, 0.84348456],
       [0.23012984, 0.0536975]])
```

배열의 사칙 연산

넘파이는 배열 연산을 숫자 연산과 같이 간단하게 수행할 수 있습니다. 배열의 사칙 연산은 같은 위치에 있는 데이터끼리 즉, 배열의 차원이 같아야 가능합니다. 배열 owl1, owl2 간에 사칙 연산이 어떻게 이루어지는지 살펴보겠습니다.

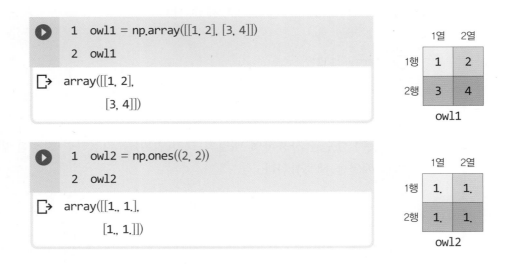

```
1  owl1 = np.array([[1, 2], [3, 4]])
2  owl1
```
```
array([[1, 2],
       [3, 4]])
```

```
1  owl2 = np.ones((2, 2))
2  owl2
```
```
array([[1., 1.],
       [1., 1.]])
```

사칙연산에는 add( ), subtract( ), multiply( ), divide( )를 사용합니다.

덧셈

넘파이에는 배열의 차원이 달라도 서로 연산할 수 있는 '브로드캐스팅'이라는 기능이 있습니다. 이에 대한 내용은 136쪽에서 확인하세요.

```
1  owl1 + owl2
```
```
array([[2., 3.],
       [4., 5.]])
```

또는

```
1  np.add(owl1, owl2)
```
```
array([[2., 3.],
       [4., 5.]])
```

확인 문제

아래의 코드를 실행하여 배열을 생성하고, owl3과 owl4를 연산한 결괏값이 오른쪽과 같이 출력되도록 코드를 작성해 봅시다.

```
owl3 = np.array([[1, 2, 3], [4, 5, 6]])
owl4 = np.ones((2, 3))
```

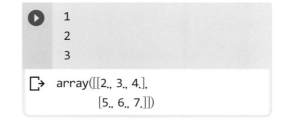

```
1
2
3
```
```
array([[2., 3., 4.],
       [5., 6., 7.]])
```

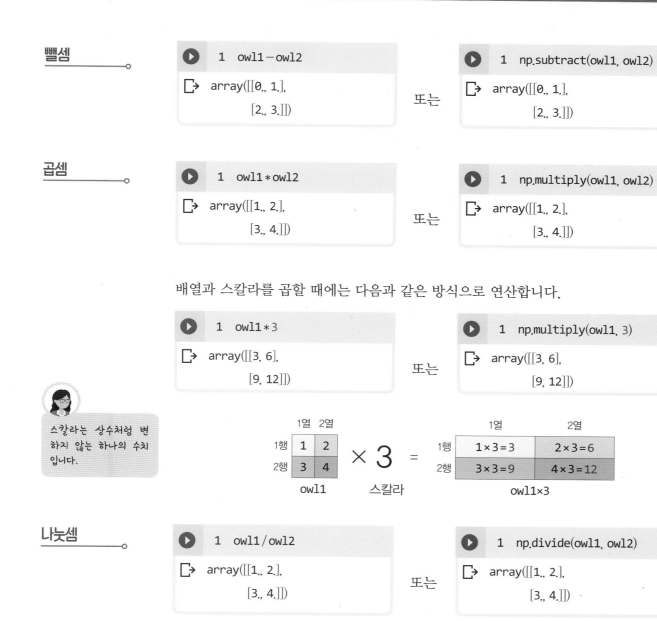

뺄셈

```
1  owl1−owl2
```
array([[0., 1.],
　　　　[2., 3.]])

또는

```
1  np.subtract(owl1, owl2)
```
array([[0., 1.],
　　　　[2., 3.]])

곱셈

```
1  owl1*owl2
```
array([[1., 2.],
　　　　[3., 4.]])

또는

```
1  np.multiply(owl1, owl2)
```
array([[1., 2.],
　　　　[3., 4.]])

배열과 스칼라를 곱할 때에는 다음과 같은 방식으로 연산합니다.

```
1  owl1*3
```
array([[3, 6],
　　　　[9, 12]])

또는

```
1  np.multiply(owl1, 3)
```
array([[3, 6],
　　　　[9, 12]])

> 스칼라는 상수처럼 변하지 않는 하나의 수치입니다.

	1열	2열
1행	1	2
2행	3	4

owl1

× 3

스칼라

=

	1열	2열
1행	1×3=3	2×3=6
2행	3×3=9	4×3=12

owl1×3

나눗셈

```
1  owl1/owl2
```
array([[1., 2.],
　　　　[3., 4.]])

또는

```
1  np.divide(owl1, owl2)
```
array([[1., 2.],
　　　　[3., 4.]])

확인 문제

아래의 코드를 실행하여 배열을 생성하고, owl1+owl2*owl3 연산을 수행하는 코드를 작성해 봅시다.

```
owl1 = np.array([[1, 2, 3], [4, 5, 6]])
owl2 = np.ones((2, 3))
owl3 = np.array([[2, 4, 8], [1, 2, 3]])
```

```
1
2
3
4
```

핵심 내용

• 배열의 연산: 넘파이를 사용하면 배열의 연산을 빠르고 쉽게 할 수 있습니다.

• 배열의 사칙 연산: 배열의 차원이 같아야 연산이 가능합니다.

벡터 곱 행렬 곱 연산

벡터 곱과 행렬 곱 연산은 내적(inner product)을 사용합니다. 이들의 연산을 수행하기 위해서는 다음의 조건을 만족해야 합니다.

벡터 곱	• 두 벡터의 원소 개수 동일 • 첫 번째 벡터가 행 벡터, 두 번째 벡터가 열 벡터
행렬 곱	• 첫 번째 행렬의 열 크기와 두 번째 행렬의 행 크기 동일

dot()

벡터 곱 또는 행렬 곱 연산을 위해 다음과 같이 dot( ) 함수를 사용합니다.

> 첫 번째 벡터.dot(두 번째 벡터) 또는 첫 번째 행렬.dot(두 번째 행렬)

4개의 배열 owl4, owl5, owl6, owl7의 벡터 곱과 행렬 곱을 살펴보겠습니다.

```
1  owl4 = np.array([[1, 2, 3]])
2  owl5 = np.array([[4], [5], [6]])
3  owl6 = np.array([[1, 2, 3], [4, 5, 6]])
4  owl7 = np.array([[1, 2], [3, 4], [5, 6]])
```

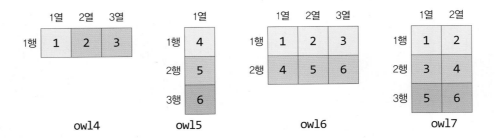

벡터 곱

벡터 곱의 결과는 스칼라 값이 됩니다.

```
1  owl4.dot(owl5)
```
→ array([[32]])

행렬 곱

행렬 곱의 결과는 행렬이 됩니다.

> 1 owl6.dot(owl7)

array([[22, 28],
       [49, 64]])

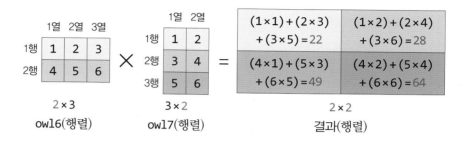

owl6(행렬)   owl7(행렬)   결과(행렬)

통계 함수

배열 원소의 합계, 평균, 중앙값, 최댓값, 최솟값, 분산, 표준편차 등을 구할 때 통계 함수인 sum( ), mean( ), median( ), max( ), min( ), var( ), std( )를 사용합니다.

합계

sum( ) 함수를 사용하여 배열에서 모든 원소를 더하거나 행 또는 열을 기준으로 합계를 구할 수 있습니다.

넘파이 객체.sum(배열명)

모든 원소를 다 더할 때는 다음과 같이 코드를 작성합니다.

> 1 np.sum(owl6)

21

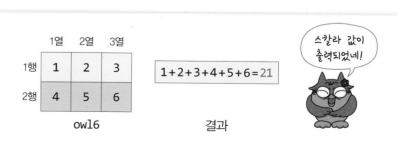

owl6   결과

스칼라 값이 출력되었네!

Q 넘파이를 사용하지 않는다면 Python에서 배열의 연산을 어떻게 수행할까요?

A 데이터의 인덱스(행 번호, 열 번호)를 이용하여 요소별로 하나씩 일일이 연산을 수행한 후, 그 결과를 다시 배열로 만들어야 합니다.

■ **행의 원소 합계**: 옵션으로 'axis = 0'을 사용합니다.

```
1  np.sum(owl6, axis = 0)
```
```
array([5, 7, 9])
```

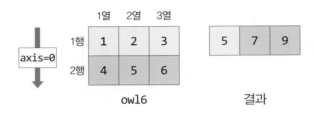

■ **열의 원소 합계**: 옵션으로 'axis = 1'을 사용합니다.

```
1  np.sum(owl6, axis = 1)
```
```
array([6, 15])
```

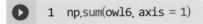

평균

mean( ) 함수를 사용하여 배열에서 모든 원소 또는 행이나 열을 기준으로 값들의 평균을 구할 수 있습니다.

넘파이 객체.mean(배열명)

모든 원소의 평균을 구할 때는 다음과 같이 코드를 작성합니다.

```
1  np.mean(owl6)
```
```
3.5
```

■ **행별 원소 평균:** 옵션으로 'axis = 0'을 사용합니다.

```
1  np.mean(owl6, axis = 0)
```
```
array([2.5, 3.5, 4.5])
```

	1열	2열	3열
1행	1	2	3
2행	4	5	6

owl6

(1+4)/2=2.5	(2+5)/2=3.5	(3+6)/2=4.5

결과

■ **열별 원소 평균:** 옵션으로 'axis = 1'을 사용합니다.

```
1  np.mean(owl6, axis = 1)
```
```
array([2., 5.])
```

	1열	2열	3열
1행	1	2	3
2행	4	5	6

owl6

(1+2+3)/3=2.	(4+5+6)/3=5.

결과

중앙값

중앙값은 원소를 작은 값에서 큰 값 순서로 나열했을 때 중앙에 위치하는 값입니다. median( ) 함수를 사용하여 배열에서 모든 원소 또는 행이나 열을 기준으로 값들의 중앙값을 구할 수 있습니다.

넘파이 객체.median(배열명)

아래 owl8 배열의 모든 원소의 중앙값을 구할 때, 전체 원소(1, 1, 1, 2, 3, 3, 3, 3, 4, 4, 5, 5, 6, 7, 8)의 중앙값을 출력합니다.

```
1  owl8 = np.array([[1, 4, 3, 7, 8], [2, 1, 5, 3, 6], [3, 3, 4, 1, 5]])
2  np.median(owl8)
```
```
3.0
```

원소의 개수가 짝수일 때는 중앙값이 2개가 될 수 있으므로 이 2개 값의 평균을 중앙값으로 출력합니다.

	1열	2열	3열	4열	5열
1행	1	4	3	7	8
2행	2	1	5	3	6
3행	3	3	4	1	5

owl8

3.0

결과

- **행끼리 원소 중앙값**: 옵션으로 'axis = 0'을 사용합니다.

예를 들어, 2열의 1~3행의 값을 순서대로 나열하면 1, 3, 4이므로 중앙값은 3이 됩니다.

```
1  np.median(owl8, axis = 0)
```
```
array([2., 3., 4., 3., 6.])
```

owl8   결과

- **열끼리 원소 중앙값**: 옵션으로 'axis = 1'을 사용합니다.

예를 들어, 1행의 1~5열의 값을 순서대로 나열하면 1, 3, 4, 7, 8이므로 중앙값은 4가 됩니다.

```
1  np.median(owl8, axis = 1)
```
```
array([4., 3., 3.])
```

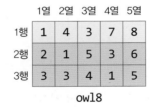

owl8   결과

최댓값과 최솟값

배열의 원소 중 최댓값과 최솟값을 구할 때는 max( ) 함수와 min( ) 함수를 사용합니다.

> 최댓값: 넘파이 객체.max(배열명)
>
> 최솟값: 넘파이 객체.min(배열명)

```
1  np.max(owl8)
```
```
8
```

```
1  np.min(owl8)
```
```
1
```

	1열	2열	3열	4열	5열
1행	1	4	3	7	8
2행	2	1	5	3	6
3행	3	3	4	1	5

owl8

최댓값 8   최솟값 1

결과

■ **행끼리 원소의 최댓값과 최솟값 구하기:** 옵션으로 'axis = 0'을 사용합니다.

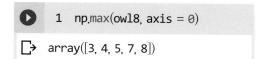

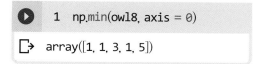

owl8

결과

■ **열끼리 원소의 최댓값과 최솟값 구하기:** 옵션으로 'axis = 1'을 사용합니다.

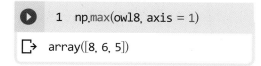

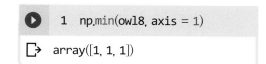

owl8

결과

Q 최댓값이나 최솟값의 인덱스를 알고 싶다면 어떻게 해야 할까요?

A 최댓값이나 최솟값의 인덱스를 출력하려면 argmax( ) 함수와 argmin( ) 함수를 사용합니다.

> 최댓값 인덱스 출력: 넘파이 객체.**argmax**(배열명)
> 최솟값 인덱스 출력: 넘파이 객체.**argmin**(배열명)

	1열	2열	3열	4열	5열
1행 인덱스	1 (0)	4 (1)	3 (2)	7 (3)	8 (4)
2행 인덱스	2 (5)	1 (6)	5 (7)	3 (8)	6 (9)
3행 인덱스	3 (10)	3 (11)	4 (12)	1 (13)	5 (14)

owl8

왼쪽과 같은 2차원 배열을 1차원 배열이라고 가정하고 인덱스를 가져옵니다. 배열 owl8의 최댓값과 최솟값 인덱스를 살펴보면 np.argmax(owl8)는 4를 출력하고, np.argmin(owl8)은 0을 출력하는 것을 확인할 수 있습니다.

분산과
표준편차

분산은 원소들이 평균에서 얼마나 흩어져 있는지를 분포로 나타냅니다. 다음 그림에서 평균 주위에 원소가 모여 있는 정도를 보면 '파란 선 그래프>빨간 선 그래프>노란 선 그래프' 순이며, 분산값이 각각 0.2, 1.0, 5.0으로 평균에서 많이 흩어져 있을수록 분산이 커지는 것을 알 수 있습니다.

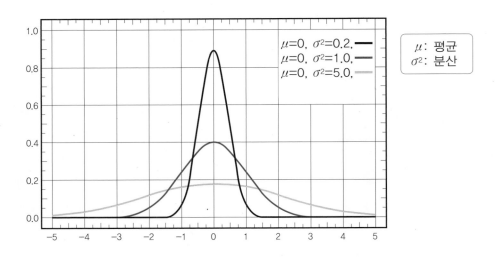

표준편차는 원소들이 평균에서 얼마나 떨어져 있는지를 나타내는 수치입니다. 표준편차가 작을수록 평균값에서 원소들의 거리가 가깝다는 것을 의미합니다. 해석은 원소들이 평균값으로부터 평균적으로 표준편차만큼 떨어져 있다고 해석합니다.

var( ) 함수와 std( ) 함수를 사용하여 분산과 표준편차를 구할 수 있습니다.

> 분산: 넘파이 객체.var(배열명)
>
> 표준편차: 넘파이 객체.std(배열명)

owl8 배열의 모든 원소에 대하여 분산과 표준편차를 출력해 보겠습니다.

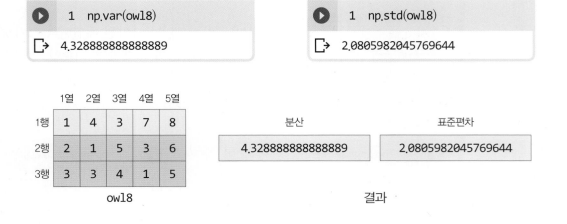

■ 행끼리 원소의 분산과 표준편차 구하기: 옵션으로 'axis = 0'을 사용합니다.

```
1   np.var(owl8, axis = 0)
```
```
array([0.66666667, 1.55555556,
0.66666667, 6.22222222,
1.55555556])
```

```
1   np.std(owl8, axis = 0)
```
```
array([0.81649658, 1.24721913,
0.81649658, 2.49443826,
1.24721913])
```

	1열	2열	3열	4열	5열
1행	1	4	3	7	8
2행	2	1	5	3	6
3행	3	3	4	1	5

owl8

분산

0.66666667	1.55555556	0.66666667	6.22222222	1.55555556

표준편차

0.81649658	1.24721913	0.81649658	2.49443826	1.24721913

결과

■ 열끼리 원소의 분산과 표준편차 구하기: 옵션으로 'axis = 1'을 사용합니다.

```
1   np.var(owl8, axis = 1)
```
```
array([6.64, 3.44, 1.76])
```

```
1   np.std(owl8, axis = 1)
```
```
array([2.57681975, 1.8547237,
1.32664992])
```

	1열	2열	3열	4열	5열
1행	1	4	3	7	8
2행	2	1	5	3	6
3행	3	3	4	1	5

owl8

분산

6.64	3.44	1.76

표준편차

2.57681975	1.8547237	1.32664992

결과

핵심 내용

· 통계 함수: sum( ), mean( ), median( ), max( ), min( ), var( ), std( ) 함수 등이 있습니다.

· 분산: 원소들이 평균에서 얼마나 흩어져 있는지를 분포로 나타냅니다.

· 표준편차: 원소들이 평균에서 얼마나 떨어져 있는지를 나타냅니다.

분산을 구하려면 우선 편차가 무엇인지 알아야 합니다. 편차는 각 원소와 평균과의 차이를 의미하며 편차를 제곱한 것의 평균이 바로 분산입니다.

$$분산 = \frac{(원소1-평균)^2+(원소2-평균)^2+\cdots+(원소n-평균)^2}{n}$$

아래 부엉이 가족 데이터를 사용하여 나이의 분산을 구해 보겠습니다.

부엉이 가족	아들	딸	엄마	할아버지	할머니
나이	4	12	41	60	70

편차는 '각 부엉이의 나이 – 나이 평균'으로 구합니다. 나이 평균은 (4+12+41+60+70)/5=37.4이므로 편차는 다음과 같습니다.

편차

- 아들 부엉이 나이 – 평균 나이 = 4 – 37.4 = –33.4 → 평균에서 –33.4만큼 떨어져 있음.
- 딸 부엉이 나이 – 나이 평균 = 12 – 37.4 = –25.4
- 엄마 부엉이 나이 – 나이 평균 = 41 – 37.4 = 3.6
- 할아버지 부엉이 나이 – 나이 평균 = 60 – 37.4 = 22.6
- 할머니 부엉이 나이 – 나이 평균 = 70 – 37.4 = 32.6

분산을 구하는 공식에 대입해 보겠습니다.

분산

$$\frac{(4-37.4)^2+(12-37.4)^2+(41-37.4)^2+(60-37.4)^2+(70-37.4)^2}{5}$$

$$= \frac{(-33.4)^2+(-25.4)^2+(3.6)^2+(22.6)^2+(32.6)^2}{5} = 669.44$$

분산을 구한 결과 평균에서 각 부엉이 나이가 많이 흩어져 있는 것을 확인할 수 있습니다.

표준편차는 분산을 구할 때 제곱하면서 부풀려진 값을 원래대로 되돌릴 수 있도록 분산의 제곱근을 구하면 됩니다.

$$표준편차 = \sqrt{분산}$$

부엉이 가족 나이의 표준편차는 $\sqrt{669.44}$로 25.87353…입니다.

즉, 각 부엉이의 나이는 평균 나이에서 대체로 25.87353… 만큼 떨어져 있다는 것을 의미합니다.

Q 분산에서 각 원소와 평균과의 차이(편차)를 제곱하는 이유는 무엇인가요?

A 제곱하지 않으면 편차의 합이 0이 되는 경우가 있는데, 모든 원소가 평균에 모여 있어 0이 된 것인지, 아니면 평균에 모여 있지 않지만 편차값이 +도 있고 – 도 생기면서 그 합이 0이 된 것인지 알 수 없기 때문에 편차를 제곱합니다.

조건에 따른 선별 함수

배열 원소 중 특정 조건을 만족하는 원소를 찾을 때 any( ), all( ), where( ) 함수를 사용합니다.

> 넘파이 객체.any(조건)
>
> 넘파이 객체.all(조건)
>
> 넘파이 객체.where(조건, 참, 거짓)

일부 원소의 조건 만족 여부

any( ) 함수는 배열에서 특정 조건을 만족하는 원소가 1개라도 있을 때 'True'를 출력하고 없으면 'False'를 출력합니다.

임의로 원소를 채운 배열 owl9를 생성하고 0보다 큰 원소가 있는지 확인해 보겠습니다.

```
1  owl9 = np.array([[1.9, −0.6, −0.7, 0.55, −0.9], [0.1, 0.56, −0.78, 0.27, 0.6],
2            [−0.14, 0.04, −0.6, −1.4, 0.9]])
3  np.any(owl9>0)
```

```
True
```

	1열	2열	3열	4열	5열
1행	1.9	−0.6	−0.7	0.55	−0.9
2행	0.1	0.56	−0.78	0.27	0.6
3행	−0.14	0.04	−0.6	−1.4	0.9

owl9   결과 (True)

모든 원소의 조건 만족 여부

all( ) 함수는 배열에서 특정 조건을 모든 원소가 만족할 때 'True'를 출력하고 그렇지 않으면 'False'를 출력합니다. 예를 들어, 배열 owl9의 모든 원소가 0보다 큰지 검증할 경우에는 이미 이 배열에 0보다 작은 원소가 9개나 있으므로 'False'가 출력됩니다.

```
1  np.all(owl9>0)
```

```
False
```

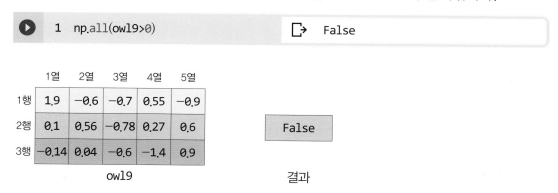

	1열	2열	3열	4열	5열
1행	1.9	−0.6	−0.7	0.55	−0.9
2행	0.1	0.56	−0.78	0.27	0.6
3행	−0.14	0.04	−0.6	−1.4	0.9

owl9   결과 (False)

조건에 따른 원소 구하기

where( ) 함수는 특정 조건을 만족하는 것과 그렇지 않은 것에 대한 서로 다른 결과를 출력할 때 사용합니다.

배열 owl9에서 0보다 큰 원소의 값을 그대로 사용하고, 0 이하의 원소를 0으로 설정해 보겠습니다.

where( ) 함수는 python의 if ~ else 와 유사합니다.

```
1  np.where(owl9>0, owl9, 0)  # 조건(owl9>0)이 참일 때는 owl9(그대로),
                                       거짓일 때는 0으로 설정
```

```
array([[1.9 , 0. , 0 ., 0.55 , 0.  ],
       [0.1 , 0.56, 0. , 0.27, 0.6 ],
       [0. , 0.04, 0. , 0. , 0.9 ]])
```

	1열	2열	3열	4열	5열
1행	1.9	−0.6	−0.7	0.55	−0.9
2행	0.1	0.56	−0.78	0.27	0.6
3행	−0.14	0.04	−0.6	−1.4	0.9

owl9

➡

	1열	2열	3열	4열	5열
1행	1.9	0.	0.	0.55	0.
2행	0.1	0.56	0.	0.27	0.6
3행	0.	0.04	0.	0.	0.9

결과

Q 원소별로 조건을 하나씩 비교할 수 있는 방법은 무엇일까요?

A 원소별로 하나씩 비교하면서 조건을 만족하는지 확인할 때는 다음과 같이 작성합니다.

```
1  owl9>0
```

```
array([[ True, False, False,  True, False],
       [ True,  True, False,  True,  True],
       [False,  True, False, False,  True]])
```

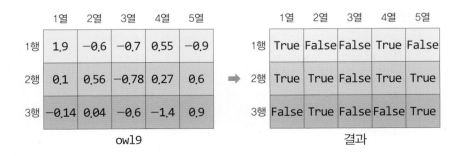

	1열	2열	3열	4열	5열
1행	1.9	−0.6	−0.7	0.55	−0.9
2행	0.1	0.56	−0.78	0.27	0.6
3행	−0.14	0.04	−0.6	−1.4	0.9

owl9

➡

	1열	2열	3열	4열	5열
1행	True	False	False	True	False
2행	True	True	False	True	True
3행	False	True	False	False	True

결과

차원 변경

reshape( ) 함수를 사용하여 배열의 모양을 변경합니다.

(1, 3) 모양인 owl4 배열을 (3, 1) 모양으로 변경해 보겠습니다.

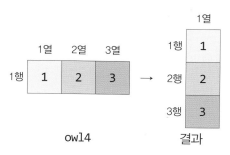

해 보기

arange( ) 함수를 사용하여 9개의 요소를 갖는 1차원 배열을 만든 후, reshape( ) 함수를 사용하여 2차원 배열 (3, 3)으로 변경해 봅시다.

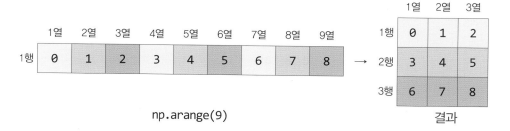

핵심 내용

- any( ) 함수: 배열에서 일부 원소의 조건 만족 여부를 True/False로 나타냅니다.
- all( ) 함수: 배열에서 모든 원소의 조건 만족 여부를 True/False로 나타냅니다.
- where( ) 함수: 배열에서 조건에 맞는 원소와 그렇지 않은 것에 대해 서로 다른 결과를 출력할 때 사용합니다.
- reshape( ) 함수: 배열의 모양(차원)을 변경할 수 있습니다.

브로드 캐스팅

브로드캐스팅(broadcasting)은 일정 조건만 맞으면 서로 다른 모양의 배열끼리 연산할 수 있도록 하는 기능입니다.

아래 두 가지 조건 중 하나를 만족하면 브로드캐스팅이 가능합니다.

> **조건**   1. 한 배열의 차원이 1일 때
>   2. 첫 번째 배열의 행의 개수와 두 번째 배열의 열의 개수가 같을 때

유형1

다음과 같이 owl4+1의 연산은 실제 스칼라 값 '1'밖에 없지만 브로드캐스팅을 통해 값이 1인 원소가 1행×3열로 구성된 것과 같은 기능을 합니다.

```
1  owl4+1
```

array([[2, 3, 4]])

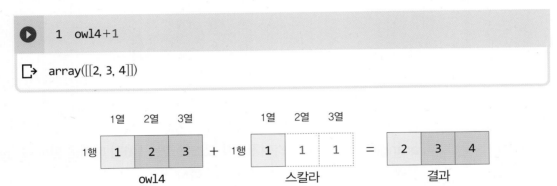

유형2

(3, 3) 배열과 (1, 3) 배열은 서로 다른 모양이지만, 뒷 배열의 행이 1이므로 브로드캐스팅을 통해 같은 행이 3개로 구성된 것과 같은 기능을 합니다.

```
1  np.arange(9).reshape(3, 3) + np.arange(3)
```

array([[0, 2, 4],
        [3, 5, 7],
        [6, 8, 10]])

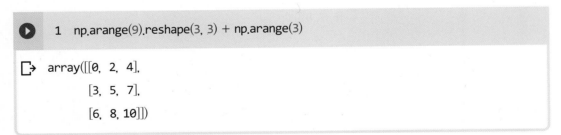

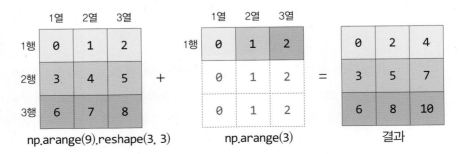

유형3

(3, 1) 배열과 (1, 3) 배열은 서로 다른 모양이지만, 조건을 만족하므로 브로드캐스팅을 통해 값이 같은 행 또는 열이 3개로 구성된 것(3, 3)과 같은 기능을 합니다.

```
1   owl4.reshape(3, 1) + np.arange(3)
```

```
array([[1, 2, 3],
       [2, 3, 4],
       [3, 4, 5]])
```

	1열		
1행	1	1	1
2행	2	2	2
3행	3	3	3

owl4.reshape(3, 1)

+

	1열	2열	3열
1행	0	1	2
	0	1	2
	0	1	2

np.arange(3)

=

1	2	3
2	3	4
3	4	5

결과

확인 문제

임의의 요소를 갖는 (5, 5) 배열을 만든 후, 0.5보다 작은 값을 갖는 요소에 한하여 0으로 변경하고 각 요소별 값에 10을 곱해 봅시다.

> **힌트**
> 1. 임의의 배열 생성: 넘파이 객체.random.rand(배열 크기)
> 2. 0.5보다 작은 값을 갖는 요소에 대한 처리: 넘파이 객체.where(조건, 참, 거짓)
> 3. 각 요소별 값에 곱셈: 일반 연산과 같은 곱셈 연산자(*)로 처리

출력 결과가 실수형이므로 소수점 아래 둘째 자리까지만 출력되도록 수정해 보세요.

핵심 내용

• 브로드캐스팅(broadcasting): 일정한 조건을 충족하면 서로 다른 모양의 배열끼리 연산할 수 있는 기능입니다.

머신러닝에서 넘파이는 뭘 해?

넘파이는 머신러닝에서 어떤 역할을 하는지 함께 살펴봅시다.

1. 데이터 처리 시 배열 연산

넘파이는 머신러닝 기반의 문제를 해결할 때 수치 데이터를 쉽게 계산하기 위해 사용하는 라이브러리입니다. 머신러닝에서 중요한 과정 중 하나가 문제 해결에 필요한 데이터를 처리하는 작업입니다. 수집한 양질의 데이터를 컴퓨터가 처리할 수 있는 형태로 변환해야 하는데, 이때 넘파이가 큰 역할을 합니다. 넘파이는 방대한 양의 수치 데이터를 배열 형태로 연산하기 때문입니다.

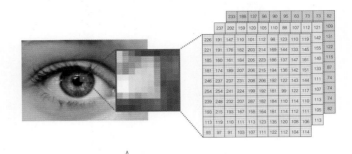

이미지를 구성하는 가장 작은 단위는 픽셀이며, 이미지 데이터를 저장할 때는 픽셀의 색을 표현하는 스칼라 값이나 벡터를 배열로 표현합니다. 이러한 배열을 연산할 때 Python의 넘파이 라이브러리를 사용하면 쉽고 빠르게 처리할 수 있습니다.

2. 신경망에서 현재 층에서 다음 층으로 forward

신경망을 구현할 때 입력층으로 데이터가 입력되고, 은닉층을 거쳐 출력층으로 출력값을 내보내는데(forward) 넘파이를 사용하기도 합니다. 앞에서 배웠던 내적(dot( ))을 이용하여 층 간의 입력과 출력을 배열의 내적으로 표현할 수 있습니다. 신경망에 대해서는 뒤에서 다시 설명하니 여기서는 이럴 때 사용된다는 것만 알고 가도록 합니다.

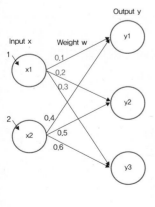

신경망에서 입력된 값이 다음 층으로 전달될 때 $y = x \times w$ 식에 의해 다음의 과정을 거칩니다.

$$y_1 = x_1 \times 0.1 + x_2 \times 0.4, \quad y_2 = x_1 \times 0.2 + x_2 \times 0.5, \quad y_3 = x_1 \times 0.3 + x_2 \times 0.6$$

그리고 이 과정은 간단하게 넘파이 배열로 표현되어 빠르게 계산됩니다.

> ▶ 1 x.dot(w)

x			w				결과	
0.1	0.2	.dot(	0.1	0.2	0.3	) =	0.1×0.1+0.2 ×0.4=0.09	0.1×0.2+0.2 ×0.5=0.12	0.1×0.3+0.2 ×0.6=0.15
			0.4	0.5	0.6				

데이터 분석에 유용한,
Pandas

머신러닝을 구현하기 위해 데이터를 컴퓨터가 이해할 수 있는 형태로 처리하는 데 Python 라이브러리 중에 Pandas(판다스)를 사용하면 편리합니다. Pandas는 Numpy와 함께 사용하면 방대한 양의 정형 데이터를 처리하기에 매우 유용하므로 머신러닝을 공부하는 사람이라면 기본적으로 알아야 할 라이브러리입니다.

이 장에서는 다음의 순서로 살펴봅시다.

판다스란 이런 것!

판다스는 어떻게 사용하지?

머신러닝에서 판다스는 뭘 해?

아들아, 이 표는 뭐니?

이건 우리 반 친구들 리스트예요. 전학 간 친구는 삭제하고 전학 온 친구는 삽입해 놓았어요. 저 잘했죠?

	name	sex	phone number
1	kiki	m	010-0x24-3584
2	wendy	f	010-x894-6515
3	suni	f	010-459x-3542
4	bora	f	010-3439-x752
5	bebe	m	010-9875-5x87
...	...	...	...

1 판다스란 이런 것!

시리즈, 데이터프레임

판다스는 숫자만 사용하는 넘파이와는 달리 문자, 숫자 등 다양한 자료형을 갖는 데이터들을 한꺼번에 수정, 재배치, 연산할 수 있는 라이브러리입니다. 판다스에서는 데이터 배열을 시리즈 또는 데이터프레임이라고 부릅니다.

시리즈는 넘파이의 벡터와 같은 1차원 형태이고, 데이터프레임은 넘파이의 행렬과 같은 2차원 형태를 말합니다.

판다스의 역할

아래는 타이타닉 데이터 셋으로 생성한 데이터프레임입니다. 이 데이터프레임을 살펴보면 데이터 중 일부의 값이 비어 있다는 것을 알 수 있습니다. 이러한 데이터는 정확하게 분석할 수 있도록 빈값을 처리하고 컴퓨터가 처리할 수 있는 형태로 변환해야 합니다.

또한 문자와 숫자가 한꺼번에 포함되어 있어 분리해야 할 경우도 있습니다. 이때 사용되는 라이브러리가 **판다스(Pandas)**입니다.

데이터 값들이 들어간 테이블을 판다스에서는 데이터프레임이라고 부릅니다.

	PassengerId	Survived	Pclass	Name	Sex	Age	SibSp	Parch	Ticket	Fare	Cabin	Embarked
0	1	0	3	Braund, Mr. Owen Harris	male	22.0	1	0	A/5 21171	7.2500	NaN	S
1	2	1	1	Cumings, Mrs. John Bradley (Florence Briggs Th...	female	38.0	1	0	PC 17599	71.2833	C85	C
2	3	1	3	Heikkinen, Miss. Laina	female	26.0	0	0	STON/O2. 3101282	7.9250	NaN	S
3	4	1	1	Futrelle, Mrs. Jacques Heath (Lily May Peel)	female	35.0	1	0	113803	53.1000	C123	S
4	5	0	3	Allen, Mr. William Henry	male	35.0	0	0	373450	8.0500	NaN	S

Ticket
A/5 21171
PC 17599
STON/O2. 3101282
113803
373450

Fare	Cabin	Embarked
7.2500	NaN	S
71.2833	C85	C
7.9250	NaN	S
53.1000	C123	S
8.0500	NaN	S

문자와 숫자의 분리   빈값의 처리

판다스의 특징은 다음과 같습니다.

- 시리즈(Series)와 데이터프레임(DataFrame) 형태의 데이터를 제어합니다.
- 판다스의 핵심은 데이터프레임입니다.
- 인덱스를 정수 이외에 실수, 문자 등 다양한 데이터 유형으로 설정할 수 있습니다.

핵심 내용

- **판다스:** 데이터를 정확하게 분석할 수 있도록 여러 자료형의 데이터를 생성, 추가, 삭제, 변환 등을 수행할 수 있습니다.
- **판다스의 핵심 키워드:** 시리즈와 데이터프레임입니다.
- **인덱스 설정:** 인덱스를 정수 이외에 실수, 문자 등 다양한 데이터 유형으로 설정할 수 있습니다.

2 판다스는 어떻게 사용하지?

판다스 데이터 구조

판다스를 사용하면 데이터를 시리즈(Series)와 데이터프레임(DataFrame)이라는 데이터 구조로 표현할 수 있습니다. 시리즈와 데이터프레임은 다음과 같은 특징이 있습니다.

시리즈(Series)	
인덱스	데이터
a	1
b	2
c	3

- 1차원 배열
- 넘파이의 열 벡터 형태 (딕셔너리와 비슷한 구조)
- 인덱스로 데이터 저장

데이터프레임(DataFrame)		
인덱스	칼럼1	칼럼2
a	1	2
b	2	3
c	3	1

- 2차원 배열
- 넘파이의 행렬 형태
- 인덱스와 칼럼으로 데이터 저장

예를 들어, 엄마 부엉이(Mom owl)의 몸무게와 아빠 부엉이(Papa owl)의 몸무게를 각각 기록한 것은 시리즈에 해당하며, 엄마 부엉이와 아빠 부엉이의 몸무게 시리즈를 합쳐 놓은 것은 데이터프레임에 해당합니다.

인덱스	데이터
0	3.8
1	7.2
2	6.3
3	5.5
4	4.6

Mom owl 시리즈

+

인덱스	데이터
0	4.4
1	5.6
2	6.4
3	5.7
4	7.8

Papa owl 시리즈

=

인덱스	칼럼	
	Mom owl	Papa owl
0	3.8	4.4
1	7.2	5.6
2	6.3	6.4
3	5.5	5.7
4	4.6	7.8

데이터프레임

Q 판다스와 넘파이는 어떤 차이점이 있을까요?

A 판다스와 넘파이는 index 자동 생성 여부, index type 등이 다릅니다.

구분	Pandas	NumPy
index 자동 생성 여부	사용자가 index 설정 가능	숫자로 자동 생성
index type	정수, 실수, 문자 등 다양한 데이터 유형	정수형
특징	인덱스를 문자, 숫자 등 여러 데이터 형태로 설정할 수 있으며, 데이터의 수정, 삭제, 변환 등이 가능	인덱스가 정수형 데이터로 이루어지고 자동으로 생성되며, 쉽고 빠른 배열의 연산 가능

시리즈

시리즈를 생성하고 다루는 방법에 대해 알아보겠습니다. Python에서 판다스를 사용할 때는 다음과 같이 판다스 라이브러리를 불러옵니다.

```
1  # 판다스 라이브러리를 불러와 pd라는 별명으로 사용
2  import pandas as pd
```

시리즈 생성

python에서 판다스를 사용할 때는 판다스 라이브러리를 불러오는 과정이 제일 먼저 실행되어야 합니다.

시리즈 생성의 기본은 Series( ) 함수입니다. 판다스 객체는 앞에서 설정한 'pd'를 사용하고, 리스트와 딕셔너리를 전달하여 만들 수 있습니다.

■ 리스트를 전달하여 시리즈 생성

( ) 안의 [ ]는 Python 리스트이고, 인덱스 리스트를 생략하면 0부터 시작하는 정수형으로 생성합니다.

> 판다스 객체.Series([데이터 0, …, 데이터 리스트n], [index 0, …, 인덱스 리스트n])

예를 들어, 다음과 같이 할아버지, 할머니, 손자 부엉이의 나이 리스트를 owl_age라는 이름의 시리즈로 생성해 보겠습니다. 결과는 1차원 배열 형태로 출력됩니다.

```
1  owl_age = pd.Series([60, 70, 12], ['grandpa', 'grandma', 'grandson'])
2  owl_age
```

'dtype: int64'는 데이터의 유형이 64bit(2^{64}만큼 표현) 정수형임을 의미합니다.

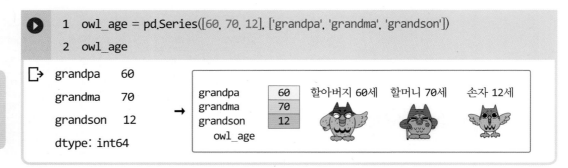

프로그래밍에서 데이터의 유형을 설정하지 않아도, 출력 결과 화면의 'dtype: int64'와 같이 데이터의 유형을 자동으로 설정합니다.

■ 딕셔너리를 전달하여 시리즈 생성

( ) 안에 {'a':1, 'b':2, 'c':3}와 같은 딕셔너리 형태를 전달하여 생성합니다.

> 판다스 객체.Series(딕셔너리)

위와 같은 시리즈를 딕셔너리로 생성하려면 다음과 같이 코드를 작성합니다.

```
1  owl_age = pd.Series({'grandpa': 60, 'grandma': 70, 'grandson': 12})
```

**시리즈 인덱스
설정**

시리즈를 생성할 때 인덱스를 명시하지 않으면 인덱스는 자동으로 0부터 시작하는 정수로 설정됩니다.

넘파이의 arange() 함수를 사용하면 인덱스나 데이터를 한꺼번에 설정할 수도 있습니다.

인덱스는 0~2까지의 정수, 데이터는 1부터 3까지의 자연수로 생성하려면 다음과 같이 코드를 작성합니다.

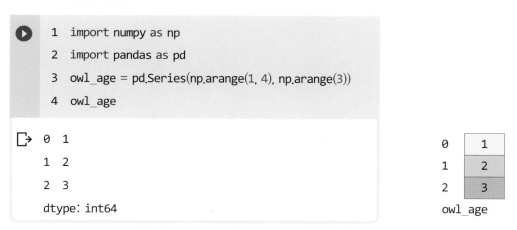

보충 **튜플을 시리즈로 만들려면?**

Python의 튜플을 시리즈로도 변환할 수 있습니다. 리스트와 방법은 동일합니다.

예를 들어, 할아버지, 할머니, 손자 부엉이의 나이를 나타내는 튜플을 생성하고 시리즈로 바꾸려면 다음과 같이 코드를 작성합니다.

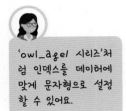
시리즈 다루기

데이터에 접근하기 위해서는 '시리즈 객체[인덱스]'를 이용합니다. 다음과 같이 부엉이 가족의 나이 시리즈가 있을 때 각 데이터에 접근하는 방법을 알아보겠습니다.

'owl_age1 시리즈'처럼 인덱스를 데이터에 맞게 문자형으로 설정할 수 있어요.

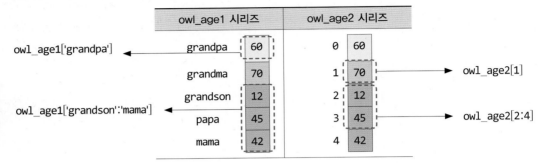

시리즈 인덱스 가져오기

시리즈에서 인덱스와 데이터를 각각 확인하는 방법을 알아보겠습니다.
인덱스만 따로 살펴보려면 다음과 같이 코드를 작성합니다.

> 시리즈 객체.index

```
1  owl_age = pd.Series([60, 70, 12], ['grandpa', 'grandma', 'grandson'])
2  owl_age.index
```

⌙▸ Index(['grandpa', 'grandma', 'grandson'], dtype='object')

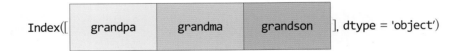

Index([grandpa | grandma | grandson], dtype = 'object')

시리즈 데이터 가져오기

시리즈 데이터(값)만 따로 살펴보려면 다음과 같이 코드를 작성합니다.

> 시리즈 객체.values

```
1  owl_age = pd.Series([60, 70, 12], ['grandpa', 'grandma', 'grandson'])
2  owl_age.values
```

⌙▸ array([60, 70, 12])

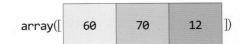

array([60 | 70 | 12])

다양한 함수

시리즈 데이터 개수가 매우 많아지면 데이터의 크기나 고유한 값, 평균 등을 가늠하기 어렵습니다. 이때 다양한 함수를 사용하여 시리즈 데이터의 특징을 살펴볼 수 있습니다.

데이터 값이 없는 것을 포함한 부엉이 가족 나이를 담고 있는 시리즈를 살펴보겠습니다.

```
1  import pandas as pd
2  import numpy as np
3  owl_age = pd.Series([60, 70, 12, np.NAN, 42],
4                  ['grandpa', 'grandma', 'grandson', 'papa', 'mama'])
5  owl_age
```

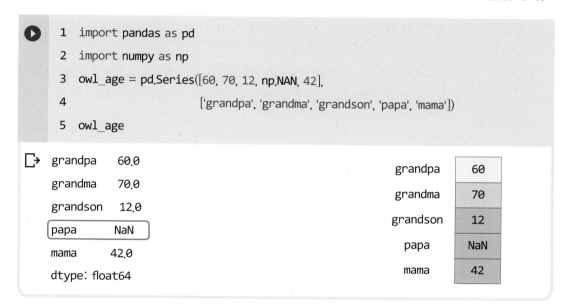

NaN은 'Not a Number'의 약자로 값이 없는 데이터를 의미합니다.
넘파이에서는 '넘파이 객체.NaN'으로, 판다스에서는 '판다스 객체.NAN'으로 표기합니다.

위 코드의 5행에 다음 표에 제시한 코드를 삽입하여 결과를 확인해 봅시다.

함수의 기능	코드	예시 출력
형태	owl_age.shape	(5,) 5×1 형태의 배열임을 출력
데이터 개수	len(owl_age) 또는 owl_age.size	5 데이터가 5개 있음을 출력
값이 있는 데이터의 개수	owl_age.count()	4 NA(NaN)를 제외한 실젯값이 있는 데이터의 개수 출력
데이터에 있는 값을 한 번씩만 출력	owl_age.unique()	array([60., 70., 12., nan, 42.]) 데이터에 있는 값을 한 번씩만 넘파이 배열 형태로 출력
각 데이터 값의 개수	owl_age.value_counts()	60.0 1 70.0 1 12.0 1 42.0 1 dtype: int64
평균	owl_age.mean()	46.0 NAN(NaN)을 제외한 데이터 값들의 평균
앞의 5개 데이터 보기	owl_age.head()	grandpa 60.0 grandma 70.0 grandson 12.0 papa NaN mama 42.0 dtype: float64
뒤의 5개 데이터 보기	owl_age.tail()	위 예시 시리즈에 5개의 데이터만 있으므로 head()와 tail()의 결과는 동일

head()와 tail()은 주로 데이터프레임에서 사용합니다.
Part 2에서 살펴봐요.

**시리즈
데이터 연산**

시리즈 데이터 간에 연산을 할 때는 다음 두 가지를 유의합니다.

- 시리즈와 시리즈 간의 연산에서는 인덱스가 일치하는 것끼리 연산을 하며, 인덱스가 일치하지 않을 때는 결과로 'NaN(빈 값, null)'을 출력합니다.
- 시리즈에서도 시리즈 간 연산과 스칼라와 시리즈의 연산을 넘파이처럼 각 데이터별로 연산합니다.

예를 들어, 다음과 같이 owl_age 시리즈와 owl_friends 시리즈가 있을 때, 두 시리즈를 더해보겠습니다. 이때 인덱스가 일치하지 않은 데이터는 NaN으로 출력됩니다.

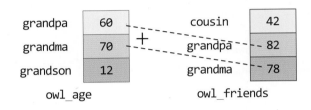

```
1  owl_age  = pd.Series([60, 70, 12],
2                        ['grandpa', 'grandma', 'grandson'])
3  owl_friends = pd.Series([45, 82, 78],
4                        ['cousin', 'grandpa', 'grandma'])
5  owl_age + owl_friends
```

```
cousin      NaN
grandma    148.0
grandpa    142.0
grandson    NaN
dtype: float64
```

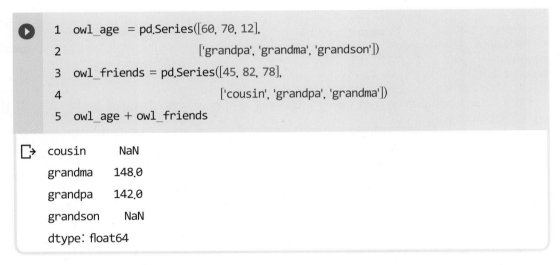

cousin	NaN	→ owl_friends에만 있는 인덱스이므로 NaN 출력
grandma	148.0	→ owl_age의 70과 owl_friends의 78을 더한 148.0 출력
grandpa	142.0	→ owl_age의 60과 owl_friends의 82를 더한 142.0 출력
grandson	NaN	→ owl_age에만 있는 인덱스이므로 NaN 출력

또한 owl_age 시리즈에 3(스칼라)이라는 숫자를 곱하면 각 데이터별로 3씩 곱한 결과가 출력됩니다.

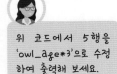

위 코드에서 5행을 'owl_age*3'으로 수정하여 출력해 보세요.

grandpa	60		grandpa	180	→ 60 × 3 = 180
grandma	70	×3=	grandma	210	→ 70 × 3 = 210
grandson	12		grandson	36	→ 12 × 3 = 36

owl_age

데이터
프레임

데이터프레임은 여러 개의 시리즈를 모아서 나타낸 것으로, 데이터 분석과 머신러닝에서 데이터를 변형하기 위하여 많이 사용되며 판다스의 핵심이라고 할 수 있습니다.

인덱스는 각 데이터를 구별할 수 있는 고유의 값을 갖고 있어요.

인덱스 → 열(column)

	age	weight	height	nickname	← 속성, 특성
grandpa	60	3.8	4.4	'Shark'	← 행(row)
grandma	70	7.2	5.6	'Audrey'	
grandson	12	6.3	6.4	'Smurf'	
papa	45	5.5	5.7	'Tongk'	
mama	42	4.6	7.8	'JJ'	

데이터 프레임 생성

데이터프레임은 DataFrame( ) 함수를 사용하여 생성합니다.

판다스 객체.DataFrame(2차원 배열, index = 인덱스 배열, columns = 칼럼 배열) # 배열 이용
판다스 객체.DataFrame([시리즈 리스트], [index 0, …, 인덱스 리스트n]) # 시리즈 이용
판다스 객체.DataFrame(딕셔너리, [index 0, …, 인덱스 리스트n]) # 딕셔너리 이용

▪ 2차원 배열 이용

위의 데이터프레임에서 grandpa, grandma, grandson 부분을 2차원 배열을 이용하여 새로운 데이터프레임을 생성하려면 다음과 같이 코드를 작성합니다.

```
1  # 데이터프레임 생성
2  owl = pd.DataFrame([[60, 3.8, 4.4, 'Shark'],
3                      [70, 7.2, 5.6, 'Audrey'],
4                      [12, 6.3, 6.4, 'Smurf']], index = ['grandpa', 'grandma', 'grandson'],
5                      columns = ['age', 'weight', 'height', 'nickname'])
6  owl
```

	age	weight	height	nickname
grandpa	60	3.8	4.4	Shark
grandma	70	7.2	5.6	Audrey
grandson	12	6.3	6.4	Smurf

인덱스와 칼럼을 생성하는 'index = '와 'columns ='은 생략할 수 있습니다.

■ 시리즈 이용

시리즈를 이용하여 데이터프레임을 생성하려면 각 데이터를 시리즈로 만들고, 데이터프레임의 인덱스를 grandpa, grandma, grandson으로 설정합니다.

```
1  a = pd.Series([60, 3.8, 4.4, 'Shark'], index = ['age', 'weight', 'height', 'nickname'])
2  b = pd.Series([70, 7.2, 5.6, 'Audrey'], index =['age', 'weight', 'height', 'nickname'])
3  c = pd.Series([12, 6.3, 6.4, 'Smurf'], index =['age', 'weight', 'height', 'nickname'])
4  # 데이터프레임 생성
5  owl = pd.DataFrame([a, b, c], index = ['grandpa', 'grandma', 'grandson'])
6  owl
```

■ 딕셔너리 이용

딕셔너리로 데이터프레임을 생성하려면 딕셔너리의 키가 속성명(칼럼명)이 되고 리스트의 요소가 열이 됩니다.

```
1  dic = {'age': [60, 70, 12], 'weight': [3.8, 7.2, 6.3],
2         'height': [4.4, 5.6, 6.4],
3         'nickname': ['Shark', 'Audrey', 'Smurf']}
4  owl = pd.DataFrame(dic, ['grandpa', 'grandma', 'grandson']) # 데이터프레임 생성
5  owl
```

빈 데이터프레임 생성 방법과 리스트를 이용한 데이터프레임 생성 방법도 살펴보아요.

값이 없는 빈 데이터프레임을 생성할 때는 다음과 같이 코드를 작성합니다.

```
1  owl_empty = pd.DataFrame( )
2  owl_empty
```

리스트를 데이터프레임으로 변환할 때는 인덱스(행)와 칼럼(열)이 자동으로 0부터 시작하는 정수로 생성됩니다.

```
1  lst = ['a', 'b', 'c']
2  owl_list = pd.DataFrame(lst)
3  owl_list
```

```
          0
    0     a
    1     b
    2     c
```

데이터 접근

데이터프레임에는 인덱스(행) 또는 칼럼(열) 단위로 데이터에 접근하거나 시리즈처럼 특정 데이터에 접근하는 방법이 있습니다. 데이터프레임의 데이터 접근 방법을 살펴 봅시다.

	age	weight	height	nickname
grandpa	60	3.8	4.4	'Shark'
grandma	70	7.2	5.6	'Audrey'
grandson	12	6.3	6.4	'Smurf'
papa	45	5.5	5.7	'Tongk'
mama	42	4.6	7.8	'JJ'

하나의 칼럼 가져오기

칼럼 단위의 데이터에 접근하기 위해서 기본적으로는 대괄호([ ])를 사용하며, 대괄호 안에 칼럼명을 제시합니다. 예를 들어, nickname 칼럼만 추출할 때는 다음과 같이 코드를 작성합니다.

[ ] 안에 칼럼명을 제시하면 결과는 시리즈로 출력됩니다.
다른 칼럼명으로도 출력해 보세요.

```
1  dic = {'age': [60, 70, 12],
2         'weight': [3.8, 7.2, 6.3],
3         'height': [4.4, 5.6, 6.4],
4         'nickname': ['Shark', 'Audrey', 'Smurf']}
5  owl = pd.DataFrame(dic, ['grandpa', 'grandma', 'grandson'])
6
7  owl['nickname']   # 한 개의 칼럼을 시리즈로 출력
```

```
grandpa     Shark
grandma     Audrey
grandson    Smurf
Name: nickname, dtype: object
```

단, 한 개의 칼럼을 추출하면 시리즈로 출력되지만 다음 코드와 같이 여러 개의 칼럼을 추출하면 KeyError가 발생합니다. 그 이유는 데이터프레임이 [ ] 안의 값을 칼럼으로 인식하기 때문입니다.

여러 개의 칼럼을 가져오는 방법은 다음 페이지로 고고!

```
1  dic = {'age': [60, 70, 12, 45, 42],
2         'weight': [3.8, 7.2, 6.3, 5.5, 4.6],
3         'height': [4.4, 5.6, 6.4, 5.7, 7.8],
4         'nickname': ['Shark', 'Audrey', 'Smurf', 'Tongk', 'JJ']}
5
6  owl = pd.DataFrame(dic, ['grandpa', 'grandma', 'grandson', 'papa', 'mama'])
7  owl['height', 'nickname']
```

```
KeyError: ('height', 'nickname')
```

여러 개 칼럼 가져오기

데이터프레임에서 여러 개의 칼럼을 가져올 때는 [ ] 안에 칼럼명을 리스트 형태로 나열하여 제시합니다.

> 데이터프레임 객체[['칼럼명1', '칼럼명2']]

데이터프레임의 height, nickname 2개의 칼럼을 추출하려면 다음과 같이 코드를 작성합니다.

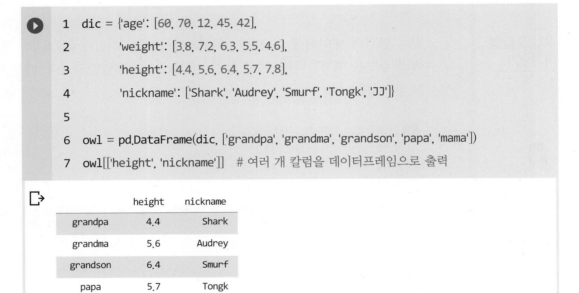

```
1  dic = {'age': [60, 70, 12, 45, 42],
2         'weight': [3.8, 7.2, 6.3, 5.5, 4.6],
3         'height': [4.4, 5.6, 6.4, 5.7, 7.8],
4         'nickname': ['Shark', 'Audrey', 'Smurf', 'Tongk', 'JJ']}
5
6  owl = pd.DataFrame(dic, ['grandpa', 'grandma', 'grandson', 'papa', 'mama'])
7  owl[['height', 'nickname']]   # 여러 개 칼럼을 데이터프레임으로 출력
```

	height	nickname
grandpa	4.4	Shark
grandma	5.6	Audrey
grandson	6.4	Smurf
papa	5.7	Tongk
mama	7.8	JJ

데이터프레임에서 1개의 칼럼을 가져오더라도, [ ] 안에 리스트 형태로 제시하면 데이터프레임 형태로, [ ] 안에 칼럼명을 입력하면 시리즈 형태로 출력됩니다.

■ **출력 결과:** 데이터프레임

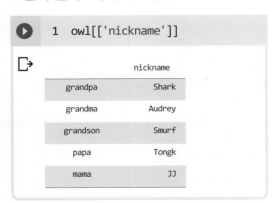

```
1  owl[['nickname']]
```

	nickname
grandpa	Shark
grandma	Audrey
grandson	Smurf
papa	Tongk
mama	JJ

■ **출력 결과:** 시리즈

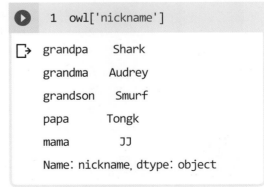

```
1  owl['nickname']
```

```
grandpa    Shark
grandma    Audrey
grandson   Smurf
papa       Tongk
mama       JJ
Name: nickname, dtype: object
```

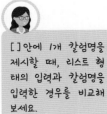

[ ]안에 1개 칼럼명을 제시할 때, 리스트 형태의 입력과 칼럼명을 입력한 경우를 비교해 보세요.

데이터프레임에서 [ ]는 기본적으로 칼럼을 선택할 때 사용하고, 행을 선택할 때는 loc[ ] 또는 iloc[ ]를 사용합니다.

구분	loc[ ]	iloc[ ]
기능	인덱스명으로 행 접근	0부터 시작하는 정수형 인덱스로 행 접근 (설정된 인덱스명과 상관없음.)
	• 쉼표(,)를 사용하여 여러 개의 칼럼 선택 가능 • 행과 열을 동시에 선택 가능	
행 추출 결과	• 행 1개만 추출할 때는 해당 행을 시리즈 형태로 추출 • 여러 개의 행을 동시에 추출할 때는 리스트 형태로 추출	

예를 들어, grandma라는 인덱스의 행을 추출할 때는 다음과 같이 loc[ ]를 사용합니다.

```
1  dic = {'age': [60, 70, 12, 45, 42],
2         'weight': [3.8, 7.2, 6.3, 5.5, 4.6],
3         'height': [4.4, 5.6, 6.4, 5.7, 7.8],
4         'nickname': ['Shark', 'Audrey', 'Smurf', 'Tongk', 'JJ']}
5
6  owl = pd.DataFrame(dic, ['grandpa', 'grandma', 'grandson', 'papa', 'mama'])
7  owl.loc['grandma']
```

```
age          70
weight       7.2
height       5.6
nickname     Audrey
Name: grandma, dtype: object
```

loc[ ]에 추출할 행의 인덱스명을 입력하여 1개 행을 추출할 때는 시리즈 형태로 출력됩니다.

grandma, grandson, papa 3개의 인덱스에 해당하는 행을 추출할 때는 다음과 같이 콜론 (:)을 사용하여 시작 인덱스와 마지막 인덱스 범위를 지정합니다.

```
7  owl.loc['grandma':'papa']
```

	age	weight	height	nickname
grandma	70	7.2	5.6	Audrey
grandson	12	6.3	6.4	Smurf
papa	45	5.5	5.7	Tongk

엄마까지 나오게 하고 싶어요.

loc[ ]는 인덱스명으로 범위를 지정할 수 있고 지정한 범위의 마지막 인덱스를 포함해서 출력하므로 'papa' 인덱스의 데이터도 함께 출력되는 것을 확인할 수 있습니다.

설정되어 있는 인덱스명 대신 0부터 시작하는 정수형 인덱스를 사용하여 인덱스에 해당하는 행을 추출할 때는 iloc[ ]를 사용합니다.

		age	weight	height	nickname
0	grandpa	60	3.8	4.4	'Shark'
1	grandma	70	7.2	5.6	'Audrey'	→ owl.iloc[1]
2	grandson	12	6.3	6.4	'Smurf'
3	papa	45	5.5	5.7	'Tongk'
4	mama	42	4.6	7.8	'JJ'	→ owl.iloc[3:5]

정수형 인덱스

오른쪽 여러 개 행 추출 코드에서 지정한 인덱스 5보다 1 작은 인덱스 4까지 출력되는 것을 확인해 보세요.

■ 1개 행 추출

```
1  owl.iloc[1]
```

```
age          70
weight       7.2
height       5.6
nickname     Audrey
Name: grandma, dtype: object
```

■ 여러 개 행 추출

```
1  owl.iloc[3:5]
```

	age	weight	height	nickname
papa	45	5.5	5.7	Tongk
mama	42	4.6	7.8	JJ

인덱스(행), 칼럼(열) 단위 접근

데이터프레임에서 추출할 행과 열을 지정할 수 있습니다.

		age	weight	height	nickname
0	grandpa	60	3.8	4.4	'Shark'
1	grandma	70	7.2	5.6	'Audrey'
2	grandson	12	6.3	6.4	'Smurf'
3	papa	45	5.5	5.7	'Tongk'
4	mama	42	4.6	7.8	'JJ'

다음과 같이 loc[ ] 또는 iloc[ ]를 사용한 코드의 실행 결과는 동일합니다.

```
1  owl.loc[['grandma', 'grandson'], ['weight', 'height']]
```

```
1  owl.iloc[[1, 2], [1, 2]]
```

할비('grandpa')도 나오게 하려면 어떻게 할까나?

```
          weight    height
grandma   7.2       5.6
grandson  6.3       6.4
```

데이터 프레임 다루기

데이터프레임에 인덱스(행) 및 칼럼(열)을 추가, 변경, 삭제하는 방법을 알아보겠습니다.

먼저, 데이터프레임에 새로운 칼럼을 추가하는 방법을 알아봅시다. 다음 데이터프레임에 성별(남성: M, 여성: F)을 나타내는 sex 칼럼을 추가해 보겠습니다.

		age	weight	height	nickname	sex
0	grandpa	60	3.8	4.4	'Shark'	'M'
1	grandma	70	7.2	5.6	'Audrey'	'F'
2	grandson	12	6.3	6.4	'Smurf'	'M'
3	papa	45	5.5	5.7	'Tongk'	'M'
4	mama	42	4.6	7.8	'JJ'	'F'

마지막에 칼럼 추가

데이터프레임 객체인 owl과 새로운 칼럼명 sex를 [ ]를 사용하여 다음과 같이 나타내고, sex 칼럼에 들어갈 값들을 나열합니다.

> 데이터프레임 객체['새로운 칼럼명'] = 추가할 데이터 값 또는 리스트

```
1  dic = {'age': [60, 70, 12, 45, 42],
2         'weight': [3.8, 7.2, 6.3, 5.5, 4.6],
3         'height': [4.4, 5.6, 6.4, 5.7, 7.8],
4         'nickname': ['Shark', 'Audrey', 'Smurf', 'Tongk', 'JJ']}
5  owl = pd.DataFrame(dic, ['grandpa', 'grandma', 'grandson', 'papa', 'mama'])
6  # sex 칼럼 추가
7  owl['sex'] = ['M', 'F', 'M', 'M', 'F']
8  owl
```

	age	weight	height	nickname	sex
grandpa	60	3.8	4.4	Shark	M
grandma	70	7.2	5.6	Audrey	F
grandson	12	6.3	6.4	Smurf	M
papa	45	5.5	5.7	Tongk	M
mama	42	4.6	7.8	JJ	F

위 코드의 실행 결과를 통해 데이터프레임의 가장 우측에 새로운 sex 칼럼이 생긴 것을 확인할 수 있습니다.

**특정 위치에
칼럼 추가**

새로운 칼럼을 추가하기 위해 다음과 같이 insert( ) 함수를 사용할 수도 있습니다.

> 데이터프레임 객체.insert(칼럼 추가 위치, 칼럼명, 추가할 데이터 값 또는 리스트)

앞서 '데이터프레임 객체[ ]' 방식과 다른 점은 추가할 해당 칼럼의 위치를 지정할 수도 있다는 점입니다. '칼럼 추가 위치'에 0부터 시작하는 칼럼 번호를 입력합니다.

여기서는 sex 칼럼을 제일 앞에 추가하기 위해 다음과 같이 '칼럼 추가 위치'에 '0'을 입력합니다.

153쪽 코드의 7행 코드를 수정해 보세요.

```
7  owl.insert(0, 'sex', ['M', 'F', 'M', 'M', 'F'])
8  owl
```

	sex	age	weight	height	nickname
grandpa	M	60	3.8	4.4	Shark
grandma	F	70	7.2	5.6	Audrey
grandson	M	12	6.3	6.4	Smurf
papa	M	45	5.5	5.7	Tongk
mama	F	42	4.6	7.8	JJ

인덱스(행) 추가

이번에는 데이터프레임에 새로운 인덱스를 추가하는 방법을 알아보겠습니다.
새로운 인덱스 데이터를 추가할 때는 인덱스 데이터에 접근할 때 사용했던 방법과 같이 loc[ ]를 사용하여 새로운 인덱스명과 추가할 데이터 리스트를 입력합니다.

> 데이터프레임 객체.loc['새로운 인덱스명'] = 추가할 데이터 값 또는 리스트

추가할 데이터가 일반 자료형이면, 모든 칼럼에 동일한 자료형이 적용됩니다. 또한 추가할 새로운 인덱스명은 기존에 사용하고 있는 인덱스명과 중복되지 않아야 합니다.

다음과 같이 uncle 인덱스 데이터를 추가해 보겠습니다.

	age	weight	height	nickname
grandpa	60	3.8	4.4	'Shark'
grandma	70	7.2	5.6	'Audrey'
grandson	12	6.3	6.4	'Smurf'
papa	45	5.5	5.7	'Tongk'
mama	42	4.6	7.8	'JJ'
uncle	33	8.2	7.0	'DOC'

```
1  dic = {'age': [60, 70, 12, 45, 42],
2         'weight': [3.8, 7.2, 6.3, 5.5, 4.6],
3         'height': [4.4, 5.6, 6.4, 5.7, 7.8],
4         'nickname': ['Shark', 'Audrey', 'Smurf', 'Tongk', 'JJ']}
5  owl = pd.DataFrame(dic, ['grandpa', 'grandma', 'grandson', 'papa', 'mama'])
6  # uncle 인덱스 데이터 추가
7  owl.loc['uncle'] = [33, 8.2, 7.0, 'DOC']
8  owl
```

	age	weight	height	nickname
grandpa	60	3.8	4.4	Shark
grandma	70	7.2	5.6	Audrey
grandson	12	6.3	6.4	Smurf
papa	45	5.5	5.7	Tongk
mama	42	4.6	7.8	JJ
uncle	33	8.2	7.0	DOC

인덱스(행)의 값 변경

만약, uncle 인덱스 데이터 값을 모두 0으로 설정하려면 다음과 같이 코드를 작성합니다.

```
1  owl.loc['uncle'] = 0
2  owl
```

	age	weight	height	nickname
grandpa	60	3.8	4.4	Shark
grandma	70	7.2	5.6	Audrey
grandson	12	6.3	6.4	Smurf
papa	45	5.5	5.7	Tongk
mama	42	4.6	7.8	JJ
uncle	0	0.0	0.0	0

set_index( )의 기본값은 'inplace =False'입니다. 따라서 inplace 옵션을 생략하면 'inplace =False'로 설정됩니다.

데이터 값을 변경하는 것 또한 loc[ ] 또는 iloc[ ]와 인덱스 및 칼럼명을 사용합니다. 그리고 인덱스를 다른 칼럼 데이터로 대체할 수 있는데, 이때 set_index( )를 사용합니다.

데이터프레임 객체.loc['인덱스명', '칼럼명'] = 새로운 값

데이터프레임 객체.iloc['인덱스 정수형 번호', '칼럼명 정수형 번호'] = 새로운 값

데이터프레임 객체.set_index('칼럼명', inplace = True/False)

기본적으로 인덱스를 변경한 결과는 원본의 복사본을 이용하여 출력하므로 원본 데이터는 변경되지 않습니다. 원본 데이터를 삭제하려면 'inplace = True'로 설정합니다.

**칼럼(열)의
값 변경**

grandma 인덱스의 age 칼럼과 grandson과 papa 인덱스의 weight와 height 칼럼의
값을 변경해 보겠습니다.

	age	weight	height	nickname
grandpa	60	3.8	4.4	Shark
grandma	70	7.2	5.6	Audrey
grandson	12	6.3	6.4	Smurf
papa	45	5.5	5.7	Tongk
mama	42	4.6	7.8	JJ
uncle	0	0.0	0.0	0

```
1  owl.loc['grandma', 'age'] = 71      # 또는 owl.iloc[[1, 0]] = 71
2  owl.loc[['grandson', 'papa'], ['weight', 'height']] = [[6.0, 6.2], [5.7, 5.4]]
3  owl
```

	age	weight	height	nickname
grandpa	60	3.8	4.4	Shark
grandma	71	7.2	5.6	Audrey
grandson	12	6.0	6.2	Smurf
papa	45	5.7	5.4	Tongk
mama	42	4.6	7.8	JJ
uncle	0	0.0	0.0	0

인덱스 변경

만약, 인덱스를 nickname 칼럼으로 수정하려면 다음과 같이 set_index()를 사용하며,
기존의 인덱스는 삭제됩니다. 다음 코드에서 'inplace = True'로 설정하지 않으면 원본
의 복사본을 생성하는 것이므로 원본에는 반영되지 않습니다.

```
1  owl.set_index('nickname', inplace = True)
2  owl
```

nickname	age	weight	height
Shark	60	3.8	4.4
Audrey	70	7.2	5.6
Smurf	12	6.0	6.2
Tongk	45	5.7	5.4
JJ	42	4.6	7.8
0	0	0.0	0.0

다음 학습을 위해
'inplace = True'를
생략하고 진행하세요.

오른쪽 코드 실행 결과는 데이터 값 변경 전 원본 데이터에서 uncle 인덱스가 추가된 데이터프레임에서 수정한 결과입니다.

데이터프레임의 인덱스명이나 칼럼명을 변경할 때가 있습니다. 이때는 다음과 같이 rename( ) 함수를 사용합니다.

■ 인덱스명 변경

데이터프레임 객체.rename(index = {'현재 인덱스명': '새로운 인덱스명', …, inplace=True/False})

```
1  owl.rename(index = {'grandpa':'GP', 'grandma':'GM', 'grandson': 'GS',
2                      'papa':'PP', 'mama':'MM', 'uncle':'UC'}, inplace = True)
3  owl
```

	age	weight	height	nickname
GP	60	3.8	4.4	Shark
GM	70	7.2	5.6	Audrey
GS	12	6.3	6.4	Smurf
PP	45	5.5	5.7	Tongk
MM	42	4.6	7.8	JJ
UC	33	8.2	7.0	DOC

■ 칼럼명 변경

데이터프레임 객체.rename(columns = {'현재 칼럼명': '새로운 칼럼명', …}, inplace=True)

```
1  owl.rename(columns = {'age':'A', 'weight':'W', 'height': 'H', 'nickname': 'N'},
2                        inplace = True)
3  owl
```

	A	W	H	N
grandpa	60	3.8	4.4	Shark
grandma	70	7.2	5.6	Audrey
grandson	12	6.3	6.4	Smurf
papa	45	5.5	5.7	Tongk
mama	42	4.6	7.8	JJ
uncle	33	8.2	7.0	DOC

코드 작성은 155쪽 8행 이후부터 추가로 입력하세요.

이처럼 인덱스 및 칼럼명을 변경할 때는 현재 이름과 새로운 이름을 쌍으로 설정합니다.

인덱스/ 칼럼 삭제

인덱스나 칼럼을 삭제할 때는 다음과 같이 drop() 함수를 사용합니다. 이때 삭제할 인덱스명과 삭제할 칼럼명을 지정합니다.

> 데이터프레임 객체.drop(['삭제할 인덱스명'/리스트], axis = 0, inplace = True/False)
> 데이터프레임 객체.drop(['삭제할 칼럼명'/리스트], axis = 1, inplace = True/False)

axis = 0은 인덱스(행)를, axis = 1은 칼럼(열)을 의미하며, 기본값은 행 단위인 axis = 0입니다.

칼럼(열)

axis = 1 →

	age	weight	height	nickname
grandpa	60	3.8	4.4	Shark
grandma	70	7.2	5.6	Audrey
grandson	12	6.3	6.4	Smurf
papa	45	5.5	5.7	Tongk
mama	42	4.6	7.8	JJ
uncle	33	8.2	7.0	DOC

axis = 0
인덱스(행)

기본적으로 연산한 결과는 원본의 복사본을 사용하여 출력합니다. 따라서 원본의 데이터를 삭제할 때는 'inplace = True'로 설정합니다. drop() 함수의 inplace 옵션 기본값은 False이며 생략 가능합니다.

위 데이터프레임에서 uncle 인덱스와 nickname 칼럼을 삭제해 보겠습니다.

	age	weight	height	nickname
grandpa	60	3.8	4.4	Shark
grandma	70	7.2	5.6	Audrey
grandson	12	6.3	6.4	Smurf
papa	45	5.5	5.7	Tongk
mama	42	4.6	7.8	JJ
uncle	33	8.2	7.0	DOC

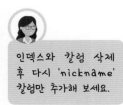

인덱스와 칼럼 삭제 후 다시 'nickname' 칼럼만 추가해 보세요.

```
1  owl.drop('uncle', axis = 0, inplace = True)
2  owl.drop('nickname', axis = 1, inplace = True)
3  owl
```

	age	weight	height
grandpa	60	3.8	4.4
grandma	71	7.2	5.6
grandson	12	6.3	6.4
papa	45	5.5	5.7
mama	42	4.6	7.8

인덱스와 칼럼 맞바꾸기

데이터프레임의 행과 열을 맞바꾸어야 할 때는 transpose( ) 함수를 사용합니다.
다음 데이터프레임의 행과 열을 맞바꾸어 보겠습니다.

	age	weight	height	nickname
grandpa	60	3.8	4.4	Shark
grandma	71	7.2	5.6	Audrey
grandson	12	6.3	6.4	Smurf
papa	45	5.5	5.7	Tongk
mama	42	4.6	7.8	JJ

```
1  dic = {'age': [60, 70, 12, 45, 42],
2         'weight': [3.8, 7.2, 6.3, 5.5, 4.6],
3         'height': [4.4, 5.6, 6.4, 5.7, 7.8],
4         'nickname': ['Shark', 'Audrey', 'Smurf', 'Tongk', 'JJ']}
5  owl = pd.DataFrame(dic, ['grandpa', 'grandma', 'grandson', 'papa', 'mama'])
6
7  owl.transpose( ) # 인덱스와 칼럼 맞바꾸기
```

	grandpa	grandma	grandson	papa	mama
age	60	70	12	45	42
weight	3.8	7.2	6.3	5.5	4.6
height	4.4	5.6	6.4	5.7	7.8
nickname	Shark	Audrey	Smurf	Tongk	JJ

지금까지 학습한 내용을 바탕으로 여러분이 직접 데이터를 입력하여 인덱스나 칼럼을 추가, 변경, 삭제해 보세요.

머신러닝에서 판다스는 뭘 해?

판다스는 머신러닝에서 어떤 역할을 하는지 함께 살펴봅시다.

1. 컴퓨터가 이해할 수 있는 형태로 처리

머신러닝 기반의 문제를 해결할 때 데이터를 컴퓨터가 이해할 수 있는 형태로 처리하는 데 활용하는 라이브러리입니다. 이런 점에서 넘파이와 동일하지만, 넘파이가 숫자로 구성된 배열의 연산을 빠르게 수행하기 위한 목적을 가지는 반면, 판다스는 숫자, 문자 등 다양한 자료형의 데이터를 컴퓨터로 읽어 들여 컴퓨터가 바르게 처리 가능한 형식으로 맞추거나 학습에 불필요한 데이터는 제거하고 인공지능이 제 기능을 할 수 있도록 이상한 값이나 비어 있는 값들을 처리하는 데 유용한 라이브러리입니다. 따라서 머신러닝에서 판다스는 필수 라이브러리라고 생각하면 됩니다.

2. 효율적인 데이터 처리

다음 데이터프레임은 게임 사용자가 만든 롤러코스터 데이터입니다. 이 데이터는 놀이공원 이름, 롤러코스터 이름, 롤러코스터 설계 방식, 흥미도 점수, 흥미도 평점 등 다양한 특성들이 있습니다.

이 특성들 중 데이터 내에는 360도 회전하는 횟수를 의미하는 정수형 데이터도 있고 롤러코스터의 흥미도를 나타내는 실수형 데이터도 있으며, 롤러코스터 이름이나 평점과 같은 문자열 데이터도 있습니다. 때로는 정수형처럼 보이지만 롤러코스터 설계 방식과 같이 범주를 나타내는 데이터도 있습니다. 다양한 자료형을 가진 데이터들 중에서는 값이 없는 부분도 있고, 잘못된 값들도 있을 수 있습니다. 판다스는 이러한 값들이 있는지 탐색하고 처리하는 것을 쉽게 할 수 있도록 합니다. 또한 놀이공원별 롤러코스터의 개수를 계산(연산)하여 새로운 칼럼을 만들어낼 때에도 판다스는 훌륭한 역할을 합니다. 다만, 이 책에서는 대부분 csv 형식의 데이터를 다룰 예정입니다.

	park_id	theme	rollercoaster_type	custom_design	excitement	excitement_rating	intensity	intensity_rating	nausea	nausea_rating	...
0	0	Barony Bridge	Bobsleigh Coaster	0	5.49	High	5.71	High	4.86	Medium	...
1	0	Barony Bridge	Dinghy Slide	0	4.83	Medium	5.86	High	3.50	Medium	...
2	0	Barony Bridge	Wild Mouse	0	7.64	High	7.86	Very High	4.87	Medium	...
3	0	Barony Bridge	Wooden Roller Coaster	0	7.69	High	7.92	Very High	4.75	Medium	...
4	1	Forest Frontiers	Junior Roller Coaster	0	5.17	High	5.54	High	3.81	Medium	...
...	...	...	...	...	...	...	...	...	...	...	...
137	30	Botany Breakers	Spiral Coaster	1	5.39	High	5.94	High	3.79	Medium	...
138	30	Botany Breakers	Twister Coaster	1	7.66	High	6.11	High	3.81	Medium	...
139	30	Botany Breakers	Mine Train Coaster	1	7.59	High	7.60	High	5.80	Medium	...
140	30	Botany Breakers	Wooden Roller Coaster	1	7.50	High	7.75	Very High	4.35	Medium	...
141	30	Botany Breakers	Hypercoaster	1	6.17	High	44.94	Medium	2.76	Medium	...

142 rows × 21 columns

롤러코스터 데이터프레임

데이터 시각화에 필요한,
Matplotlib

머신러닝을 구현하기 위해 수집한 데이터가 학습에 도움이 되고, 이 데이터로 의미 있는 결과를 예측할 수 있도록 하는 데 Python 라이브러리 중에 Matplotlib(맷플롯립) 라이브러리를 사용하면 편리합니다. Matplotlib은 데이터를 다양한 방법으로 시각화할 수 있어, 데이터의 분포나 경향성, 데이터 간의 관계 등을 파악하는 데 유용한 라이브러리입니다.

이 장에서는 다음의 순서로 살펴봅시다.

맷플롯립이란 이런 것!

맷플롯립은 어떻게 사용하지?

머신러닝에서 맷플롯립은 뭘 해?

1 맷플롯립이란 이런 것!

맷플롯립의 역할

데이터 시각화는 데이터 분석 결과를 쉽게 이해할 수 있도록 차트나 그래프로 표현하는 것을 말합니다. 이때 가장 많이 사용되는 Python 라이브러리가 **맷플롯립(Matplotlib)**입니다. 맷플롯립을 사용하여 데이터를 시각화하면 데이터의 분포 및 데이터 간의 관계와 패턴 등을 한눈에 볼 수 있어 데이터의 특성을 쉽게 파악할 수 있습니다.

맷플롯립 라이브러리의 핵심 역할을 요약하면 다음과 같습니다.

- 시각화: 데이터의 2차원 시각화, 산점도, 막대그래프, 파이 차트, 히스토그램, 상자 그림
- 데이터 해석: 데이터 분포 확인, 데이터 간의 관계 파악, 패턴 분석
- 다양한 그래프 스타일: 그래프를 그린 후 점과 선의 색, 크기 등 그래프 스타일 설정

	Hours	Scores
0	2.5	21
1	5.1	47
2	3.2	27
3	8.5	75
4	3.5	30

Group	Per
A group	20
B group	40
C group	20
D group	15
F group	5

Matplotlib

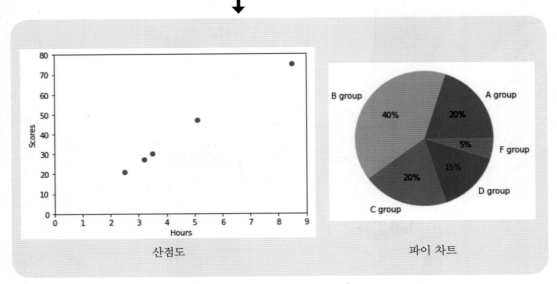

산점도   파이 차트

2 맷플롯립은 어떻게 사용하지?

Matplotlib

그래프 종류

맷플롯립으로 표현할 수 있는 그래프는 다음과 같이 다양합니다. 소괄호( ) 안의 영문은 맷플롯립을 사용하여 각 그래프를 그리는 명령어이므로 기억해 두면 코딩 시 편리합니다.

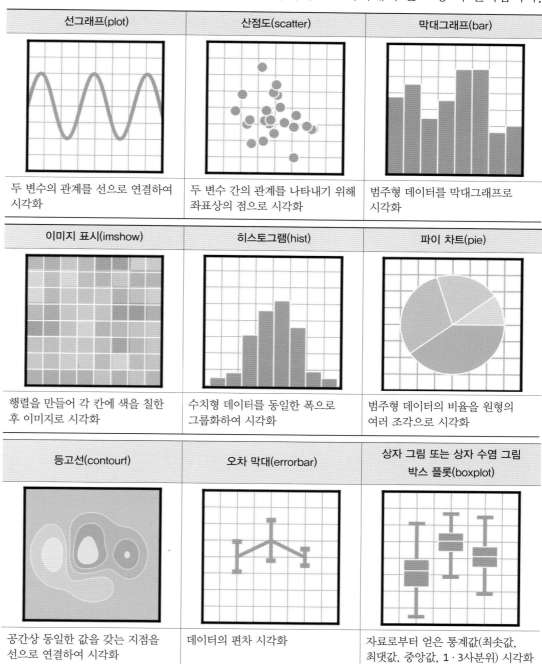

선그래프(plot)	산점도(scatter)	막대그래프(bar)
두 변수의 관계를 선으로 연결하여 시각화	두 변수 간의 관계를 나타내기 위해 좌표상의 점으로 시각화	범주형 데이터를 막대그래프로 시각화

이미지 표시(imshow)	히스토그램(hist)	파이 차트(pie)
행렬을 만들어 각 칸에 색을 칠한 후 이미지로 시각화	수치형 데이터를 동일한 폭으로 그룹화하여 시각화	범주형 데이터의 비율을 원형의 여러 조각으로 시각화

등고선(contourf)	오차 막대(errorbar)	상자 그림 또는 상자 수염 그림 박스 플롯(boxplot)
공간상 동일한 값을 갖는 지점을 선으로 연결하여 시각화	데이터의 편차 시각화	자료로부터 얻은 통계값(최솟값, 최댓값, 중앙값, 1·3사분위) 시각화

히트 맵(heat map)은 열을 뜻하는 히트(heat)와 지도를 뜻하는 맵(map)을 결합시킨 단어로, 일반적으로 숫자 데이터를 색상으로 표현하는 것이 특징입니다. matplotlib 모듈에서는 heatmap 함수는 존재하지 않습니다.

그 외에도 heatmap, quiver, text, fill, violinplot, eventplot, hexbin, xcorr 등 다양한 그래프를 그릴 수 있습니다. 이 책에서는 이 중 일부 그래프만 소개합니다.

그래프 그리기

Python에서 그래프를 그릴 때는 맷플롯립의 **파이플롯**(pyplot) 모듈을 사용하므로 파이플롯만 불러옵니다.

```
1  # 맷플롯립 중 그래프를 그리는 pyplot 모듈을 불러와 plt라는 별명으로 사용
2  from matplotlib import pyplot as plt
```

맷플롯립 모듈을 불러오면 다음의 과정을 거치게 됩니다.

데이터 준비 ➡ 그래프 시각화 ➡ 결과 해석

선그래프

선그래프를 그리기 위해 다음과 같이 plot( ) 함수와 show( ) 함수를 사용하고, 파이플롯 객체는 앞에서 설정한 'plt'입니다.

> 파이플롯 객체.plot([x값], [y값])
> 파이플롯 객체.show( )

plot( ) 함수 안에 [ ]는 리스트 자료형을 나타내며, plot( ) 함수를 사용하기 전에 x값과 y값의 범위를 사전에 설정할 수 있습니다.

예를 들어, x의 범위가 1, 2, 3, 4, 5이면서 $y = x^2$의 관계를 나타내는 선그래프는 다음과 같이 리스트 또는 변수를 이용하여 그릴 수 있습니다.

■ **리스트 설정**

```
1  from matplotlib import pyplot as plt
2  plt.plot([1, 2, 3, 4, 5], [1, 4, 9, 16, 25])
3  plt.show( )
```

■ **변수 설정**

오른쪽 코드의 3행에 제시된 넘파이 arange( ) 함수는 165쪽 보충을 참고하세요.

```
1  from matplotlib import pyplot as plt
2  import numpy as np
3  x = np.arange(1, 6)
4  y = x**2
5
6  plt.plot(x, y)
7  plt.show( )
```

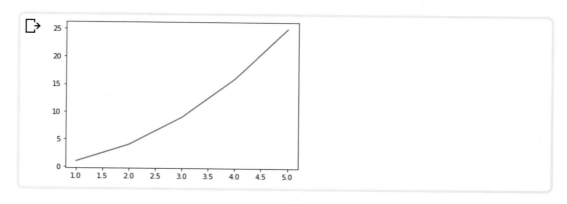

이처럼 plot( ) 함수 내에 x와 y의 범위를 직접 리스트 형태로 제시하여 그릴 수 있고, 넘파이 라이브러리의 arange( ) 함수와 변수를 이용하여 x의 범위를 설정하고 y를 x와의 관계를 나타내는 식으로 작성한 후 그래프를 그릴 수도 있습니다.

핵심 내용

- 맷플롯립을 이용한 그래프와 명령어: 선그래프(plot), 산점도(scatter), 막대그래프(bar), 이미지 표시(imshow), 히스토그램(hist), 파이 차트(pie), 등고선(contourf), 오차 막대(errorbar), 박스 플롯(boxplot) 등의 그래프를 그릴 수 있습니다.

보충 **넘파이의 arange( ) 함수**

넘파이의 arange( ) 함수는 그래프의 x와 y의 범위를 설정하는 데 사용하며, 결과는 range( ) 함수와 결과가 유사합니다. 다만 range( ) 함수는 리스트를 생성하고, 넘파이의 arange( ) 함수는 배열을 생성합니다. 넘파이의 arange( ) 함수를 사용하는 방법은 다음과 같습니다.

> 넘파이 객체.arange(start, stop, step)

- start: 생성할 배열의 시작 숫자, 생략할 경우 0부터 시작
- stop: 배열 생성을 중지하는 숫자, 제시된 정지값의 이전 값(stop-1)까지만 생성
- step: 출력할 숫자 사이의 간격, 생략할 경우 1

넘파이 arange( ) 함수의 코드 예시와 그 결과는 다음과 같습니다.

코드 예시	결과
np.arange(5)	array([0, 1, 2, 3, 4])
np.arange(2, 5)	array([2, 3, 4])
np.arange(1, 5, 2)	array([1, 3])

앞에서 선그래프를 그리기 위하여 plot( ) 함수를 사용하여 코드를 작성했습니다. 그 밖에 산점도, 막대그래프, 이미지 표시, 파이 차트, 히스토그램, 히트맵 그리는 방법을 알아보 겠습니다.

산점도, 막대그래프

여기서 소개한 그래프는 163쪽에 제시한 그래프의 특징과 예시 그림을 참고하세요.

산점도(scatter)	막대그래프(bar)
파이플롯 객체.scatter(x, y) • x, y: 모두 수치형 데이터	파이플롯 객체.bar(x, y) • x: 수치형/범주형 데이터, y: 수치형 데이터

```
1  from matplotlib import pyplot as plt
2  import numpy as np
3
4  x = np.arange(1, 6)
5  y = np.arange(3, 8)
6  plt.scatter(x, y)
7  plt.show( )
```

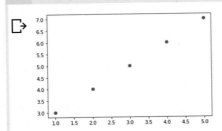

```
1  from matplotlib import pyplot as plt
2  import numpy as np
3
4  x = ['mon', 'tue', 'wed', 'thu', 'fri']
5  y = [50, 40, 20, 60, 35]
6  plt.bar(x, y)
7  plt.show( )
```

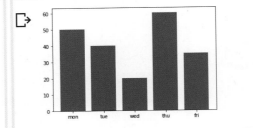

이미지 표시, 파이 차트

이미지 표시(imshow)	파이 차트(pie)
파이플롯 객체.imshow(이미지) • 이미지: 이미지가 저장된 경로 또는 배열	파이플롯 객체.pie(영역별 비율, labels = 영역별 레이블, autopct = '표시할 숫자 형식') • autopct: 부채꼴 안에 표시할 비율의 형식을 말하며, 소수점 아래 첫째 자리까지 표시하려면 '%1.1f%%'로 표기합니다.

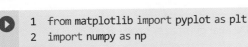

```
1  from matplotlib import pyplot as plt
2  import numpy as np
3
4  image = np.array([[1, 0.5, 0],
5                    [0.1, 0.2, 0.3],
6                    [0.4, 0.5, 0.6]])
7  plt.imshow(image)
8  plt.show( )
```

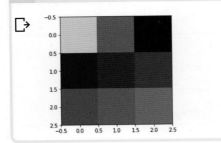

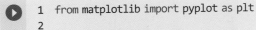

```
1  from matplotlib import pyplot as plt
2
3  ratio = [20, 30, 40, 60]
4  label = ['Amy', 'Betty', 'Chris', 'Dorothy']
5  plt.pie(ratio, labels = label,
6          autopct = '%1.1f%%')
7  plt.show( )
```

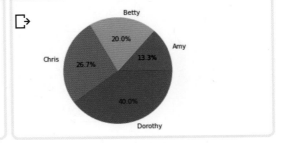

히스토그램, 히트맵

pyplot을 불러올 때 from matplotlib import pyplot 을 쓰지 않고 import matplotlib. pyplot이라고 작성 해도 됩니다.

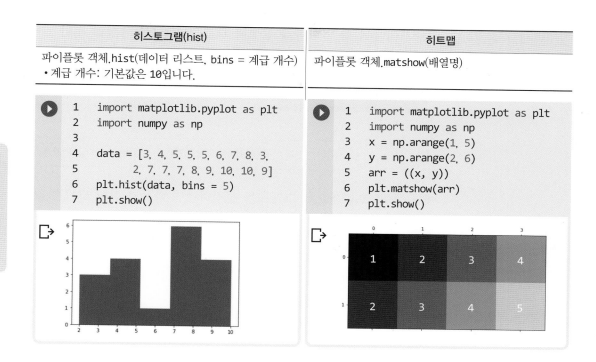

히스토그램(hist)	히트맵
파이플롯 객체.hist(데이터 리스트, bins = 계급 개수) • 계급 개수: 기본값은 10입니다.	파이플롯 객체.matshow(배열명)

```
1  import matplotlib.pyplot as plt
2  import numpy as np
3
4  data = [3, 4, 5, 5, 5, 6, 7, 8, 3,
5          2, 7, 7, 7, 8, 9, 10, 10, 9]
6  plt.hist(data, bins = 5)
7  plt.show()
```

```
1  import matplotlib.pyplot as plt
2  import numpy as np
3  x = np.arange(1, 5)
4  y = np.arange(2, 6)
5  arr = ((x, y))
6  plt.matshow(arr)
7  plt.show()
```

속성 설정

마커 지정

다양한 방법으로 그래프의 속성을 설정해 보겠습니다. 마커는 각 데이터를 표시한 지점을 말합니다. 기본적으로 작은 동그라미 모양이지만 다음과 같은 모양으로 변경할 수 있으며, 각 그림 밑에 있는 '마커 기호'로 마커를 지정합니다.

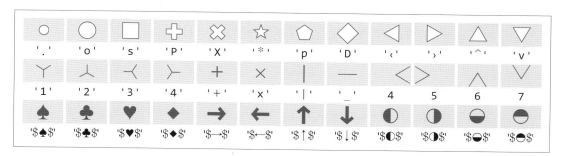

파이플롯 객체.그래프명(…, marker = '마커 기호')

위 그림을 참고하여 파이플롯 마커 기호를 바꿔 가며 출력해 봅시다.

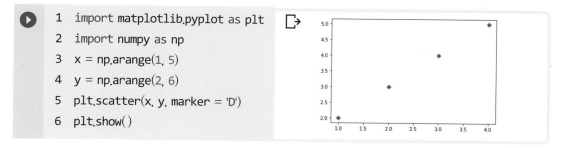

```
1  import matplotlib.pyplot as plt
2  import numpy as np
3  x = np.arange(1, 5)
4  y = np.arange(2, 6)
5  plt.scatter(x, y, marker = 'D')
6  plt.show()
```

그래프 색상

그래프의 색상을 다양하게 설정해 보겠습니다. 각 색상에 적힌 알파벳은 해당 색으로 설정할 때 사용하는 '색상 기호'입니다.

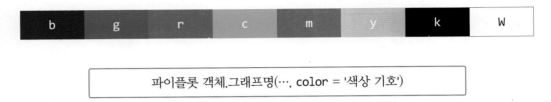

| | | | | | | | | |
| b | g | r | c | m | y | k | W |

파이플롯 객체.그래프명(…, color = '색상 기호')

예를 들어, 노란색으로 그래프를 설정하려면 다음과 같이 코드를 작성합니다.

pyplot과 numpy를 불러오는 코드를 이전 코드 셀에 작성하고 실행했는지 확인해 보세요.

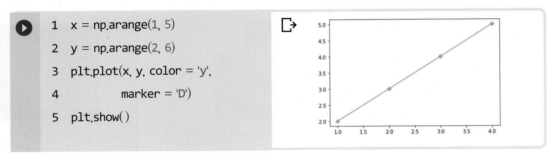

```
1  x = np.arange(1, 5)
2  y = np.arange(2, 6)
3  plt.plot(x, y, color = 'y',
4          marker = 'D')
5  plt.show()
```

plot( ) 그래프는 마커를 설정하지 않으면 실선만 나타납니다. 여기서는 마커를 설정했으므로 그래프에 마커가 표시됩니다.

선 종류

그래프의 선을 다양하게 설정해 보겠습니다. 각 선 아래에 적힌 기호는 해당 선으로 설정할 때 사용하는 '선 기호'입니다.

'-'   ':'   '--'   '-.'

파이플롯 객체.그래프명(…, linestyle = '선 기호')

예를 들어, 점선('--')으로 그래프를 그리려면 다음과 같이 코드를 작성합니다.

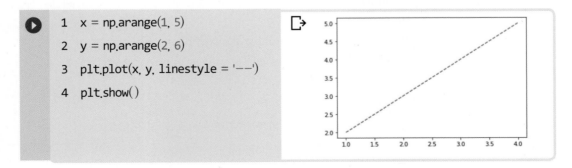

```
1  x = np.arange(1, 5)
2  y = np.arange(2, 6)
3  plt.plot(x, y, linestyle = '--')
4  plt.show()
```

축 레이블

맷플롯립을 이용하면 그래프의 x축과 y축의 레이블(이름)뿐만 아니라 글자 크기와 정렬할 위치도 함께 설정할 수 있습니다. 글자 크기와 여백 크기는 숫자로 설정합니다.

> 파이플롯 객체.xlabel('레이블명', fontsize = 글자 크기, labelpad = 여백 크기)
> 파이플롯 객체.ylabel('레이블명', fontsize = 글자 크기, labelpad = 여백 크기)

예를 들어, x축과 y축의 레이블(이름)을 각각 설정하려면 다음과 같이 코드를 작성합니다.

오른쪽 코드에서 글자 크기와 여백 크기를 설정하지 않고 출력해 보세요. 어떤 차이가 있나요?

```
1   x = np.arange(1, 5)
2   y = np.arange(2, 6)
3
4   plt.plot(x, y)
5   plt.xlabel('X', fontsize = 14, labelpad = 20)
6   plt.ylabel('Y', fontsize = 20, labelpad = 10)
7   plt.show( )
```

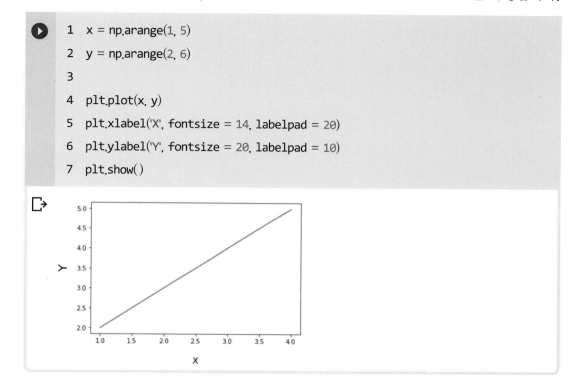

확인 문제

다음과 같이 부엉이 가족 데이터프레임을 생성한 후, 조건에 맞게 체중을 비교하는 그래프를 그려봅시다.

〈작성 조건〉

마커: ★,   그래프 색상: 마젠타(m),   선 종류: --

	age	weight
grandpa	60	3.8
grandma	70	7.2
grandson	12	6.3
papa	45	5.5
mama	42	4.6

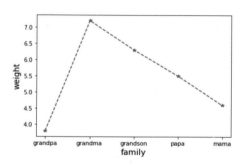

범례

범례(legend)는 그래프에서 데이터가 나타내는 것을 표시하는 영역입니다. 예를 들어, $y=x^2$의 그래프를 그릴 때, 해당 그래프가 나타내는 것이 $y=x^2$임을 화면에 표시할 수 있으며, 표시하려는 위치 또한 loc 속성을 사용하여 설정할 수 있습니다.

> 파이플롯 객체.그래프명(…, label = '범례명')
> 파이플롯 객체.legend(loc = (x, y) 또는 loc = '위치')

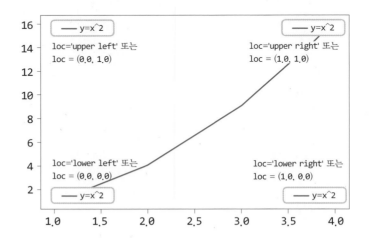

다음 코드를 참고하여 범례를 표시할 위치를 바꿔가면서 선그래프를 출력해 봅시다.

pyplot과 numpy를 불러오는 코드를 이전 코드에서 작성하였으면 생략할 수 있어요.

```python
1  import matplotlib.pyplot as plt
2  import numpy as np
3  x = np.arange(1, 5)
4  y = x **2
5
6  plt.plot(x, y, label = 'y = x^2')
7  plt.legend(loc = 'upper right')
8  plt.show()
```

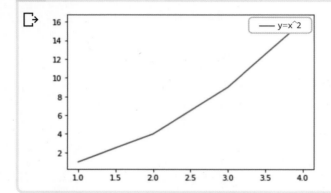

x축과 y축이 표시되는 범위를 xlim( )과 ylim( ) 또는 axis( )를 사용하여 임의로 설정할 수 있습니다. 각 범위는 리스트 또는 튜플로 나타낼 수 있으며, 축의 범위를 설정하지 않으면 자동으로 범위를 설정합니다.

■ xlim( )과 ylim( ) 활용

> x축: 파이플롯 객체.xlim(최솟값, 최댓값) 또는
>
> 　　 파이플롯 객체.xlim([최솟값, 최댓값]) 또는
>
> 　　 파이플롯 객체.xlim((최솟값, 최댓값))
>
> y축: 파이플롯 객체.ylim(최솟값, 최댓값) 또는
>
> 　　 파이플롯 객체.ylim([최솟값, 최댓값]) 또는
>
> 　　 파이플롯 객체.ylim((최솟값, 최댓값))

표시할 x축과 y축의 범위를 각각 설정합니다.

arange( )를 사용한 범위 설정을 살펴보세요.

```python
1  x = np.arange(1, 5) # x축값 범위
2  y = x ** 2
3
4  plt.plot(x, y)
5  plt.xlim([0, 5])  # x축 표시 범위
6  plt.ylim([0, 20]) # y축 표시 범위
7  plt.show()
```

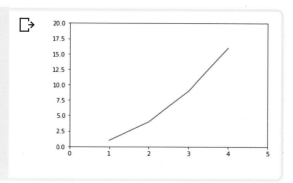

■ axis( ) 활용

> 파이플롯 객체.axis([xmin, xmax, ymin, ymax]) 또는 파이플롯 객체.axis((xmin, xmax, ymin, ymax))

x축과 y축의 범위를 한번에 설정합니다.

x축의 범위는 0~5까지, y축의 범위는 0~20까지 표시됩니다.

```python
1  3  x = np.arange(1, 5)
2  y = x ** 2
3
4  plt.plot(x, y)
5  plt.axis([0, 5, 0, 20])
6  plt.show()
```

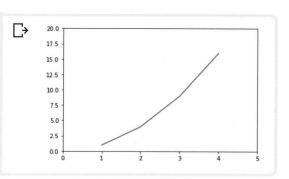

한 그래프에 여러 개의 선 그리기

한 그래프 내에 여러 개의 선(또는 점)을 그려 데이터를 비교하거나 x축과 y축을 공유하는 여러 개의 선을 그릴 때는 plt.show( )로 나타내기 전에 그리려는 그래프의 함수를 여러 번 사용합니다.

> 파이플롯 객체.plot(그래프 속성, …)
> 파이플롯 객체.plot(그래프 속성, …)
> ⋮

```
1  x = np.arange(1, 5)
2  # 세 개 그래프 속성 설정
3  plt.plot(x, x * 2, marker = 'o', color = 'y', label = 'y = x * 2')
4  plt.plot(x, x + 3, marker = 's', color = 'c', label = 'y = x + 3')
5  plt.plot(x, x ** 2, marker = '*', color = 'm', label = 'y = x ** 2')
6  plt.legend( )
7  plt.show( )
```

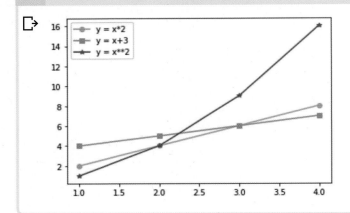

핵심 내용

- 속성 설정: 마커 기호, 그래프 색상, 선 종류, 축 레이블, 범례, 축 범위 등을 설정할 수 있습니다.
- 마커: marker 옵션에 마커 기호를 설정하면 여러 모양으로 변경할 수 있습니다.
- 그래프 색상: color 옵션에 색상 기호(b, g, r, c, m, y, k, w)를 설정하여 그래프의 색을 변경할 수 있습니다.
- 선 종류: linestyle 옵션에 선 기호('–', ':', '––', '–.')를 사용하여 선 종류를 변경할 수 있습니다.
- 축 레이블: xlabel( ), ylabel( )를 사용하여 x축과 y축의 레이블(이름)을 표시할 수 있습니다.
- 범례: legend( )를 사용하여 그래프가 나타내는 것을 표시하는 영역의 범례명과 위치를 설정할 수 있습니다.
- 축 범위: xlim( ), ylim( ) 또는 axis( )를 사용하여 그래프의 x축과 y축의 표시 범위를 설정할 수 있습니다.
- 한 그래프 내에 여러 개의 선(또는 점) 그리기: plt.show( )로 나타내기 전에 그리려는 그래프의 함수를 여러 번 사용합니다.

머신러닝에서 맷플롯립은 뭘 해?

맷플롯립은 머신러닝에서 어떤 역할을 하는지 함께 살펴봅시다.

1. 인공지능 모델 생성에 필요한 데이터를 선정하기 위한 그래프 그리기

인공지능으로 문제를 해결하기에 앞서 학습에 사용할 데이터가 활용 가치가 있는지를 판단해야 합니다. 이때 맷플롯립을 사용하여 데이터를 시각화하여 이를 판단할 수 있습니다.

예를 들어, 학습 시간에 따른 성적을 예측하는 인공지능 모델을 생성하려면 학습 시간 데이터와 성적 데이터 간에 연관성이 있는지를 먼저 파악해야 합니다. 만약 이 두 데이터 간에 연관성이 없다면 인공지능 모델을 학습시키는 데 사용할 필요가 없습니다.

데이터 간의 연관성, 즉 어떤 데이터가 인공지능 모델 생성에 필요한 데이터인가를 파악하기 위해서 맷플롯립 라이브러리를 사용합니다.

	Hours	Scores
0	2.5	21
1	5.1	47
2	3.2	27
3	8.5	75
4	3.5	30

Matplotlib →

학생들의 학습 시간과 성적 데이터를 맷플롯립을 사용하여 시각화하면(오른쪽 그래프) 학습 시간 (Hours)이 증가할수록 성적(Scores)이 향상되는 것을 알 수 있습니다. 이 결과는 학습 시간이 성적을 예측하는 데 영향을 미치는 특성인 것을 보여 주므로, 학생의 성적을 예측하는 모델을 생성할 때 사용할 데이터로서 가치가 있다고 판단할 수 있습니다.

2. 인공지능 모델의 성능을 파악하는 그래프 그리기

인공지능 모델이 데이터를 반복하여 학습할수록 얼마나 정확하게 예측하는지를 한눈에 확인하기 위하여 오른쪽과 같이 그래프로 나타내기도 합니다.

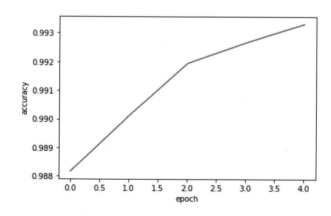

Part 2
머신러닝 체험하기

데이터 분석

1. 롤러코스터를 파헤치다
2. 전 세계 행복 지수를 표현하다

'데이터 분석' 영역에서는 캐글에서 데이터 셋을 다운로드받아 필요한 정보를 탐색하기 위한 여러 가지 탐색 방법을 알아봅니다. 데이터 셋에 어떤 값들이 담겨있는지 확인하고 속성 간의 관계나 패턴을 파악하는 그래프를 그려 문제 해결에 필요한 정보를 찾는 데이터 분석 과정을 학습합니다.

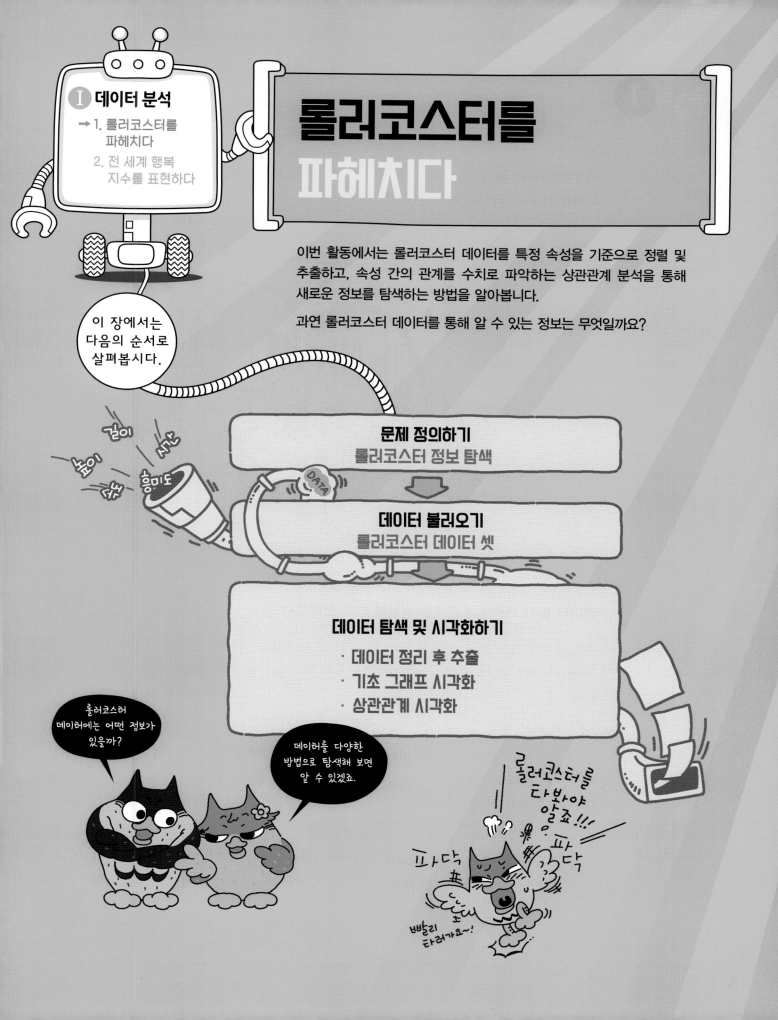

I 데이터 분석

→ 1. 롤러코스터를 파헤치다
   2. 전 세계 행복 지수를 표현하다

롤러코스터를 파헤치다

이번 활동에서는 롤러코스터 데이터를 특정 속성을 기준으로 정렬 및 추출하고, 속성 간의 관계를 수치로 파악하는 상관관계 분석을 통해 새로운 정보를 탐색하는 방법을 알아봅니다.

과연 롤러코스터 데이터를 통해 알 수 있는 정보는 무엇일까요?

이 장에서는 다음의 순서로 살펴봅시다.

문제 정의하기
롤러코스터 정보 탐색

데이터 불러오기
롤러코스터 데이터 셋

데이터 탐색 및 시각화하기
· 데이터 정리 후 추출
· 기초 그래프 시각화
· 상관관계 시각화

롤러코스터 데이터에는 어떤 정보가 있을까?

데이터를 다양한 방법으로 탐색해 보면 알 수 있겠죠.

1 문제 정의하기

문제 상황 이해하기

세상에서 가장 빠른 롤러코스터는 무엇일까요? 그리고 롤러코스터를 탔을 때 짜릿함을 느끼는 가장 큰 요인은 무엇일까요?

탐색할 정보 알아보기

데이터 분석 과정에서 탐색할 정보를 미리 살펴봅시다.

[탐색 정보1] 가장 빠른 롤러코스터 TOP 10의 테마파크 이름(theme), 롤러코스터 유형(rollercoaster_type), 흥미도(excitement), 최고 속도(max_speed)는 어떻게 알 수 있을까요?

▶ 롤러코스터 데이터에서 최고 속도(max_speed) 속성을 기준으로 데이터를 정렬한 후 상위 10개 데이터에서 필요한 속성을 추출하여 출력한 결과에서 확인합니다.

[탐색 정보2] 롤러코스터 유형(rollercoaster_type) 속성에는 몇 가지 유형이 있으며 어떤 유형이 가장 많을까요?

▶ 롤러코스터 유형(rollercoaster_type) 속성의 고유한 값을 추출한 후 개수를 확인합니다. 그 후 롤러코스터 유형별 개수를 막대그래프로 시각화해 보면 개수를 비교할 수 있습니다.

[탐색 정보3] 최고 속도(max_speed), 탑승 시간(ride_time), 롤러코스터 길이(ride_length), 최고 낙하 높이(highest_drop_height) 속성 중 흥미도(excitement) 속성과 가장 관련이 깊은 속성은 무엇일까요?

▶ 여러 가지 속성 간 상관관계를 분석하여 상관계수 값이 가장 큰 속성을 확인합니다.

2 데이터 불러오기

데이터 분석

데이터 셋 소개

놀이공원에 가면 롤러코스터를 타야 놀이공원에 다녀왔다고 말할 수 있을 만큼 롤러코스터는 놀이공원을 대표하는 놀이기구입니다. 가장 빠른 롤러코스터는 고속도로 제한 속도보다도 빠르며, 가장 높은 롤러코스터는 초고층 건물 높이에 이른다고 합니다. 이렇듯 롤러코스터는 무섭기도 하지만 짜릿함에 매료되어 반복해서 타게 되는 매력적인 놀이기구라 할 수 있습니다.

이번 활동에서 사용할 데이터는 놀이공원에 롤러코스터를 설계하여 직접 놀이공원을 운영하는 게임에서 수집한 142개의 롤러코스터 데이터입니다. 데이터에는 테마파크 이름, 롤러코스터 유형, 흥미도, 최고 속도, 탑승 시간 등 다양한 속성이 있습니다.

롤러코스터 데이터 내려받기

캐글(kaggle)에서 검색창에 'rollercoaster'를 검색하여 아래 데이터를 다운로드한 후 압축을 풉니다.

데이터는 출판사 홈페이지에서도 제공합니다.

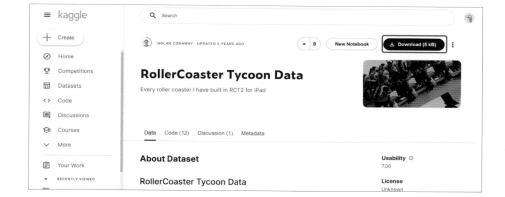

압축을 풀고 난 후 생성된 'rollercoasters.csv' 파일을 클릭해 보면 아래와 같은 내용을 확인할 수 있습니다.

	park_id	theme	rollercoaster_type	custom_design	excitement	excitement_rating	intensity	intensity_ratin	nausea	nausea_rating
1										
2	0	Barony Bridge	Bobsleigh Coaster	0	5.49	High	5.71	High	4.86	Medium
3	0	Barony Bridge	Dinghy Slide	0	4.83	Medium	5.86	High	3.5	Medium
4	0	Barony Bridge	Wild Mouse	0	7.64	High	7.86	Very High	4.87	Medium
5	0	Barony Bridge	Wooden Roller Coaste	0	7.69	High	7.92	Very High	4.75	Medium
6	1	Forest Frontiers	Junior Roller Coaster	0	5.17	High	5.54	High	3.81	Medium
7	2	Haunte								

	max_speed	avg_speed	ride_time	ride_length	max_pos_gs	max_neg_gs	max_lateral_gs	total_air_time	drops	highest_drop_height	inversions
8	39	12	63	1496	2.59	-0.27	1.71	0	2	19	0
9	37	11	48	1079	2.83	-0.48	2.68	0.36	4	42	0
	31	11	70	1591	3.13	-1.7	2.15	1.44	11	22	0
	47	15	79	2401	3.31	-1.15	1.71	5.73	9	62	-1
	34	13	51	1279	2.38	-0.26	2.45	0.72	4	39	0
	32	10	75	1466	2.36	-0.23	2.08	1.14	8	19	0
	45	17	63	2077	3.18	-1.28	1.83	3.21	5	62	-1
	30	12	53	1246	3.08	-1	1.96	2.16	9	22	0

'문제 정의하기' 단계에서 제시한 세 가지 탐색 정보 외에 이 데이터를 통해 더 알아보고 싶은 정보가 있다면 직접 분석해서 찾는 것도 좋습니다.

데이터 셋 불러오기

숫자와 문자열이 섞인 롤러코스터 데이터를 다루기 위한 판다스(pandas) 라이브러리와 처리한 데이터를 시각화하기 위한 맷플롯립(matplotlib) 라이브러리를 불러옵니다.

```
1  import pandas as pd
2  import matplotlib.pyplot as plt
```

파일 업로드하기

코랩으로 파일을 업로드하기 위해 컴퓨터에 저장된 파일을 코랩으로 불러오는 방법을 사용하겠습니다.

google.colab 라이브러리에서 파일을 처리하는 데 사용하는 files 모듈을 불러온 후 파일 선택 창을 통해 파일을 업로드할 수 있습니다. 이때 upload() 함수를 사용합니다.

```
from google.colab import files
uploaded = files.upload()  #파일 선택 창을 통해 파일을 불러와 'uploaded'라는 변수로 파일 지정
```
파일 선택 선택된 파일 없음   Cancel upload

❶ 파일 선택 버튼을 클릭한 후 다음과 같은 창에서 'rollercoasters.csv' 파일을 선택하면 자동으로 코랩의 저장소로 업로드됩니다.

❷ 업로드가 완료되면 다음과 같이 'rollercoasters.csv'로 저장되었다는 안내 메시지가 출력됩니다.

파일 선택 rollercoasters.csv
- **rollercoasters.csv**(text/csv) - 16604 bytes, last modified: 2019. 9. 20. - 100% done
Saving rollercoasters.csv to rollercoasters.csv

❸ 업로드된 파일이 화면 왼쪽 '파일'에 저장된 것을 확인할 수 있습니다.

파일이 업로드된 후에는 데이터를 분석하기 위해 코랩 노트북으로 파일을 읽어 들여야 합니다. 이때 판다스 라이브러리의 read_csv() 함수를 사용합니다.

> 데이터프레임 객체 = 판다스 객체.read_csv('파일명.csv')
>
> # 판다스 라이브러리의 read_csv() 함수를 사용하여 파일을 코랩 노트북으로 읽어 들임.
>
> # 데이터프레임으로 파일을 불러옴.

읽어 들인 파일을 데이터프레임 형태로 출력해 보겠습니다.

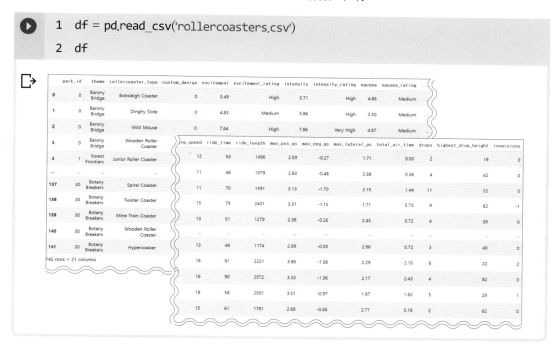

```
1  df = pd.read_csv('rollercoasters.csv')
2  df
```

Q&A

데이터프레임의 행이나 열을 모두 확인해 보고 싶다면?

데이터프레임이 클 경우에는 중간 행이나 열이 생략되어 보입니다. 하지만 상황에 따라 중간에 생략된 데이터를 확인해야 하는 경우가 생깁니다. 판다스에서 중간에 생략된 데이터를 모두 볼 수 있도록 설정할 수 있습니다. 또한 최대로 출력할 행과 열의 개수를 설정하여 일부분만 출력할 수 있습니다.

> • 모든 열을 출력할 때: pd.set_option('display.max_columns', None)
> • 모든 행을 출력할 때: pd.set_option('display.max_rows', None)
> • 10개 열만 출력할 때: pd.set_option('display.max_columns', 10)
> • 10개 행만 출력할 때: pd.set_option('display.max_rows', 10)

3 데이터 탐색 및 시각화하기

데이터
분석

문제 해결을 위해 데이터에 어떤 속성이 있는지 살펴보고 필요한 속성을 추출하거나 정렬할 필요가 있습니다. 또한 경우에 따라서 속성값에 대한 연산을 수행하여 필요한 속성을 만들어 내야 할 때가 있습니다. 이를 문제 해결 전에 데이터를 해결 가능한 형태로 처리한다고 해서 전처리라고 부릅니다.

데이터 살펴보기

데이터 기초 정보 확인하기

데이터를 살펴볼 때 가장 먼저 하는 작업은 롤러코스터 데이터의 개수와 속성의 개수 및 각 속성의 특징을 살펴보는 일입니다.

데이터 기초 정보를 확인하기 위해 판다스 라이브러리의 info( ) 메소드를 사용합니다.

> 데이터프레임 객체.info( )
> # info( ) 메소드를 통해 데이터 개수, 속성 개수, 속성명, 결측치, 속성의 데이터 유형 등 확인

메소드는 object(객체)와 연관되어 사용합니다. 사용하고자 하는 대상이 '.'으로 연결되어 있어야 합니다.
메소드와 함수의 포함 관계는 메소드⊂함수이며, 혼용하여 사용합니다.

1 df.info( )

```
<class 'pandas.core.frame.DataFrame'>
RangeIndex: 142 entries, 0 to 141
Data columns (total 21 columns):
 #   Column             Non-Null Count   Dtype
---  ------             --------------   -----
 0   park_id            142 non-null     int64
 1   theme              142 non-null     object
 2   rollercoaster_type 142 non-null     object
 3   custom_design      142 non-null     int64
 4   excitement         142 non-null     float64
 5   excitement_rating  142 non-null     object
 6   intensity          142 non-null     float64
 7   intensity_rating   142 non-null     object
 8   nausea             142 non-null     float64
 9   nausea_rating      142 non-null     object
 10  max_speed          142 non-null     int64
 11  avg_speed          142 non-null     int64
 12  ride_time          142 non-null     int64
 13  ride_length        142 non-null     int64
 14  max_pos_gs         142 non-null     float64
 15  max_neg_gs         142 non-null     float64
 16  max_lateral_gs     142 non-null     float64
 17  total_air_time     142 non-null     float64
 18  drops              142 non-null     int64
 19  highest_drop_height 142 non-null    int64
 20  inversions         142 non-null     int64
dtypes: float64(7), int64(9), object(5)
memory usage: 23.4+ KB
```

각 속성에 대한 설명입니다.

속성명	설명
park_id	테마파크 식별자
theme	테마파크 이름
rollercoaster_type	롤러코스터 유형
custom_design	게임 유저가 직접 롤러코스터를 설계했는지 여부(참/거짓)
excitement	흥미도
excitement_rating	흥미도 등급
intensity	탑승 강도
intensity_rating	탑승 강도 등급
nausea	메스꺼움
nausea_rating	메스꺼움 등급
max_speed	최고 속도(mph)
avg_speed	평균 속도(mph)
ride_time	탑승 시간
ride_length	롤러코스터 길이
max_pos_gs, max_neg_gs, max_lateral_gs	롤러코스터를 탔을 때 탑승자가 받는 중력 가속도
total_air_time	탑승자의 무중력 경험 시간
drops	낙하 횟수
highest_drop_height	최고 낙하 높이
inversions	360° 회전하는 횟수

데이터 형태가 실수형, 정수형, 문자열인 속성을 확인해 보아요.

📋 해석

이 데이터 셋은 총 142개의 데이터로 구성되어 있고, 속성은 21개입니다. 각 속성이 142개의 값을 가진 것으로 보아 결측치가 없음(non-null)을 알 수 있습니다. 속성별 데이터 유형은 실수형(float64), 정수형(int64), 문자열(object)로 구성되어 있으며 각각 7개, 9개, 5개가 있다는 것도 알 수 있습니다.

데이터 크기 알아보기

판다스 라이브러리를 사용할 때는 데이터를 데이터프레임이라고 칭합니다.

데이터가 몇 개의 행과 열로 구성되어 있는지 살펴보기 위해 shape 속성을 사용하여 데이터프레임의 크기를 쌍(행의 개수, 열의 개수)으로 출력해 보겠습니다.

```
1  df.shape
```

⊡→ (142, 21)

📋 **해석**

실행 결과를 통해 데이터프레임이 142개의 행(데이터 개수)과 21개의 열(속성 개수)로 구성되어 있는 것을 알 수 있습니다. 이는 info( ) 메소드를 통해 확인한 결과와 동일합니다.

데이터 일부 살펴보기

데이터를 분석하기에 앞서 데이터가 어떻게 생겼는지 확인해 보겠습니다. 전체 데이터를 불러와 확인하는 방법도 있지만, 가장 쉬운 방법은 head( )와 tail( ) 메소드를 사용하여 데이터프레임 상단의 일부와 하단의 일부를 확인하는 것입니다.

> 데이터프레임 객체.head(확인할 데이터 개수)
> # head( ) 메소드를 통해 데이터프레임 상단의 일부 데이터 확인
> 데이터프레임 객체.tail(확인할 데이터 개수)
> # tail( ) 메소드를 통해 데이터프레임 하단의 일부 데이터 확인

■ **데이터프레임 상단의 일부 데이터 출력**

```
1  df.head( )
```

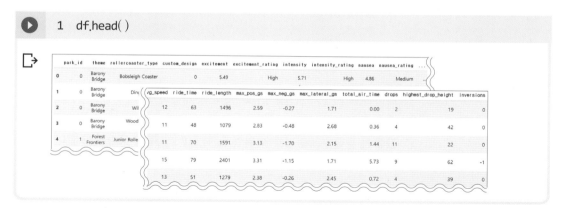

head(), tail()의 () 안에 확인할 데이터 개수를 생략하면 기본값인 5개 행을 출력합니다.

📋 **해석**

실행 결과를 통해 데이터프레임의 상위 5개 행(인덱스 0~4)을 확인할 수 있습니다. info( ) 메소드에 제시되었던 속성의 값이 어떻게 입력되어 있는지 살펴볼 수 있습니다.

■ 데이터프레임 하단의 일부 데이터 출력

```
1   df.tail( )
```

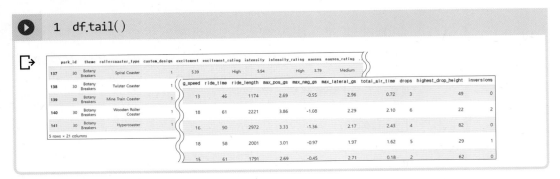

	park_id	theme	rollercoaster_type	custom_design	excitement	excitement_rating	intensity	intensity_rating	nausea	nausea_rating
137	30	Botany Breakers	Spiral Coaster	1	5.39	High	5.94	High	3.79	Medium
138	30	Botany Breakers	Twister Coaster	1						
139	30	Botany Breakers	Mine Train Coaster	1						
140	30	Botany Breakers	Wooden Roller Coaster	1						
141	30	Botany Breakers	Hypercoaster	1						

5 rows × 21 columns

g_speed	ride_time	ride_length	max_pos_gs	max_neg_gs	max_lateral_gs	total_air_time	drops	highest_drop_height	inversions
13	46	1174	2.69	-0.55	2.96	0.72	3	49	0
18	61	2221	3.86	-1.08	2.29	2.10	6	22	2
16	90	2972	3.33	-1.36	2.17	2.43	4	82	0
18	58	2001	3.01	-0.97	1.97	1.62	5	29	1
15	61	1791	2.69	-0.45	2.71	0.18	2	62	0

📋 **해석**

실행 결과를 통해 데이터프레임의 하위 5개 행(인덱스 137~141)을 확인할 수 있습니다.

데이터 통계치 살펴보기

데이터의 통계량(개수, 평균, 표준편차, 최솟값, 4분위수, 최댓값)을 파악하기 위해 describe( ) 메소드를 사용합니다. 수칫값(실수형, 정수형)을 갖는 속성에 대한 통계량을 출력하며 결측치는 제외됩니다.

데이터프레임 객체.describe( )

표준편차란 데이터가 평균을 중심으로 얼마나 떨어져 있는지를 나타낸 값입니다. 표준편차가 작을수록 데이터들이 평균값에 집중되어 있습니다. 132쪽을 참고하세요.

```
1   df.describe( )
```

	park_id	custom_design	excitement	intensity	nausea	max_speed	avg_speed	ride_time	ride_le(
count	42.000000	142.000000	142.000000	142.000000	142.00000	142.000000	142.000000	142.000000	142.00(
mean	16.985915	0.697183	6.337183	6.798028	4.35493	43.570423	14.063380	71.957746	1987.52(
std	8.727543	0.461103	1.228618	3.516611	1.40691	8.980197	4.817543	21.639822	826.86(
min	0.000000	0.000000	2.460000	1.930000	1.33000	29.000000	1.000000	12.000000	620.00(
25%	10.000000	0.000000	5.720000	5.552500	3.39500	38.000000	12.000000	58.250000	1500.75(
50%	19.000000	1.000000	6.405000	6.585000	4.25500	42.500000	14.000000	70.500000	1837.00(
75%	24.000000	1.000000	7.035000	7.627500	5.11000	47.000000	16.000000	83.000000	2354.00(
max	30.000000	1.000000	9.480000	44.940000	9.85000	89.000000	44.000000	186.000000	7497.00(

📋 **해석**

테마파크 식별자(park_id)의 경우 통계량이 의미가 없는 속성이지만 숫자로 구성되어 있기 때문에 통계량이 산출됩니다. 흥미도(excitement)의 경우 평균이 약 6.34점이며, 대부분의 값들이 평균±표준편차 범위인 6.34±1.23 내에 포함되어 있다는 것을 의미합니다.

보충 | **4분위수 정하기**

4분위수는 자료의 크기에 따라 최솟값에서 최댓값 사이의 값을 4등분한 데이터입니다. 1사분위수는 하위 25%, 2사분위수는 50%(중앙값), 3사분위수는 75%(상위 25%)를 의미합니다.

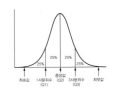

이제부터는 앞에 제시되었던 세 가지 탐색 정보를 찾아보도록 하겠습니다.

탐색 정보1
알아보기

속성 기준으로
데이터 정렬하기

가장 빠른 롤러코스터 TOP 10의 테마파크 이름(theme), 롤러코스터 유형(rollercoaster _type), 흥미도(excitement), 최고 속도(max_speed)는 어떻게 알 수 있을까요?

속도가 가장 빠른 롤러코스터를 찾으려면 최고 속도(max_speed) 속성을 기준으로 데이터를 정렬해야 합니다. 데이터를 정렬할 때는 sort_values() 메소드를 사용합니다.

> 데이터프레임 객체.sort_values(by = '정렬 기준이 되는 속성명', ascending = True/False)
> # '정렬 기준이 되는 속성명'을 기준으로 정렬, 기본은 오름차순 정렬(ascending = True)이며,
> 내림차순 정렬은 (ascending = False)로 설정

앞에서 df로 설정한 롤러코스터 데이터프레임을 최고 속도(max_speed) 속성을 기준으로 내림차순 정렬하여 df2 객체에 저장합니다.

중간 열이 생략되어 최고 속도(max_speed) 속성이 보이지 않으므로 181쪽을 참고하여 데이터프레임의 모든 열을 출력하는 코드(2행)를 함께 작성합니다.

```
1  df2 = df.sort_values(by = 'max_speed', ascending = False)
2  pd.set_option('display.max_columns', None)
3  df2
```

	park_id	theme	rollercoaster_type	nausea_rating	max_speed	avg_speed	r
85	21	Vertigo Views	Hypercoaster	Medium	89	21	
66	19	Razor Rocks	Air Powered Vertical Coaster	High	85	44	
90	21	Vertigo Views	Reverse Freefall Coaster	High	69	39	
131	29	Adrenaline Heights	Hypercoaster	High	60	15	
133	29	Adrenaline Heights	Floorless Roller Coaster	High	59	15	
...	...		...	...	...	...	
16	5	Mel's World	Spinning Wild Mouse	High	30	1	
7	2	Haunted Harbour	Wooden Wild Mouse	Medium	30	12	
95	22	Crater Lake	Mini Roller Coaster	Medium	30	12	
25	7	Gentle Glen	Dinghy Slide	Low	29	9	
30	8	Jolly Jungle	Virginia Reel	High	29	9	

142 rows × 21 columns

🗒 해석

실행 결과를 통해 최고 속도(max_speed) 속성을 기준으로 내림차순 정렬된 속성들을 확인할 수 있습니다.

필요한 데이터 추출하기

앞서 데이터프레임을 정렬한 결과만으로는 우리가 알고 싶은 특정 정보를 한눈에 파악하기 힘듭니다. 따라서 현재 정렬된 결과에서 테마파크 이름(theme), 롤러코스터 유형(rollercoaster_type), 흥미도(excitement), 최고 속도(max_speed) 속성만 추출해야 합니다.

이때 iloc[ ] 메소드와 슬라이싱(Slicing)을 사용할 수 있습니다.

iloc[ ]는 0부터 시작되는 정수형 인덱스로 행과 열 접근을 하여 데이터를 추출합니다.

> 데이터프레임 객체.**iloc**[추출할 행 인덱스, 추출할 열 인덱스]
> # iloc는 인덱스 번호로 데이터 추출
> (**예** iloc[3:5, [1, 2, 3]] # 3~4행, 1, 2, 3열의 데이터 추출)

정렬한 데이터프레임에서 최고 속도 TOP 10을 추출하기 위해 행 인덱스를 0~9까지 슬라이싱해야 하므로 0:10이라고 설정합니다. 열의 경우에는 테마파크 이름(theme), 롤러코스터 유형(rollercoaster_type), 흥미도(excitement), 최고 속도(max_speed)의 인덱스 값이 각각 1, 2, 4, 10이므로 추출할 열 인덱스를 해당 인덱스 값으로 지정합니다. 이제 [탐색 정보1]에 해당하는 데이터만 출력해 보겠습니다.

```
1  df2.iloc[0:10, [1, 2, 4, 10]]
```

	theme	rollercoaster_type	excitement	max_speed
85	Vertigo Views	Hypercoaster	9.48	89
66	Razor Rocks	Air Powered Vertical Coaster	8.42	85
90	Vertigo Views	Reverse Freefall Coaster	5.19	69
131	Adrenaline Heights	Hypercoaster	6.89	60
133	Adrenaline Heights	Floorless Roller Coaster	7.19	59
129	Adrenaline Heights	Lay-down Roller Coaster	7.57	59
36	Karts And Coasters	Wooden Roller Coaster	8.88	59
71	Razor Rocks	Hypercoaster	6.77	57
52	Canry Mines	Vertical Drop Coaster	7.48	57
51	Canry Mines	Vertical Drop Coaster	7.14	57

📋 해석

실행 결과를 통해 Top 10 중 가장 빠른 롤러코스터가 있는 테마파크 이름은 Vertigo Views이고 Hypercoaster 유형에 해당하며, 흥미도 점수는 9.48, 최고 속도는 89mph입니다. Top 10 중 가장 하위에 있는 롤러코스터가 있는 테마파크 이름은 Canry Mines이고 Vertical Drop Coaster 유형에 해당하며, 흥미도 점수는 7.14, 최고 속도는 57mph입니다.

탐색 정보2
알아보기

롤러코스터 유형
탐색하기

롤러코스터 유형(rollercoaster_type) 속성에는 몇 가지 유형이 있으며 어떤 유형이 가장 많을까요?

롤러코스터 유형(rollercoaster_type) 속성을 탐색하기 위해서는 유형별 고유한 값을 추출해야 합니다. 이때 unique() 메소드를 사용하면 데이터의 고유한 값에 어떤 것이 있는지 알 수 있습니다.

> 데이터프레임 객체['속성명'].unique()
> # 지정한 속성명의 값을 한 번씩만 출력

롤러코스터 유형(rollercoaster_type) 속성값을 한 번씩만 출력해 보겠습니다.

```
1  x1 = df['rollercoaster_type'].unique()
2  x1
```

unique() 메소드는 데이터에 있는 값을 한 번씩만 출력할 때 사용하고 array 형태로 출력합니다.

```
array(['Bobsleigh Coaster ', 'Dinghy Slide', 'Wild Mouse',
       'Wooden Roller Coaster ', 'Junior Roller Coaster',
       'Side-Friction Roller Coaster', 'Wooden Wild Mouse',
       'Stand Up Roller Coaster', 'Compact Inverted Coaster ',
       'Looping Roller Coaster', 'Vertical Drop Coaster',
       'Inverted Roller Coaster', 'Spinning Wild Mouse',
       'Suspended Swinging Coaster', 'Mini Roller Coaster',
       'Virginia Reel', 'Heartline Twister Coaster',
       'Lay-down Roller Coaster', 'Spiral Coaster', 'Mine Train Coaster',
       'Corkscrew Roller Coaster', 'Stand Up Twister Roller Coaster',
       'Hypercoaster', 'Twister Coaster', 'Air Powered Vertical Coaster',
       'Floorless Roller Coaster', 'Giga Coaster', 'Water Coaster',
       'Reverse Freefall Coaster', 'Inverted Hairpin Coaster',
       'Hyper-Twister Roller Coaster'], dtype=object)
```

위 출력 결과를 통해 롤러코스터의 유형이 생각보다 많은 것을 알 수 있습니다. 총 몇 개의 유형이 있는지 살펴보려면 nunique() 메소드를 사용합니다.

> 데이터프레임 객체['속성명'].nunique()
> # 지정한 속성명의 고유한 값의 총 개수 출력

롤러코스터 유형(rollercoaster_type) 속성의 고유한 값의 총 개수를 출력해 보겠습니다.

```
1  x2 = df['rollercoaster_type'].nunique()
2  x2
```

```
31
```

 해석

실행 결과를 통해 롤러코스터 유형(rollercoaster_type) 속성의 고유한 값이 총 31개가 있다는 것을 확인할 수 있습니다.

**롤러코스터
유형별 개수
비교하기**

롤러코스터 유형(rollercoaster_type) 속성의 유형별 개수를 파악하기 위해 value_counts() 메소드를 사용합니다.

데이터프레임 객체['속성명'].value_counts()
지정한 속성명의 고유한 값별로 개수 출력

롤러코스터 유형(rollercoaster_type) 속성의 31개 유형별 개수를 rollercoaster_type_count에 저장한 후 그 내용을 출력해 보겠습니다.

```
1  rollercoaster_type_count = df['rollercoaster_type'].value_counts()
2  rollercoaster_type_count
```

```
Wooden Roller Coaster            22
Looping Roller Coaster           15
Vertical Drop Coaster             8
Corkscrew Roller Coaster          8
Hypercoaster                      7
Dinghy Slide                      7
Mine Train Coaster                7
Compact Inverted Coaster          6
Mini Roller Coaster               6
Stand Up Roller Coaster           5
Inverted Roller Coaster           5
Junior Roller Coaster             5
Spiral Coaster                    5
Twister Coaster                   4
Suspended Swinging Coaster        4
Lay-down Roller Coaster           4
Wooden Wild Mouse                 3
Bobsleigh Coaster                 3
Floorless Roller Coaster          2
Giga Coaster                      2
Virginia Reel                     2
Side-Friction Roller Coaster      2
Hyper-Twister Roller Coaster      2
Stand Up Twister Roller Coaster   1
Heartline Twister Coaster         1
Spinning Wild Mouse               1
Air Powered Vertical Coaster      1
Wild Mouse                        1
Water Coaster                     1
Reverse Freefall Coaster          1
Inverted Hairpin Coaster          1
Name: rollercoaster_type, dtype: int64
```

value_counts() 메소
드는 1차원 형태인 시리즈
(series) 형태로 출력됩
니다.

해석

실행 결과를 통해 가장 많은 유형의 롤러코스터부터 내림차순으로 정렬되어 출력된 것을 확인할 수 있습니다.

이제 롤러코스터 유형별 개수를 막대그래프로 시각화하여 비교해 보겠습니다

■ 기본 막대그래프로 시각화

기본 막대그래프로 시각화하기 위해 plot.bar()와 plt.show()를 사용합니다.

> 데이터프레임 객체.plot.bar( ) 또는 데이터프레임 객체.plot(kind = 'bar')
>
> plt.show( ) # 그래프를 화면에 출력

코랩에서는 plt.show()를
생략할 수 있어요.

```
1  rollercoaster_type_count.plot.bar()
2  plt.show()
```

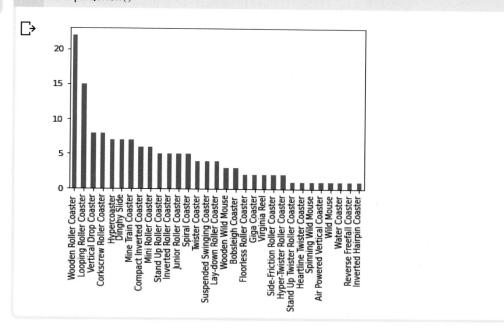

📋 해석

실행 결과를 통해 롤러코스터 유형별 개수가 막대그래프로 출력되었습니다. 그런데 막대그래프의 크기와 각 막대 너비가 작고, x축과 y축이 의미하는 바도 잘 드러나지 않습니다.

보충 | **가로 막대그래프**

bar 대신 barh를 입력하면 가로 막대그래프를 출력할 수 있습니다.

> 데이터프레임 객체.plot.barh( ) 또는 데이터프레임 객체.plot(kind = 'barh')
>
> # 가로 막대그래프 출력

■**막대그래프의 크기와 막대 너비 조정 및 x축과 y축 이름 출력**

막대그래프의 전체 크기와 막대 너비를 조절하기 위해서는 figure( ), x축과 y축의 이름을 바꾸려면 xlabel( ), ylabel( )을 사용합니다.

그래프 크기(figsize)나 막대의 너비(width)는 인치(inch)를 기준으로 합니다.

```
plt.figure(figsize = (x축 사이즈, y축 사이즈))  # 그래프를 그리기 전에 크기 제시
데이터프레임 객체.plot.bar(width = 너비 사이즈)
plt.xlabel('x축 이름')
plt.ylabel('y축 이름')
```

막대그래프의 가로는 10인치, 세로는 6인치, 막대의 너비는 0.9인치로 설정하며, x축의 이름은 'rollercoaster_type', y축의 이름은 'count'로 설정해 보겠습니다.

그래프에 제목이 있으면 보기 더 편하겠어요. 제목을 입력하려면 어떻게 해야 하나요?

```
1  plt.figure(figsize = (10, 6))
2  rollercoaster_type_count.plot.bar(width = 0.9)
3  plt.xlabel('rollercoaster_type')
4  plt.ylabel('count')
5  plt.show( )
```

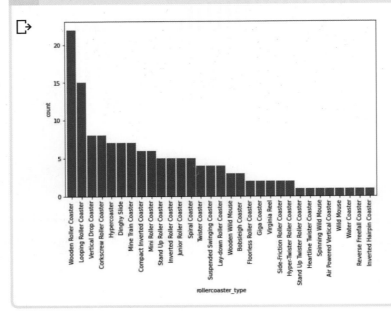

plt.title ('그래프 제목')을 입력하면 된단다.

📑 **해석**

실행 결과를 통해 막대그래프의 크기가 커지고, x축과 y축의 정보가 표시되어 좀 더 보기 좋아졌음을 확인할 수 있습니다. 하지만 각 막대가 가리키는 롤러코스터 유형의 정확한 개수를 알 수 없는 상태입니다.

■ 막대그래프의 막대에 문자열 출력

각 막대 위에 값을 표기하기 위해 그래프 내에 문자열을 입력할 수 있는 text( )를 사용합니다. text( )를 사용할 때는 값을 표기할 위치를 고려해야 합니다.

> plt.text(x축 위치, y축 위치, 출력할 내용)
> # x축 위치: 롤러코스터 유형 31개 인덱스 값
> # y축 위치: 롤러코스터 각 유형별 개수에 0.5를 더한 값
> # 출력할 내용: 그래프의 (x, y) 위치에 입력한 내용 출력

막대의 경계 위쪽으로 텍스트를 보기 좋게 출력하기 위해 y축 위치의 값에 0.5를 더합니다.

예를 들어, Wooden Roller Coaster 유형의 막대 위에 22라고 표기하려면 x축 위치는 Wooden Roller Coaster 유형의 인덱스 값인 0, y축 위치는 유형별 개수인 22에 0.5를 더한 22.5로 설정합니다.

```
1  plt.text(0, 22.5, 22)
```

Dinghy Slide 유형은 x축을 기준으로 6번째 위치이므로 인덱스 값은 5(인덱스의 시작값이 0이므로)이고, 개수는 7개이므로 y축 위치는 7.5로 설정합니다.

```
1  plt.text(5, 7.5, 7)
```

보충에 제시한 롤러코스터 유형별 개수를 확인하려면 188쪽을 참고하세요.

그럼, 한 가지만 더 알아볼까나. Twister Coaster 유형은 어찌 표현할꼬?

헤헤 그건 넘 쉽죠? Twister Coaster 유형은 14번째에 있으니까 x축 위치는 13이고, 개수가 4개이니까 y축 위치를 4.5로 설정해야겠죠?

| 보충 | 롤러코스터 유형(rollercoaster_type) 속성의 유형별 개수의 plt.text() 표현 |

유형	유형별 개수	plt.text() 표현	유형	유형별 개수	plt.text() 표현
Wooden Roller Coaster	22	plt.text(0, 22.5, 22)	Dinghy Slide	7	plt.text(5, 7.5, 7)
Looping Roller Coaster	15	plt.text(1, 15.5, 15)	Mine Train Coaster	7	plt.text(6, 7.5, 7)
Vertical Drop Coaster	8	plt.text(2, 8.5 8)	Compact Inverted Coaster	6	plt.text(7, 6.5, 6)
Corkscrew Roller Coaster	8	plt.text(3, 8.5, 8)	⋮		
Hypercoaster	7	plt.text(4, 7.5, 7)	Inverted Hairpin Coaster	1	plt.text(30, 1.5, 1)

앞에서 알아본 내용을 확인하기 위해 막대그래프에 해당 문자열을 출력해 보겠습니다.

190쪽의 코드에 이어서 작성합니다.

```
1  rollercoaster_type_count = df['rollercoaster_type'].value_counts()
2  plt.figure(figsize = (10, 6))
3  rollercoaster_type_count.plot.bar(width = 0.9)
4  plt.xlabel('rollercoaster_type')
5  plt.ylabel('count')
6  plt.text(0, 22.5, 22)
7  plt.text(5, 7.5, 7)
8  plt.text(13, 4.5, 4)
9  plt.show()
```

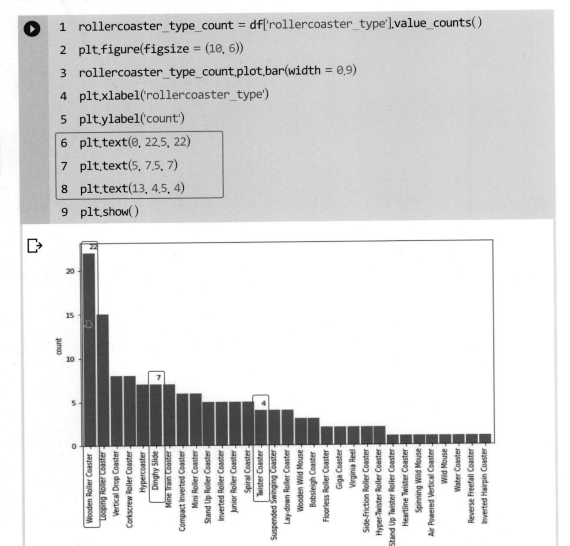

📋 **해석**

실행 결과를 통해 Wooden Roller Coaster 막대 위에 22, Dinghy Slide 막대 위에 7, Twister Coaster 막대 위에 4가 출력되어 유형별 개수를 쉽게 확인할 수 있습니다.

그러나 이렇게 일일이 모든 값을 설정하는 것은 매우 비효율적입니다. plt.text() 규칙을 찾아 반복문을 사용하면 효율적으로 코드를 작성할 수 있습니다. 즉 x축 위치는 0~30까지의 인덱스로 정하고, y축 위치는 각 유형별 개수(rollercoaster_type_count)에 0.5를 더하는 방식을 사용하면 됩니다.

■ 반복문 사용하여 막대그래프의 막대에 문자열 출력

반복문을 사용하여 롤러코스터 유형별 개수를 모두 출력해 보겠습니다.

i라는 변수를 사용하여 df['rollercoaster_type']의 고유한 값의 개수(31개)만큼 반복하면서 롤러코스터 유형별 개수의 값을 표기할 (x, y) 위치를 정합니다. 표기할 위치를 보기 좋게 가운데로 정렬하기 위하여 세로 정렬은 va = 'center', 가로 정렬은 ha = 'center'로 설정합니다.

ha는 horizontal align의 약자로 가로를 뜻하고, va는 vertical align으로 세로를 뜻합니다.

```
1  rollercoaster_type_count = df['rollercoaster_type'].value_counts()
2  plt.figure(figsize = (10, 6))
3  rollercoaster_type_count.plot.bar(width = 0.9)
4  plt.xlabel('rollercoaster_type')
5  plt.ylabel('count')
6  for i in range(len(x1)):
7      plt.text(i, rollercoaster_type_count[i] + 0.5,
8              rollercoaster_type_count[i], va = 'center', ha = 'center')
9  plt.show()
```

와우~ 반복문을 사용하니 31개 유형을 일일이 나열하지 않아도 되어 편리해요.

반복하는 x축 위치, y축 위치, 개수를 어떻게 표현했는지를 기억하거라.

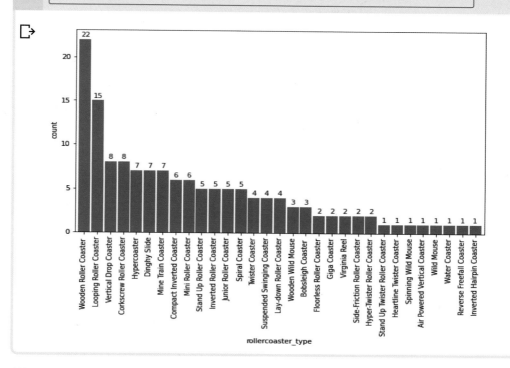

📋 해석

실행 결과를 통해 Wooden Roller Coaster 유형이 22개로 가장 많고, Looping Roller Coaster 유형이 15개로 그 다음인 것을 확인할 수 있습니다.

탐색 정보3 알아보기

최고 속도(max_speed), 탑승 시간(ride_time), 롤러코스터 길이(ride_length), 최고 낙하 높이(highest_drop_height) 속성 중 흥미도(excitement) 속성과 가장 관련이 깊은 속성은 무엇일까요?

흥미도 속성과 다른 속성 간 상관관계 분석하기

흥미도(excitement) 속성과 관련이 깊은 속성이 무엇인지 알기 위해서는 먼저 속성 간의 관계를 수치로 파악하는 '상관관계 분석'을 실시해야 합니다. 그 후 상관관계 분석 결과를 내림차순으로 정렬하여 흥미도 속성과 관련이 깊은 속성을 찾습니다.

데이터프레임의 속성 간에 관련 정도를 나타내는 상관관계를 분석하기 위해서는 corr( )를 사용합니다.

> 데이터프레임 객체.corr( )　# 상관관계(correlation) 분석

corr( )는 속성간 관계를 알 수 있도록 데이터프레임 형태의 상관관계표를 출력합니다.

수치값을 갖는 16개 속성 간의 상관관계를 출력해 보겠습니다.

```
1  corr = df.corr()
2  corr
```

	park_id	custom_design	excitement	intensity	nausea	max_speed	avg_speed	ride_time
park_id	1.000000	0.275621	0.208506	0.170565	0.122935	0.286958	0.199232	0.112578
custom_design	0.275621	1.000000	-0.301970	-0.054868	-0.239727	-0.160095	-0.259485	0.044198
excitement	0.208506	-0.301970	1.000000	0.218619	0.349712	0.500800	0.393300	0.310817
intensity	0.170565	-0.054868	0.218619	1.000000	0.195823	0.191066	0.149153	-0.006945
nausea	0.122935	-0.239727	0.349712	0.195823	1.000000	0.193787	0.207210	0.122904
max_speed	0.286958	-0.160095	0.500800	0.191066	0.193787	1.000000	0.659485	0.189501
avg_speed	0.199232	-0.259485	0.393300	0.149153	0.207210	0.659485	1.000000	-0.158757
ride_time	0.112578	0.044198	0.310817	-0.006945	0.122904	0.189501	-0.158757	1.000000
ride_length	0.196867	-0.145209	0.555398	0.094163	0.204650	0.503572	0.311627	0.830813
max_pos_gs	0.235944	0.053533	0.296372	0.150158	0.199447	0.631194	0.350726	0.137502
max_neg_gs	-0.086916	-0.049630	0.004703	0.009947	-0.018263	-0.095027	-0.018478	-0.023241
max_lateral_gs	-0.019231	0.117613	0.147490	0.236579	0.268021	0.099968	-0.038441	0.075678
total_air_time	0.001091	-0.395978	0.513925	0.060871	0.164505	0.533315	0.385321	0.440037
drops	0.038230	-0.171402	0.207620	-0.004128	0.020387	0.016034	0.000896	0.236477
highest_drop_height	0.263336	-0.150410	0.474213	0.192446	0.145657	0.931333	0.546266	0.210949
inversions	0.550886	0.057233	0.143430	0.072356	0.289689	0.060904	0.117135	0.028671

롤러코스터 데이터 셋의 1개 속성 중 수치값을 갖는 16개 속성만 상관관계를 출력하는 것을 기억할 것! 범주형 속성으로는 상관관계를 분석할 수 없어요.

해석

실행 결과를 통해 속성 간의 상관관계가 -1.0~1.0 사이의 실숫값으로 나타난 것을 확인하였습니다. 위 결과에 표시한 것처럼 행 이름과 열 이름이 교차하는 지점의 수칫값은 두 속성 간의 상관관계를 나타내는 r값입니다. 같은 속성끼리는 완전히 일치하는 값을 가지기 때문에 상관관계가 1.0으로 나타납니다.

상관관계표의
흥미도 속성만
막대그래프로
시각화하기

앞에서 출력한 상관관계표(corr)에서 흥미도(excitement) 속성과 연관된 상관관계만 살펴보겠습니다.

> corr['속성명']   #데이터프레임에서 해당 속성과 연관된 상관관계 출력

흥미도 속성만 추출하여 막대그래프로 시각화하고, 각 막대의 값도 출력해 보겠습니다.

상관관계 값이 −1.0~1.0
사이의 실숫값이므로 값이
표기되는 y축 위치는 0.05
를 더합니다.

```
1  corr = df.corr( )
2  corr2 = corr['excitement']
3  corr2.plot.bar( )
4  for i in range(len(corr2)):
5      plt.text(i, corr2[i] + 0.05, '%.2f' %corr2[i], va = 'center', ha = 'center')
6  # '%.2f'는 소수점 아래 둘째 자리까지의 실수로 출력하라는 의미
```

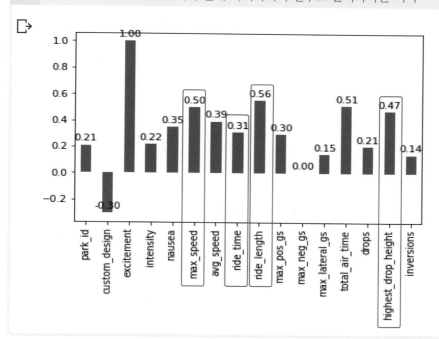

📋 해석

실행 결과를 통해 흥미도(excitement) 속성은 롤러코스터 길이(ride_length) 속성과 가장 관련이 깊은 것을 확인할 수 있습니다.
[탐색 정보3]에서 제시되었던 최고 속도(max_speed), 탑승 시간(ride_time), 롤러코스터 길이(ride_length), 최고 낙하 높이(highest_drop_height) 속성과 흥미도(excitement) 속성의 상관관계 값은 각각 0.50, 0.31, 0.56, 0.47이며 이 중 상관관계가 가장 높은 속성은 롤러코스터 길이(ride_length)인 것도 막대그래프와 문자열로 쉽게 확인할 수 있습니다.

더 알아보기

■ **흥미도 속성과 상관관계가 높은 속성부터 나열**

앞에서 표현한 막대그래프만으로는 흥미도 속성과 상관관계가 높은 속성을 한번에 파악하기 어렵습니다.

흥미도(excitement) 속성과 높은 상관관계를 보이는 속성을 sort_values() 메소드를 사용하여 내림차순으로 정렬해 보겠습니다.

```
1  corr = df.corr()
2  corr3 = corr.sort_values(by = 'excitement', ascending = False)
3  corr3
```

	park_id	custom_design	excitement	intensity	nausea
excitement	0.208506	-0.301970	1.000000	0.218619	0.349712
ride_length	0.196867	-0.145209	0.555398	0.094163	0.204650
total_air_time	0.001091	-0.395978	0.513925	0.060871	0.164505
max_speed	0.286958	-0.160095	0.500800	0.191066	0.193787
highest_drop_height	0.263336	-0.150410	0.474213	0.192446	0.145657
avg_speed	0.199232	-0.259485	0.393300	0.149153	0.207210
nausea	0.122935	-0.239727	0.349712	0.195823	1.000000
ride_time	0.112578	0.044198	0.310817	-0.006945	0.122904
max_pos_gs	0.235944	0.053533	0.296372	0.150158	0.199447
intensity	0.170565	-0.054868	0.218619	1.000000	0.195823
park_id	1.000000	0.275621	0.208506	0.170565	0.122935
drops	0.038230	-0.171402	0.207620	-0.004128	0.020387
max_lateral_gs	-0.019231	0.117613	0.147490	0.236579	0.268021
inversions	0.550886	0.057233	0.143430	0.072356	0.289689
max_neg_gs	-0.086916	-0.049630	0.004703	0.009947	-0.018263
custom_design	0.275621	1.000000	-0.301970	-0.054868	-0.239727

해석

실행 결과를 통해 내림차순으로 정렬하면 흥미도(excitement) 속성과 상관관계가 높은 속성부터 정렬된 것을 확인할 수 있습니다. [탐색 정보3]에서 제시되었던 롤러코스터 길이(ride_length), 최고 속도(max_speed), 최고 낙하 높이(highest_drop_height), 탑승 시간(ride_time) 속성 외에도 흥미도 속성과 상관관계가 높은 속성에는 탑승자의 무중력 경험 시간(total_air_time), 평균 속도(avg_speed), 매스꺼움(nausea) 등이 있습니다.

상관관계 분석

두 속성 간에 관련성을 직선으로 표현하고 이 직선에 얼마나 밀집되어 있는가(관련성이 높은가)를 −1.0 ~ 1.0 사이의 실숫값 r로 설명하는 분석 방법입니다. 양수는 양의 상관관계, 음수는 음의 상관관계를 의미하며, 절댓값 1(|1|)에 가까울수록 두 속성 간의 관련성이 높고, 0에 가까울수록 두 속성 간의 관련성이 낮습니다.

r값의 범위에 따른 상관관계의 정도는 다음과 같습니다.

상관관계 r값의 절댓값	상관관계 정도
0.0 ~ 0.2	상관관계가 거의 없다.
0.2 ~ 0.4	상관관계가 낮다.
0.4 ~ 0.6	상관관계가 있다.
0.6 ~ 0.8	상관관계가 높다.
0.8 ~ 1.0	상관관계가 매우 높다.

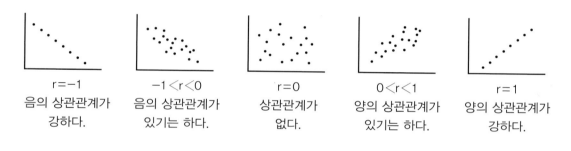

r=−1	−1<r<0	r=0	0<r<1	r=1
음의 상관관계가 강하다.	음의 상관관계가 있기는 하다.	상관관계가 없다.	양의 상관관계가 있기는 하다.	양의 상관관계가 강하다.

196쪽의 내림차순으로 정렬한 상관관계표(corr)에서 흥미도 속성만 추출하여 다음 결과와 같은 막대그래프로 출력해 봅시다.

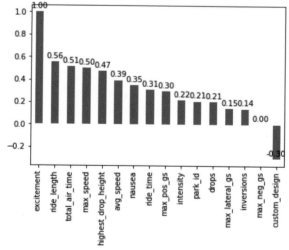

배운 내용 정리하기

※ 이 활동에서 제시한 문제를 해결한 과정과 탐색한 정보를 정리해 봅시다.

문제 해결 과정

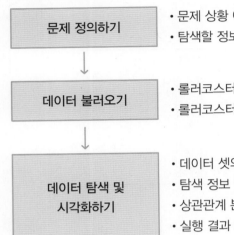

| 문제 정의하기 | • 문제 상황 이해하기
• 탐색할 정보 알아보기 |

| 데이터 불러오기 | • 롤러코스터 데이터 셋 소개
• 롤러코스터 데이터 셋 불러오기 |

| 데이터 탐색 및 시각화하기 | • 데이터 셋의 속성 살펴보기
• 탐색 정보 알아보기(정렬, 추출, 상관관계 등)
• 상관관계 분석하여 막대그래프로 시각화하기
• 실행 결과 해석하기 |

우리가 탐색한 정보

1. 가장 빠른 롤러코스터 TOP 10의 테마파크 이름(theme), 롤러코스터 유형(rollercoaster _type), 흥미도(excitement), 최고 속도(max_speed)는 어떻게 알게 되었나요?

   ▶ 최고 속도(max_speed) 속성을 내림차순으로 정렬한 결과, 가장 빠른 롤러코스터는 Vertigo Views라는 테마파크에 있고 Hypercoaster 유형이며, 흥미도 점수는 9.48, 최고 속도는 89mph이었습니다. 최고 속도 10위인 롤러코스터는 Canry Mines라는 테마파크에 있고 Vertical Drop Coaster 유형이며, 흥미도 점수는 7.14, 최고 속도는 57mph이었습니다.

2. 롤러코스터 유형(rollercoaster_type) 속성에는 몇 가지 유형이 있으며 어떤 유형이 가장 많았나요?

   ▶ 총 31개의 유형이 있으며, Wooden Roller Coaster 유형이 22개로 가장 많았습니다.

3. 최고 속도(max_speed), 탑승 시간(ride_time), 롤러코스터 길이(ride_length), 최고 낙하 높이(highest_drop_height) 속성 중 흥미도(excitement) 속성과 가장 관련이 깊은 속성은 무엇이었나요?

   ▶ 최고 속도, 탑승 시간, 롤러코스터 길이, 최고 낙하 높이 속성과 흥미도 속성과의 상관관계 값은 각각 0.50, 0.31, 0.56, 0.47로 이 중 흥미도 속성과 가장 관련이 깊은 속성은 롤러코스터 길이였습니다.

```python
1   import pandas as pd
2   import matplotlib.pyplot as plt
3
4   # 데이터 불러오기
5   from google.colab import files
6   uploaded = files.upload()
7
8   # 판다스 라이브러리로 파일 읽어 들이기
9   df = pd.read_csv('rollercoasters.csv')
10  df
11  df.info()  # 데이터프레임의 기초 정보 출력
12  df.shape   # 데이터프레임의 행과 열의 개수를 쌍으로 출력
13  df.head()  # 데이터프레임의 상위 5개 행 출력
14  df.tail()  # 데이터프레임의 하위 5개 행 출력
15  df.describe()  # 통계량 출력
16
17  # 탐색 정보1 알아보기
18  df2 = df.sort_values(by = 'max_speed', ascending = False)
19  df2
20  df2.iloc[0:10, [1, 2, 4, 10]]
21
22  # 탐색 정보2 알아보기
23  x1 = df['rollercoaster_type'].unique()  # 롤러코스터 유형 속성값 한 번씩만 출력
24  x1
25  x2 = df['rollercoaster_type'].nunique()  # 롤러코스터 유형 값의 총 개수 출력
26  x2
27
28  # rollercoaster_type_count에 롤러코스터 유형 속성의 31개 유형별 개수 저장
29  rollercoaster_type_count = df['rollercoaster_type'].value_counts()
30  rollercoaster_type_count
31
```

```
32  # 그래프 그리기
33  plt.figure(figsize = (10, 6)) # 막대그래프 크기를 가로 10, 세로 6인치로 설정
34  rollercoaster_type_count.plot.bar(width = 0.9) # 막대 너비 0.9인치로 설정
35  plt.xlabel('rollercoaster type') # x축 이름을 rollercoaster type으로 설정
36  plt.ylabel('count') # y축 이름을 count로 설정
37  # for문으로 그래프의 각 막대 윗부분에 유형별 개수 값 표기
38  for i in range(len(x1)):
39    plt.text(i, rollercoaster_type_count[i] + 0.5, # 개수 값 표기 (x, y) 위치, 값 설정
40          rollercoaster_type_count[i], va = 'center', ha = 'center')
41  plt.show() # 그래프 출력
42
43  # 탐색 정보3 알아보기
44  corr = df.corr() # 속성별 상관관계 출력
45  corr2 = corr['excitement'] # 흥미도와 관련된 상관관계만 출력
46  corr2.plot.bar() # 막대그래프로 시각화
47  # 그래프의 각 막대 윗부분에 상관관계 계수(r) 표기
48  for i in range(len(corr2)):
49    plt.text(i, corr2[i] + 0.05, '%.2f' %corr2[i], va = 'center', ha = 'center')
```

활동 정리하기

'데이터 분석'의 '롤러코스터를 파헤치다' 활동에서는 롤러코스터 데이터를 탐색해 보았습니다. 우선 데이터로부터 원하는 정보를 탐색하기 위해 데이터의 기초 정보와 크기, 데이터프레임의 상위와 하위 일부, 데이터의 통계량을 출력하여 살펴보았습니다.

[탐색 정보1]에서는 속성별로 데이터를 정렬한 후, 이 중 우리에게 필요한 속성만을 추출하여 필요한 정보를 확인하는 과정을 살펴보았습니다. [탐색 정보2]에서는 속성의 고유한 값과 그 개수를 추출하였고, 이를 막대그래프로 시각화하여 정보를 한눈에 살펴볼 수 있었습니다. [탐색 정보3]에서는 속성 간의 상관관계를 분석하고 이를 막대그래프로 시각화하여 속성 간의 관련 정도를 쉽게 확인할 수 있었습니다.

이번 활동을 통해 다양한 데이터 탐색 방법을 살펴볼 수 있었고, 실제 데이터로부터 우리가 원하는 정보를 탐색하며 데이터 탐색의 의미를 알 수 있었습니다.

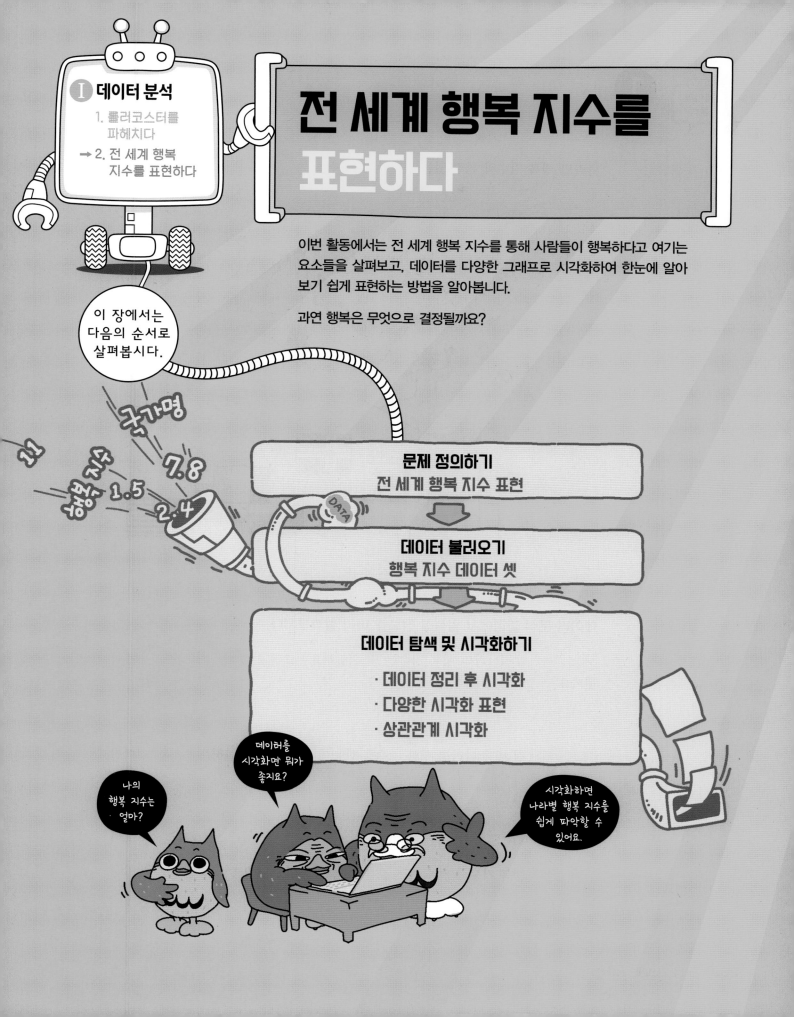

전 세계 행복 지수를 표현하다

이번 활동에서는 전 세계 행복 지수를 통해 사람들이 행복하다고 여기는 요소들을 살펴보고, 데이터를 다양한 그래프로 시각화하여 한눈에 알아보기 쉽게 표현하는 방법을 알아봅니다.

과연 행복은 무엇으로 결정될까요?

이 장에서는 다음의 순서로 살펴봅시다.

문제 정의하기
전 세계 행복 지수 표현

데이터 불러오기
행복 지수 데이터 셋

데이터 탐색 및 시각화하기
· 데이터 정리 후 시각화
· 다양한 시각화 표현
· 상관관계 시각화

나의 행복 지수는 얼마?

데이터를 시각화면 뭐가 좋지요?

시각화하면 나라별 행복 지수를 쉽게 파악할 수 있어요.

1 문제 정의하기

문제 상황
이해하기

나라별 행복 지수와 관련 있는 것은 무엇일까요?

탐색할 정보
알아보기

데이터 분석 과정에서 탐색할 정보를 미리 살펴봅시다.

[탐색 정보1] 우리나라의 행복 지수는 몇 위일까요? 그리고 나라별 행복 지수 순위는 어떻게 될까요?

▶ 행복 지수가 높은 나라 순서 또는 낮은 나라 순서로 정렬하여 순서를 확인합니다.

[탐색 정보2] 전 세계 나라별 행복 지수를 한눈에 보기 쉽게 표현하는 방법을 찾아볼까요?

▶ 반응형 그래프(Interactive graph)를 사용하여 시각화합니다(플로틀리(plotly) 사용).

▶ treemap, sunburst, choropleth 기법을 사용해 보면서 반응형 시각화 기법을 익힙니다. 이를 통해 다양한 시각화 기법이 있다는 것을 알 수 있습니다.

[탐색 정보3] 행복 지수 속성과 관련 깊은 속성은 무엇일까요?

▶ 행복 지수 속성과 다른 속성 간의 상관관계를 분석하여 나온 상관계수 값으로 행복 지수 속성과 관련 깊은 속성을 확인합니다.

데이터 셋
소개

행복은 우리가 살아가는 데 매우 중요한 요소이며 행복에 영향을 미치는 요인은 무수히 많습니다. 유엔 산하 자문기구인 지속가능발전 해법 네트워크(SDSN: The Sustainable Development Solutions Network)에서는 매년 세계 행복 보고서(World Happiness Report)를 발표하고 있습니다. 1인당 국내총생산, 사회적 지원, 건강 수명, 삶에 대한 선택의 자유, 관용, 부정부패 인식 지수를 기준으로 행복 지수를 발표합니다.

이 활동에서 사용할 데이터에는 세계 행복 보고서를 기반으로 하며 국가명, 지역, 나라별 행복 지수, 1인당 국내총생산 등 다양한 속성이 있습니다.

행복 지수
데이터
내려받기

캐글에서 검색창에 'world happiness report'를 검색하여 아래 데이터를 다운로드합니다. 압축을 풀면 2개의 데이터 셋을 얻을 수 있습니다.

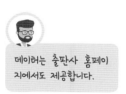
데이터는 출판사 홈페이지에서도 제공합니다.

이번 활동에서는 2개의 데이터 셋 중 'world-happiness-report-2021.csv'를 주로 사용합니다.

● world happiness report: 2006~2020년 연도별 행복 지수
● world happiness report 2021: 2021년 행복 지수

'world-happiness-report-2021.csv' 파일을 클릭해 보면 아래와 같은 내용을 확인할 수 있습니다.

	Country name	Regional indicator	Ladder score	Standard err	upperwhisl	lowerwhisl	Logged GDP	Social sup
1								
2	Finland	Western Europe	7.842	0.032	7.904	7.78	10.775	0.954
3	Denmark	Western Europe	7.62	0.035	7.687	7.552	10.933	0.954
4	Switzerland	Western Europe	7.571	0.036	7.643	7.5	11.117	0.942
5	Iceland	Western Europe	7.554	0.059	7.67	7.438	10.878	0.983
6	Netherlands	Western Europe	7.464	0.027	7.518	7.41	10.932	0.942
7	Norway	Western Europe	7.392	0.035	7.462	7.323	11.053	0.954
8	Sweden	Western Europe	7.363	0.036	7.433	7.293	10.867	0.934
9	Luxembourg	Western Europe	7.324	0.037	7.396	7.252	11.647	0.908
10	New Zealand	North America and ANZ	7.277	0.04	7.355	7.198	10.643	0.948

'문제 정의하기' 단계에서 제시한 세 가지 탐색 정보 외에 이 데이터를 통해 더 알아보고 싶은 정보가 있다면 직접 분석해서 찾는 것도 좋습니다.

데이터 셋 불러오기

데이터를 다루기 위한 판다스(pandas) 라이브러리와 처리한 데이터를 시각화하기 위한 맷플롯립(matplotlib), 시본(seaborn), 플로틀리(plotly) 라이브러리를 불러옵니다.

```
1  import pandas as pd
2  import matplotlib.pyplot as plt
3  import seaborn as sns
4  import plotly.express as px
```

> 플로틀리는 맷플롯립보다 세련된 시각화를 지원합니다.

파일 업로드하기

google.colab 라이브러리를 사용하여 world-happiness-report-2021.csv 파일을 업로드해 봅시다.

```
from google.colab import files
uploaded = files.upload() #파일 선택 창을 통해 파일을 불러와 'upload'라는 변수로 파일 지정
```

| 파일 선택 | 선택된 파일 없음 | Cancel upload |

❶ 파일선택 버튼을 클릭하여 world-happiness-report-2021.csv 파일을 업로드합니다.

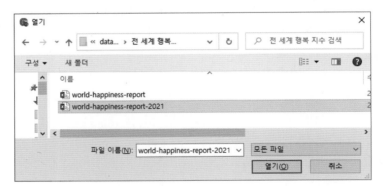

❷ 업로드가 완료되면 다음과 같이 'world-happiness-report-2021.csv'로 저장되었다는 안내 메시지가 출력됩니다.

| 파일 선택 | world-happin...port-2021.csv

• **world-happiness-report-2021.csv**(text/csv) - 21687 bytes, last modified: 2021. 3. 22. - 100% done
Saving world-happiness-report-2021.csv to world-happiness-report-2021.csv

❸ 업로드된 파일이 화면 왼쪽 '파일'에 저장된 것을 확인할 수 있습니다.

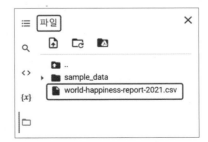

판다스로 파일 읽어 들이기

파일이 업로드된 후에는 데이터를 분석하기 위해 코랩 노트북으로 파일을 읽어 들여야 합니다. 이때 판다스 라이브러리의 read_csv( ) 함수를 사용합니다.

> 데이터프레임 객체 = 판다스 객체.read_csv(경로 변수)
>
> # 판다스 라이브러리의 read_csv( ) 함수를 사용하여 파일을 코랩 노트북으로 읽어 들임.

경로 변수 만들기

❶ 업로드된 파일을 마우스 오른쪽 버튼으로 클릭하여 경로를 복사합니다.

❷ 아래 코드 창에서 data_path에 붙여넣기하면 '/content/world-happiness-report-2021.csv'이라는 경로가 나옵니다. 여기서 '/content/'는 생략할 수 있습니다.

❸ data_path 변수에 파일 경로를 저장하고 pd.read_csv(data_path)와 같이 코드를 작성하면 코드를 깔끔하게 작성할 수 있습니다.

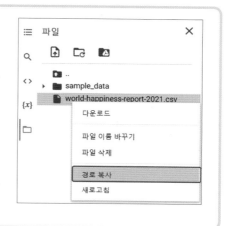

읽어 들인 파일을 데이터프레임 형태로 출력해 보겠습니다.

```
1  data_path = 'world-happiness-report-2021.csv'  # 변수에 파일 경로 저장
2  happiness_data = pd.read_csv(data_path)
3  happiness_data
```

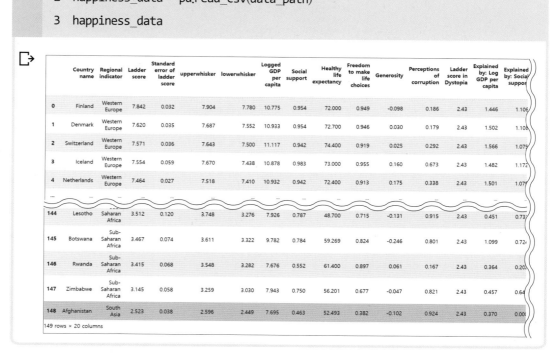

	Country name	Regional indicator	Ladder score	Standard error of ladder score	upperwhisker	lowerwhisker	Logged GDP per capita	Social support	Healthy life expectancy	Freedom to make life choices	Generosity	Perceptions of corruption	Ladder score in Dystopia	Explained by: Log GDP per capita	Explained by: Social support
0	Finland	Western Europe	7.842	0.032	7.904	7.780	10.775	0.954	72.000	0.949	-0.098	0.186	2.43	1.446	1.106
1	Denmark	Western Europe	7.620	0.035	7.687	7.552	10.933	0.954	72.700	0.946	0.030	0.179	2.43	1.502	1.108
2	Switzerland	Western Europe	7.571	0.036	7.643	7.500	11.117	0.942	74.400	0.919	0.025	0.292	2.43	1.566	1.079
3	Iceland	Western Europe	7.554	0.059	7.670	7.438	10.878	0.983	73.000	0.955	0.160	0.673	2.43	1.482	1.172
4	Netherlands	Western Europe	7.464	0.027	7.518	7.410	10.932	0.942	72.400	0.913	0.175	0.338	2.43	1.501	1.079
...	...	...	...	...	...	...	...	...	...	...	...	...	...	...	...
144	Lesotho	Sub-Saharan Africa	3.512	0.120	3.748	3.276	7.926	0.787	48.700	0.715	-0.131	0.915	2.43	0.451	0.731
145	Botswana	Sub-Saharan Africa	3.467	0.074	3.611	3.322	9.782	0.784	59.269	0.824	-0.246	0.801	2.43	1.099	0.724
146	Rwanda	Sub-Saharan Africa	3.415	0.068	3.548	3.282	7.676	0.552	61.400	0.897	0.061	0.167	2.43	0.364	0.202
147	Zimbabwe	Sub-Saharan Africa	3.145	0.058	3.259	3.030	7.943	0.750	56.201	0.677	-0.047	0.821	2.43	0.457	0.649
148	Afghanistan	South Asia	2.523	0.038	2.596	2.449	7.695	0.463	52.493	0.382	-0.102	0.924	2.43	0.370	0.000

149 rows × 20 columns

3 데이터 탐색 및 시각화하기

문제 해결을 위해 데이터에 어떤 속성이 있는지 살펴보고 필요한 속성을 추출하거나 정렬할 필요가 있습니다. 또한 경우에 따라서 속성값에 대한 연산을 수행하여 필요한 속성을 만들어 내야 할 때가 있습니다. 지금부터 문제 해결 전에 데이터를 살펴보고 해결 가능한 형태로 전처리해 보겠습니다.

데이터 살펴보기

데이터를 살펴볼 때 가장 먼저 하는 작업은 행복 지수 데이터의 개수와 속성의 개수 및 각 속성의 특징을 살펴보는 일입니다.

이를 위해 판다스 라이브러리의 info() 메소드를 사용합니다.

데이터 기초 정보 확인하기

> 데이터프레임 객체.info()
> # info() 메소드를 통해 데이터 개수, 속성 개수, 속성명, 결측치, 속성의 데이터 유형 등 확인

```
1  happiness_data.info()
```

```
<class 'pandas.core.frame.DataFrame'>
RangeIndex: 149 entries, 0 to 148
Data columns (total 20 columns):
 #   Column                                      Non-Null Count   Dtype
---  ------                                      --------------   -----
 0   Country name                                149 non-null     object
 1   Regional indicator                          149 non-null     object
 2   Ladder score                                149 non-null     float64
 3   Standard error of ladder score              149 non-null     float64
 4   upperwhisker                                149 non-null     float64
 5   lowerwhisker                                149 non-null     float64
 6   Logged GDP per capita                       149 non-null     float64
 7   Social support                              149 non-null     float64
 8   Healthy life expectancy                     149 non-null     float64
 9   Freedom to make life choices                149 non-null     float64
 10  Generosity                                  149 non-null     float64
 11  Perceptions of corruption                   149 non-null     float64
 12  Ladder score in Dystopia                    149 non-null     float64
 13  Explained by: Log GDP per capita            149 non-null     float64
 14  Explained by: Social support                149 non-null     float64
 15  Explained by: Healthy life expectancy       149 non-null     float64
 16  Explained by: Freedom to make life choices  149 non-null     float64
 17  Explained by: Generosity                    149 non-null     float64
 18  Explained by: Perceptions of corruption     149 non-null     float64
 19  Dystopia + residual                         149 non-null     float64
dtypes: float64(18), object(2)
memory usage: 23.4+ KB
```

행복 지수 데이터의 속성에 관한 자세한 설명은 207쪽을 참고하세요.

📋 **해석**

이 데이터 셋은 총 149개의 데이터로 구성되어 있으며, 속성은 20개, 결측치는 없음(non-null)을 확인할 수 있습니다. 속성별 데이터 유형은 실수형(float64) 18개, 문자열(object) 2개로 구성되어 있습니다.

iloc에 대한 내용은
151~152쪽을 참고하
세요.

데이터 분석에 필요한 주요 속성만 선택하려면 어떻게 해야 할까요?
전체 데이터 중 일부 속성을 추출하기 위해 판다스의 iloc[ ] 메소드를 사용합니다.

데이터프레임 객체.iloc[추출할 행 인덱스, 추출할 열 인덱스]
데이터프레임 객체.iloc[0:5] # 상위 5개 행과 모든 열
데이터프레임 객체.iloc[:, 0:2] # 모든 행과 첫 2개 열
데이터프레임 객체.iloc[[0, 3, 6, 24], [0, 5, 6]] # [0, 3, 6, 24] 행과 [0, 5, 6] 열만
데이터프레임 객체.iloc[0:5, 5:8] # 상위 5개 행과 [5, 6, 7] 열만

■ **각 속성명 설명:** 주요 속성과 부가 속성으로 구분

이 활동에서는 행복 지
수 데이터의 속성 중
오른쪽에서 제시한 주
요 속성만 선택하여
실습합니다.

인덱스	주요 속성명	설명
0	Country name	국가명
1	Regional indicator	지역
2	Ladder score	행복 지수
6	Logged GDP per capita	1인당 국내총생산
7	Social support	사회적 지원
8	Healthy life expectancy	건강 수명
9	Freedom to make life choices	삶에 대한 선택의 자유
10	Generosity	관용
11	Perceptions of corruption	부정부패 인식 지수

인덱스	부가 속성명
3	Standard error of ladder score
4	upperwhisker
5	lowerwhisker
12	Ladder score in Dystopia
13	Explained by: Log GDP per capita
14	Explained by: Social support
15	Explained by: Healthy life expectancy
16	Explained by: Freedom to make life choices
17	Explained by: Generosity
18	Explained by: Perceptions of corruption
19	Dystopia + residual

부가 속성 11개는 주요 속성에 대한 통계값으로, 부가적인 속성에 속하므로 데이터 전처리
과정에서 제외합니다.

행복 지수 데이터 셋의 기초 정보를 통해 알게 된 주요 속성 9개를 출력해 보겠습니다. 이때 주요 속성의 인덱스와 출력할 행은 상위 5개로 설정합니다.

주요 속성은
207쪽 표에서
확인할 것!

```
1  happiness = happiness_data.iloc[:, [0, 1, 2, 6, 7, 8, 9, 10, 11]]  # 주요 속성 인덱스
2  happiness.head(5)  # head( ) 함수의 기본값은 5이므로 5는 생략 가능
```

	Country name	Regional indicator	Ladder score	Logged GDP per capita	Social support	Healthy life expectancy	Freedom to make life choices	Generosity	Perceptions of corruption
0	Finland	Western Europe	7.842	10.775	0.954	72.0	0.949	-0.098	0.186
1	Denmark	Western Europe	7.620	10.933	0.954	72.7	0.946	0.030	0.179
2	Switzerland	Western Europe	7.571	11.117	0.942	74.4	0.919	0.025	0.292
3	Iceland	Western Europe	7.554	10.878	0.983	73.0	0.955	0.160	0.673
4	Netherlands	Western Europe	7.464	10.932	0.942	72.4	0.913	0.175	0.338

📋 **해석**

실행 결과를 통해 주요 속성 9개의 상위 5개 데이터를 확인할 수 있습니다.

데이터 통계치 살펴보기

주요 속성의 통계량을 파악하기 위해 describe( ) 메소드를 사용해 보겠습니다.

```
1  happiness.describe( )
```

	Ladder score	Logged GDP per capita	Social support	Healthy life expectancy	Freedom to make life choices	Generosity	Perceptions of corruption
count	149.000000	149.000000	149.000000	149.000000	149.000000	149.000000	149.000000
mean	5.532839	9.432208	0.814745	64.992799	0.791597	-0.015134	0.727450
std	1.073924	1.158601	0.114889	6.762043	0.113332	0.150657	0.179226
min	2.523000	6.635000	0.463000	48.478000	0.382000	-0.288000	0.082000
25%	4.852000	8.541000	0.750000	59.802000	0.718000	-0.126000	0.667000
50%	5.534000	9.569000	0.832000	66.603000	0.804000	-0.036000	0.781000
75%	6.255000	10.421000	0.905000	69.600000	0.877000	0.079000	0.845000
max	7.842000	11.647000	0.983000	76.953000	0.970000	0.542000	0.939000

 📋 **해석**

다른 속성들의 최댓값, 평균, 최솟값도 확인해 보세요.

실행 결과를 통해 전체 나라의 수(count)는 149개이며, 행복 지수(Ladder score)의 최댓값은 7.842000, 평균은 5.532839, 최솟값은 2.523000인 것을 알 수 있습니다.

이제부터 앞에 제시되었던 세 가지 탐색 정보를 찾아보도록 하겠습니다.

탐색 정보1
알아보기

우리나라의 행복 지수는 몇 위일까요? 그리고 나라별 행복 지수 순위는 어떻게 될까요? 데이터를 시각화하여 한눈에 확인해 봅시다.

**속성 기준으로
데이터 정렬하기**

우선 행복 지수(Ladder score) 속성을 기준으로 데이터를 나라별로 정렬합니다. 데이터를 정렬할 때는 sort_values( ) 메소드를 사용합니다.

> 데이터프레임 객체.sort_values(by = '정렬 기준이 되는 속성명', ascending = True/False)
> 데이터프레임 객체.loc[추출할 행, 추출할 열] # 열을 생략하면 전체 열을 가져옴.

조건에 맞는 행 또는 열을 추출하기 위해 loc[ ]를 사용합니다.

happiness로 설정한 데이터프레임을 행복 지수(Ladder score) 속성을 기준으로 내림차순 정렬하여 다시 저장한 후, 국가명(Country name)이 South Korea인 행을 찾아 출력해 보겠습니다.

```
1  happiness = happiness.sort_values(by = 'Ladder score', ascending = False)
2  happiness.loc[happiness['Country name'] == 'South Korea']
```

	Country name	Regional indicator	Ladder score	Logged GDP per capita	Social support	Healthy life expectancy	Freedom to make life choices	Generosity	Perceptions of corruption
61	South Korea	East Asia	5.845	10.651	0.799	73.9	0.672	-0.083	0.727

📋 해석

우리나라의 행복 지수(Ladder score)는 5.845이고, 행복 지수 순위는 149개국 중 62위(61번째 인덱스)인 것을 확인할 수 있습니다.

우리나라의 행복 지수를 알아보았으니 이제 나라별 행복 지수를 알아봅시다. 나라별 행복 지수를 한눈에 파악하기 쉽도록 시각화해 보겠습니다.

**시본 사용하여
시각화하기**

이번 활동에서는 시본(Seaborn) 라이브러리를 사용합니다. 시본은 맷플롯립을 편리하게 사용하기 위해 만든 라이브러리로 맷플롯립과 완벽하게 호환됩니다. 시본은 맷플롯립에 비해 코드가 짧고 결과도 보기 좋지만, 세부 수정을 하기가 맷플롯립보다 까다롭습니다. 이 책에서는 시본을 사용한 일부 시각화 표현에 관해서만 배웁니다.

■ 가로형 막대그래프 출력
가로형 막대그래프를 출력하는 barplot( )을 사용해 보겠습니다.

204쪽에서 시본 객체를 sns라고 한 것을 기억합니다.

> sns.barplot(x = 'x축 이름', y = 'y축 이름', data = 데이터프레임 객체, palette = '색상')
> # barplot( )의 괄호 안에 x, y축 이름 및 그래프 색상 정보 설정

행복 지수 속성값이 7.5 이상인 나라와 3.5 이하인 나라를 가로형 막대그래프로 출력해 보겠습니다.

추출한 데이터(happinessFilter)를 데이터프레임(happiness[happinessFilter]) 형태로도 출력해 보세요.

```
1  happinessFilter = (happiness.loc[:, 'Ladder score']>= 7.5) |
2                      (happiness.loc[:, 'Ladder score']<= 3.5)
3  sns.barplot(x = 'Ladder score', y = 'Country name',
4                  data = happiness[happinessFilter], palette = 'coolwarm')
```
→ 연결 표시

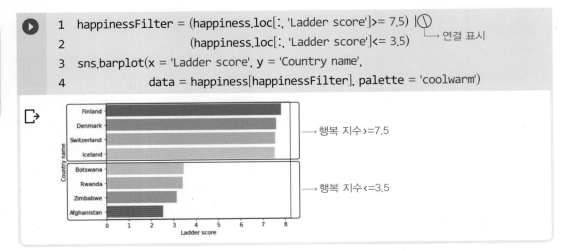

→ 행복 지수>=7.5

→ 행복 지수<=3.5

해석

실행 결과를 통해 행복 지수가 7.5 이상인 나라는 그래프에서 상위 4개 나라이고, 행복 지수가 3.5 이하인 나라는 하위 4개 나라인 것을 확인할 수 있습니다.

해 보기

다음 조건에 맞는 가로형 막대그래프를 출력해 봅시다.

조건
- 1인당 국내총생산을 기준으로 내림차순으로 정렬한다.
- x축을 1인당 국내총생산(Logged GDP per capita)으로 변경한다.
- 1인당 국내총생산이 11.1 이상인 나라와 7.2 이하인 나라만 그래프로 출력한다.
- 색상 팔레트를 'PiYG'로 설정한다.

주어진 조건에 맞게 프로그램을 작성합니다.

```
1  happiness = happiness.sort_values(by = 'Logged GDP per capita',
2                                      ascending = False)
3  happinessFilter = (happiness.loc[:, 'Logged GDP per capita']>= 11.1) | \
4                      (happiness.loc[:, 'Logged GDP per capita']<= 7.2)
5  sns.barplot(x = 'Logged GDP per capita', y = 'Country name',
6                  data = happiness[happinessFilter], palette = 'PiYG')
```

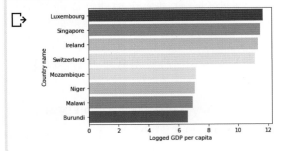

시본 더
알아보기

204쪽에서 matplotlib
.pyplot 객체를 plt라고
한 것을 기억합니다.

■ **지역(Regional indicator)별 나라의 개수 시각화**

시본의 countplot( ) 메소드를 사용하여 지역별 나라의 개수를 시각화해 보겠습니다.
이때 맷플롯립의 xticks( ), grid( ) 메소드를 사용하여 그래프에 x축의 레이블 형태 또는
그리드를 설정할 수 있습니다.

> sns.countplot(데이터명['속성명']) # x축은 속성명, y축은 개수(count) 출력
>
> plt.xticks(rotation = 회전 각도) # x축의 label의 회전 각도 설정
>
> plt.grid(axis = '방향', c = '색상', linestyle = '선 종류')
>
> # axis의 '방향'이 'x'이면 세로 방향, 'y'이면 가로 방향

시본의 countplot( ) 메소드를 사용하여 지역을 표시하고 각 지역에 속하는 나라의 개수를
출력해 보겠습니다.

```
1  sns.countplot(happiness['Regional indicator'])
2  plt.xticks(rotation = 80) # x축의 label을 겹치지 않도록 80도 회전
3  plt.grid(axis = 'y', c = 'gray', linestyle = '--') # 가로 방향으로 회색 점선
```

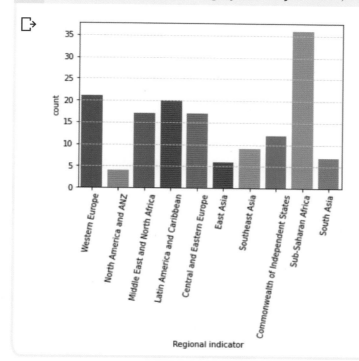

맷플롯립의 xticks( ),
grid( ) 메소드를 넣지
않은 상태로 출력해 보
고, 오른쪽 그래프와 비교
해 보세요.

📝 **해석**

x축의 각 지역 색이 다르고 지역명은 서로 겹치지 않도록 회전하여 출력되었으며, y축의 나
라 개수를 읽기 편하도록 가로 방향으로 회색 점선이 출력된 것을 확인할 수 있습니다.

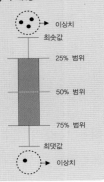

boxplot 시각화로 행복 지수의 25%, 50%, 75%의 분포 범위를 한눈에 확인할 수 있습니다.

■ **지역(Regional indicator)별 행복 지수의 분포 시각화**

시본의 boxplot( ) 메소드를 사용하여 행복 지수의 분포를 시각화해 보겠습니다.

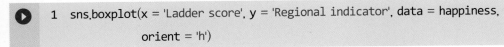

sns.boxplot(x = '속성명', y = '속성명', data = 데이터프레임 객체, orient = 'h/v')
# x축과 y축은 속성명, data는 데이터프레임 객체, orient는 방향(h는 가로, v는 세로)

이제 각 지역별 행복 지수의 분포도를 출력해 보겠습니다.

```
1  sns.boxplot(x = 'Ladder score', y = 'Regional indicator', data = happiness,
            orient = 'h')
```

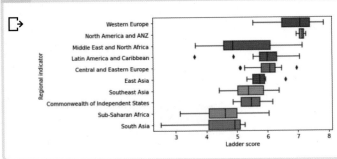

📋 **해석**

실행 결과를 통해 주로 Western Europe, North America and ANZ 지역에 행복 지수가 높은 나라가 많이 분포되어 있고, Sub-Saharan Africa, South Asia 지역에 행복 지수가 낮은 나라가 많이 분포되어 있는 것을 확인할 수 있습니다.

해 보기

다음 조건에 맞는 boxplot을 출력해 보고, 위 boxplot과 비교해 봅시다.

조건
• x축과 y축의 속성값을 바꾸고, boxplot을 세로로 출력한다.
• 레이블을 회전하는 코드를 추가하여 x축의 레이블이 서로 겹치지 않게 한다.

주어진 조건에 맞게 프로그램을 작성합니다.

```
1  sns.boxplot(x = 'Regional indicator',
2              y = 'Ladder score',
3              data = happiness, orient = 'v')
4  plt.xticks(rotation = 80)
```

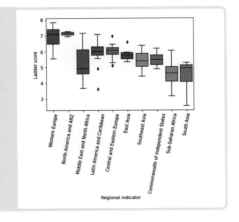

탐색 정보2 알아보기

전 세계 나라별 행복 지수를 한눈에 볼 수 있는 방법으로 반응형 그래프(Interactive graph)를 사용해 봅시다. 데이터를 반응형 그래프로 시각화하면 계층에 따라 다양한 색으로 보기 좋게 표현할 수 있는데, 그래프가 마우스 움직임에 따라 반응하여 실시간으로 형태가 변하거나 세부 정보를 보여 줄 수 있습니다. 이번 활동에서는 플로틀리 라이브러리의 treemap( ), sunburst( ), choropleth( )를 사용해 보겠습니다.

플로틀리 사용하여 시각화하기

■ **treemap 시각화 기법 사용**

treemap은 1991년 미국의 컴퓨터 과학자인 벤 슈나이더맨(Ben Shneiderman)이 고안한 시각화 방식으로, 계층(트리 구조)을 이루는 데이터 전체와 일부분 간의 관계를 파악할 수 있습니다. 또한 범주 간의 정확한 비교보다 큰 특징을 살펴볼 때 주로 사용합니다.

> 204쪽에서 plotly. express 객체를 px라고 한 것을 기억합니다.

> px.treemap(data_frame = 데이터프레임 객체, path = [부모 열, 자식 열],
> values = 열 속성, color = 열 속성)
> # path는 [부모, 자식] 순서로 작성, values는 사각형 크기가 나타내는 속성,
> color는 색상으로 표현하는 속성

나라별 행복 지수를 크게 지역별로 구분하여 반응형 그래프로 시각화해 보겠습니다. 이때 부모 속성은 '지역'이고 자식 속성은 '국가명'입니다.

```
1  fig = px.treemap(data_frame = happiness, path = ['Regional indicator',
2                  'Country name'], values = 'Ladder score', color = 'Ladder score')
3  fig.show( )  # plotly 라이브러리에서 그래프 출력
```

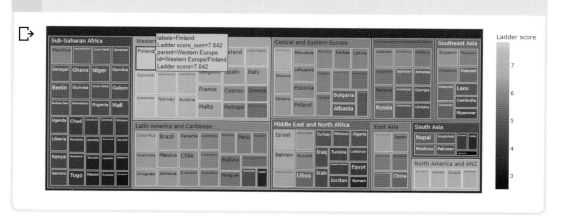

> treemap에서 사각형의 크기로 표현하려는 속성값의 크기를 의미합니다.

📋 **해석**

실행 결과를 통해 전 세계 나라별 행복 지수를 대략적으로 한눈에 비교할 수 있으며, 세부 속성에 마우스를 가져다 대면 지역이나 국가명, 행복 지수 등의 정보를 확인할 수 있습니다.

해 보기

다른 지역도 클릭하여 어떤 나라가 속해 있는지 확인해 보세요. 제일 상위를 클릭하면 원래 형태로 되돌아 갑니다.

행복 지수가 높은 Western Europe, North America and ANZ와 행복 지수가 낮은 Sub-Saharan Africa, South Asia에는 각각 어떤 나라가 속해 있는지 확인해 봅시다.

213쪽 실행 결과인 treemap에서 지역 속성(부모)을 클릭하면 해당하는 지역의 국가명 속성(자식)이 나타납니다.

예를 들어, North America and ANZ를 클릭하면 New Zealand, Australia, Canada, United States의 4개의 나라를 확인할 수 있습니다.

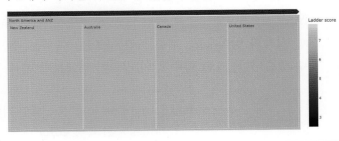

앞 코드에 px.Constant('world')를 추가한 후 실행 결과를 비교해 보겠습니다.

```
1  fig = px.treemap(data_frame = happiness, path = [px.Constant('world'),
2                   'Regional indicator', 'Country name'],
3                   values = 'Ladder score', color = 'Ladder score')
4  fig.show()
```

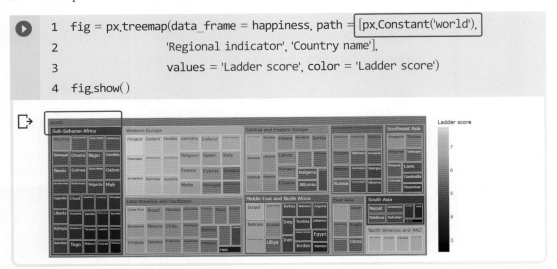

위 실행 결과를 통해 가장 상위에 'world'가 생성된 것을 확인하였습니다. 이제 그래프에 제목을 넣어볼까요? fig.update_layout() 메소드를 사용하면 좀 더 보기 좋은 그래프 형태가 됩니다.

여러 가지 형태를 설정할 수 있으나 이번 활동에서는 그래프에 제목명과 제목 위치, 그래프 너비와 길이를 설정하는 방법만 알아보겠습니다.

fig.update_layout
(title = '나라별 행복 지수', title_x = 0.5, width = 900, height = 900)

```
fig.update_layout(title = '제목', title_x = 정렬 위치, width = 너비, height = 길이)
# 그래프의 제목, 정렬 위치(축 방향으로 0.5이면 가운데, 1이면 끝 부분에 정렬),
                    너비와 길이는 그래프 출력 영역
```

■ sunburst 시각화 기법 사용

sunburst는 treemap과 마찬가지로 계층(트리 구조)을 이루는 데이터를 표현하는 데 적합한 시각화 기법으로, 가장 안쪽에 있는 원이 계층 구조의 부모(계층 구조의 상위)에 해당하고, 바깥쪽 원이 자식(계층 구조의 하위)에 해당합니다.

> px.sunburst(data_frame = 데이터프레임 객체, path = [부모 열, 자식 열],
> values = 열 속성, color = 열 속성)

다음 코드를 실행한 후 213쪽에서 treemap을 사용했을 때와 sunburst를 사용했을 때 실행 결과를 비교해 봅시다.

```
1  fig = px.sunburst(data_frame = happiness,
2                       path = ['Regional indicator', 'Country name'],
3                       values = 'Ladder score', color = 'Ladder score')
4  fig.update_layout(title = '나라별 행복 지수', title_x = 0.5,
5                       width = 1200, height = 900)
6  fig.show( )
```

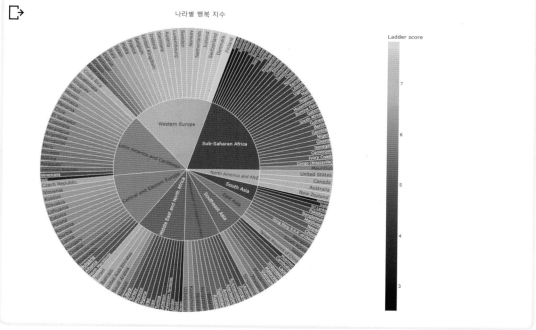

세부 속성에 마우스를 가져다 대어 지역이나 국가명, 행복 지수 등의 정보를 확인해 보세요.

📋 **해석**

실행 결과를 통해 지역(Regional indicator)별로 속하는 나라 수 비율을 비교하기 좋았으나, 지역에 속하는 국가명 확인은 treemap이 좀 더 편리하다는 것을 확인할 수 있습니다.

앞 실행 결과에서 Western Europe을 클릭한 후 Finland를 선택해 보겠습니다.

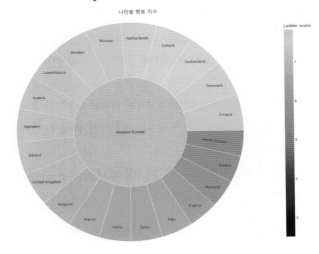

나라별 행복 지수

나라별 Ladder score를 확인해 보세요.

📋 **해석**

실행 결과를 통해 행복 지수(Ladder score)를 기준으로 Western Europe에 속하는 국가 명이 Finland부터 반시계 방향으로 오름차순 정렬되어 있는 것을 확인할 수 있습니다.

해 보기

values값과 color값을 모두 건강 수명(Healthy life expectancy)으로 변경해 봅시다.

```
1  fig = px.sunburst(data_frame = happiness,
2                    path = ['Regional indicator', 'Country name'],
3                    values = 'Healthy life expectancy',
4                    color = 'Healthy life expectancy')
5  fig.show()
```

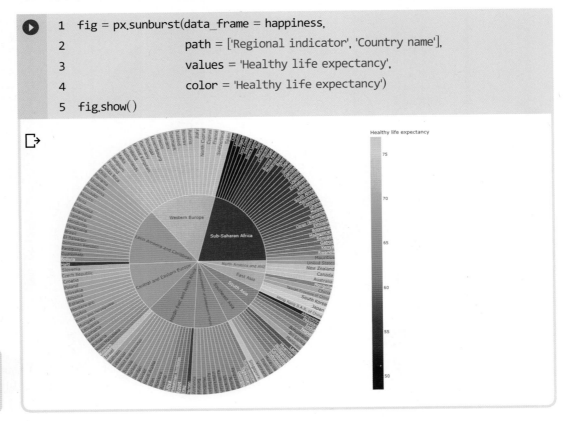

나라별 '행복 지수'와 나라별 '건강 수명'의 실행 결과를 비교해 보세요.

■ choropleth 기법 사용

choropleth는 지리 영역별 데이터 수칫값을 지도 위에 색으로 표현하는 시각화 기법입니다. 지도 시각화 방법은 다양하지만 이번 활동에서는 일부 내용만 알아보겠습니다.

locationmode의 옵션에는 ISO-3, USA-states, country names, geojson이 있지만, 이 활동에서는 국가명을 그대로 사용하는 'country names'를 사용합니다.

```
px.choropleth(data_frame = 데이터프레임 객체,
              locations = '열 이름',
              locationmode = 'country names',
              color = '열 이름')
# locations는 열 이름(국가명)에 따라 지도에 표시
# color는 열 이름(행복 지수)에 따라 지도에 색상 표시
# locationmode는 country names 중 locations의 열 이름 항목을 일치시킴.
```

choropleth를 사용하여 나라별 행복 지수를 지도상에 색으로 출력해 보겠습니다.

help(px.choropleth())코드를 사용하여 'locationmode'의 옵션을 확인해 보세요.

```
1  fig = px.choropleth(data_frame = happiness,
2                      locations = 'Country name',
3                      locationmode = 'country names',
4                      color = 'Ladder score')
5  fig.update_layout(title = '나라별 행복 지수', title_x = 0.5,
6                    width = 900, height = 500)
7  fig.show()
```

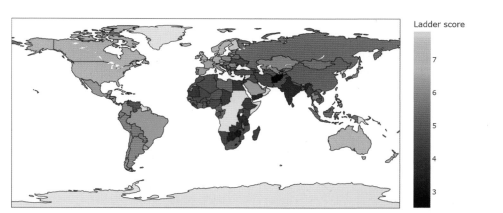

locationmode의 country names와 locations의 열의 정보가 일치해야 지도에 색상이 적용됩니다.

📋 **해석**

실행 결과를 통해 색상으로 표현한 나라별 행복 지수를 지도로 한눈에 확인할 수 있습니다. 색상이 칠해지지 않은 지역은 행복 지수 산출에 참여하지 않은 국가입니다.

더 알아보기

오른쪽 실행 결과를 보면 각 나라별로 연도(year) 속성이 정렬되어 있는 것을 알 수 있어요.

■ 데이터 불러오기

캐글에서 다운로드한 데이터 셋 중 'world-happiness-report.csv' 파일의 상위 5개 행을 출력해 봅시다.

```
1  from google.colab import files
2  uploaded = files.upload()
3  data_path = 'world-happiness-report.csv'
4  happiness_year_data = pd.read_csv(data_path)
5  happiness_year_data.head(5)
```

파일 선택 world-happiness-report.csv
- **world-happiness-report.csv**(text/csv) - 137100 bytes, last modified: 2022. 3. 13. - 100% done
Saving world-happiness-report.csv to world-happiness-report.csv

	Country name	year	Life Ladder	Log GDP per capita	Social support	Healthy life expectancy at birth	Freedom to make life choices	Generosity	Perceptions of corruption	Positive affect	Negative affect
0	Afghanistan	2008	3.724	7.370	0.451	50.80	0.718	0.168	0.882	0.518	0.258
1	Afghanistan	2009	4.402	7.540	0.552	51.20	0.679	0.190	0.850	0.584	0.237
2	Afghanistan	2010	4.758	7.647	0.539	51.60	0.600	0.121	0.707	0.618	0.275
3	Afghanistan	2011	3.832	7.620	0.521	51.92	0.496	0.162	0.731	0.611	0.267
4	Afghanistan	2012	3.783	7.705	0.521	52.24	0.531	0.236	0.776	0.710	0.268

■ 애니메이션 효과

위 데이터를 지도로 시각화한 후, 연도에 따라 애니메이션 효과를 적용해 봅시다.

```
1  fig = px.choropleth(happiness_year_data.sort_values('year'),
2                      locations = 'Country name',
3                      locationmode = 'country names',
4                      color = 'Life Ladder',
5                      animation_frame = 'year') # year 속성에 따른 애니메이션 효과 설정
6  fig.update_layout(title = '연도별 전 세계 행복 지수')
7  fig.show()
```

연도별 전 세계 행복 지수

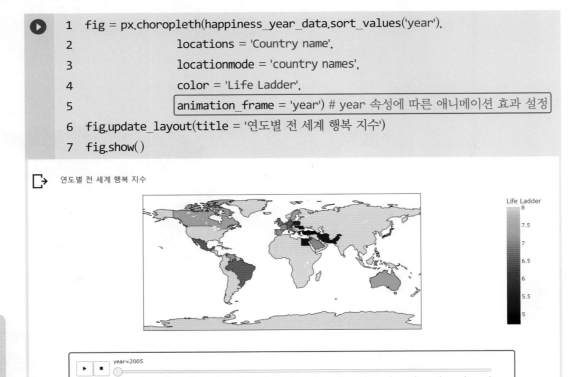

하단에 있는 애니메이션을 사용하여 연도를 움직여 보며 지도상에서 연도별 행복 지수를 확인해 보세요.

행복 지수 속성과 관련이 깊은 속성은 무엇일까요? 상관관계 분석을 통해 알아봅시다.

속성 간의 상관관계를 분석한 후 그 값을 행렬 형태로 시각화하여 나타내 봅시다.

> px.imshow(데이터프레임 객체.corr( ), text_auto = True)
>
> # text_auto = True: 실젯값, 상관관계(correlation) 시각화

이미지맵(imshow)은 필요한 크기만큼의 픽셀 개수를 색으로 채워서 만든 그림을 말합니다.

행복 지수 데이터의 속성 간 상관관계를 이미지로 시각화해 보겠습니다.

```
1  fig = px.imshow(happiness.corr( ), text_auto = True) # 상관관계 실젯값 출력
2  fig.update_layout(title = '상관관계 시각화', width = 800, title_x = 0.5)
3  fig.show( )
```

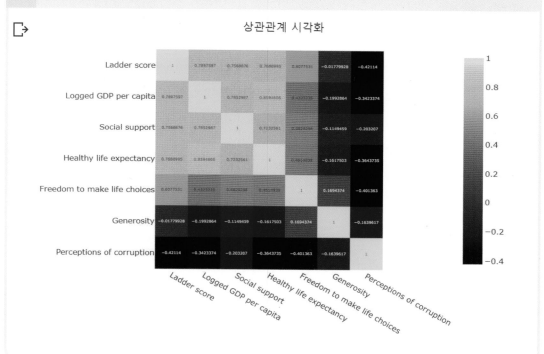

상관관계 시각화

상관관계 분석 방법은
'롤러코스터를 파헤치다'
197쪽을 참고하세요.

📑 **해석**

실행 결과를 통해 각 속성 간의 상관관계를 행렬로 표현한 것을 확인할 수 있습니다. 예를 들어, 행복 지수 속성은 1인당 국내총생산(Logged GDP per capita), 사회적 지원(Social support), 건강 수명(Healthy life expectancy)과 높은 양의 상관관계를 가지며, 삶에 대한 선택의 자유(Freedom to make life choices)와는 보통의 양의 상관관계를 갖습니다. 관용(Generosity)과 부정부패 인식 지수(Perceptions of corruption)는 음의 상관관계가 있음을 확인할 수 있습니다.

산점도
사용하기

■ 산점도 행렬(Scatter Matrix)을 사용하여 상관관계 시각화하기

산점도 행렬(Scatter Matrix)을 사용하여 여러 개의 속성에 대하여 각 쌍을 이루도록 산점도를 그려 속성 간의 상관관계를 살펴봅시다.

> px.scatter_matrix(데이터프레임 객체, dimensions = ['속성명'], color = '속성명')
> # dimensions에는 행렬로 표현할 속성명 나열,
> color에는 산점도를 색으로 표현할 속성명 제시(생략 시 단색)

219쪽 실행 결과를 산점도 행렬로 시각화하여 상관관계를 분석해 보겠습니다.

오른쪽 실행 결과에서 표시한 부분은 행복 지수 속성과 나머지 속성과의 상관관계를 나타냅니다.

```
1  fig = px.scatter_matrix(happiness,
2      dimensions = ['Ladder score', 'Logged GDP per capita', 'Social support',
3                    'Healthy life expectancy', 'Freedom to make life choices',
4                    'Generosity', 'Perceptions of corruption'],
5                    color = 'Ladder score')
6  fig.update_layout(title = '산점도 행렬', height = 1200, title_x = 0.5)
7  fig.show()
```

❶
상관계수:
0.7897597

❷
상관계수:
0.6077531

❸
상관계수:
−0.01779928

❹
상관계수:
−0.42114

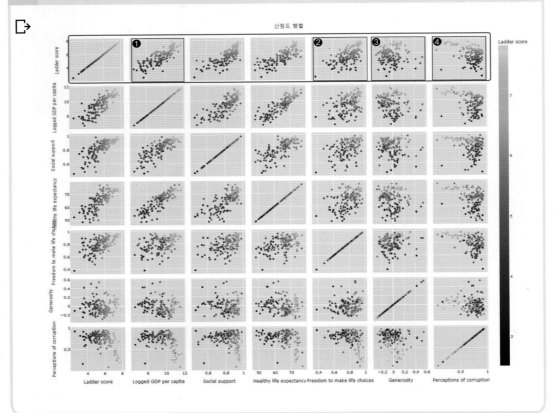

■ **산점도(Scatter Plot)를 사용하여 상관관계 시각화하기**

산점도를 그릴 때 회귀선을 넣으면 상관관계를 이해하기 좋습니다.

> px.scatter(데이터프레임 객체, x = 'x축 속성명', y = 'y축 속성명', size = '속성명',
> trendline = '회귀선 종류', trendline_color_override = '색상')
> # x, y에 상관관계를 나타낼 속성명, trendline은 회귀선,
> trendline_color_override는 회귀선 색상 제시

회귀선에 관한 설명은 275쪽을 참고하세요. 회귀선의 종류는 2권에서 더 알아보겠습니다.

산점도를 사용하여 1인당 국내총생산(Logged GDP per capita) 속성과 행복 지수(Ladder score) 속성과의 상관관계를 회귀선을 넣어 시각화해 보겠습니다.

```
1  fig = px.scatter(happiness, x = 'Logged GDP per capita',
2                   y = 'Ladder score', size = 'Ladder score', trendline = 'ols',
3                   trendline_color_override = 'red')
4  fig.update_layout(title = '1인당 국민총생산과 행복 지수의 상관관계',
5                    width = 800, title_x = 0.5)
6  fig.show()
```

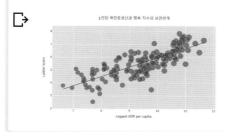

📝 **해석**

실행 결과를 통해 1인당 국내총생산 속성이 행복 지수 속성과 관련이 깊은 것을 확인할 수 있습니다.

관용(Generosity), 부정부패 인식 지수(Perceptions of corruption)와 행복 지수(Ladder score)의 상관관계도 산점도로 출력하여 확인해 보세요.

배운 내용 정리하기

※ 이 활동에서 제시한 문제를 해결한 과정과 탐색한 정보를 정리해 봅시다.

문제 해결 과정

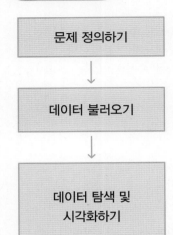

문제 정의하기	• 문제 상황 이해하기
	• 탐색할 정보 알아보기

데이터 불러오기	• 행복 지수 데이터 셋 소개
	• 행복 지수 데이터 셋 불러오기

데이터 탐색 및 시각화하기	• 데이터 셋의 속성 살펴보기
	• 중요한 속성만 선택하기(정렬, 추출 등)
	• 다양한 그래프로 시각화하기(맷플롯립 · 시본 · 플로틀리 사용, 상관관계 분석)
	• 시각화 결과 해석하기

우리가 탐색한 정보

1. 우리나라의 행복 지수는 몇 위였나요? 그리고 나라별 행복 지수 순위는 어땠나요?

   ▶ 행복 지수 속성을 기준으로 정렬하여 확인한 결과, 우리나라의 행복 지수는 62위였습니다. 행복 지수 상위 4개 나라는 핀란드, 덴마크, 스위스, 아이슬란드이고, 행복 지수 하위 4개의 나라는 보츠나와, 르완다, 짐바브웨, 아프가니스탄이었습니다.

2. 전 세계 나라별 행복 지수를 한눈에 보기 쉽게 표현하는 방법에는 무엇이 있었나요?

   ▶ treemap을 통해 상위 속성과 하위 속성의 계층 구조를 시각화하여 한눈에 비교 분석할 수 있었고, 부분적으로 확대하여 살펴볼 수 있었습니다.

   ▶ sunburst를 통해 상위 속성과 하위 속성의 계층 구조를 마치 태양빛이 빛나는 모양으로 시각화하여 한눈에 비교 분석할 수 있었습니다.

   ▶ choropleth 지도 시각화를 통해 나라별 행복 지수를 지도상에 색으로 출력하여 확인할 수 있었습니다.

3. 행복 지수 속성과 관련 깊은 속성은 무엇이었나요?

   ▶ 데이터 속성 간의 상관계수를 구하고, 이를 시각화하여 살펴본 결과, 행복 지수 속성과 관련 깊은 속성은 1인당 국내총생산(Logged GDP per capita), 사회적 지원(Social support), 건강 수명(Healthy life expectancy)인 것을 확인할 수 있었습니다.

소스 코드는 씨마스에듀 홈페이지와 구글 드라이브에서 제공합니다.

```python
1   import pandas as pd
2   import matplotlib.pyplot as plt
3   import seaborn as sns
4   import plotly.express as px
5
6   from google.colab import files
7   uploaded = files.upload()
8
9   data_path = 'world-happiness-report-2021.csv'  # 변수에 파일 경로 저장
10  happiness_data = pd.read_csv(data_path)
11  happiness_data
12
13  happiness_data.info()
14
15  happiness = happiness_data.iloc[:, [0, 1, 2, 6, 7, 8, 9, 10, 11]]
16  happiness.head(5)   # 상위 5개 행 출력
17
18  happiness.describe()
19
20  # 탐색 정보1 알아보기
21  happiness = happiness.sort_values(by = 'Ladder score', ascending = False)
22  happiness.loc[happiness['Country name'] == 'South Korea']
23
24  happinessFilter = (happiness.loc[:, 'Ladder score'] >= 7.5) | \
25                    (happiness.loc[:, 'Ladder score'] <= 3.5)
26  sns.barplot(x = 'Ladder score', y = 'Country name',
27          data = happiness[happinessFilter], palette = 'coolwarm')
28
29  sns.countplot(happiness['Regional indicator'])
30  plt.xticks(rotation = 80)
31  plt.grid(axis = 'y', c = 'gray', linestyle = '--') # 가로 방향으로 회색 점선
```

배운 내용 정리하기

```python
32  sns.boxplot(x = 'Ladder score', y = 'Regional indicator',
33              data = happiness, orient = 'h')
34
35  # 탐색 정보2 알아보기
36  fig = px.treemap(data_frame = happiness, path = ['Regional indicator', 'Country name'],
37              values = 'Ladder score', color = 'Ladder score') # treemap 시각화
38  fig.show()
39
40  # sunburst 시각화
41  fig = px.sunburst(data_frame=happiness, path=['Regional indicator', 'Country name'],
42              values='Ladder score', color='Ladder score')
43  fig.update_layout(title = '나라별 행복 지수', title_x = 0.5,
44              width = 1200, height = 900)
45  fig.show()
46
47  # choropleth 시각화
48  fig = px.choropleth(data_frame = happiness, locations = 'Country name',
49              locationmode = 'country names', color = 'Ladder score')
50  fig.update_layout(title = '나라별 행복 지수', title_x = 0.5,
51              width = 900, height = 500)
52  fig.show()
53
54  # 탐색 정보3 알아보기
55  fig = px.imshow(happiness.corr(), text_auto = True)
56  fig.update_layout(title = '상관관계 시각화', width = 800, title_x = 0.5)
57  fig.show()
58
59  # 산점도 행렬 시각화
60  fig = px.scatter_matrix(happiness,
61              dimensions = ['Ladder score', 'Logged GDP per capita',
62              'Social support', 'Healthy life expectancy',
63              'Freedom to make life choices', 'Generosity',
64              'Perceptions of corruption'], color = 'Ladder score')
```

```
65   fig.update_layout(title = '산점도 행렬', height = 1200, title_x = 0.5)
66   fig.show()
67
68   # 추세선 넣은 산점도 시각화
69   fig = px.scatter(happiness, x = 'Logged GDP per capita',
70                    y = 'Ladder score', size = 'Ladder score',
71                    trendline = 'ols', trendline_color_override = 'red')
72   fig.update_layout(title = '1인당 국민총생산과 행복 지수의 상관관계',
73                    width = 800, title_x = 0.5)
74   fig.show()
```

활동 정리하기

'데이터 분석'의 '전 세계 행복 지수를 표현하다' 활동에서는 세계 행복 지수 데이터를 탐색해 보았습니다. 앞서 롤러코스터 데이터를 분석할 때와 마찬가지로 데이터로부터 원하는 정보를 탐색하기 위해 우선 데이터의 기초 정보와 크기, 데이터프레임의 상위와 하위 일부, 데이터의 통계량을 출력하여 살펴보았습니다.

[탐색 정보1]에서는 특정 속성의 순위를 파악하기 위해 속성을 내림차순으로 정렬한 후, 원하는 내용만 추출하여 확인해 보았습니다. [탐색 정보2]에서는 반응형 그래프(Interactive graph)를 사용한 시각화로 데이터를 한눈에 보기 쉽게 표현해 보았습니다. treemap, sunburst, choropleth를 사용한 시각화 기법은 일반 시각화 표현과 달리 표현 기법이 동적인 특징이 있었습니다. [탐색 정보3]에서는 행복 지수 속성과 다른 속성과의 상관관계 분석 결과를 행렬과 산점도로 시각화하여 행복 지수와 관련 있는 속성을 찾을 수 있었습니다.

이번 활동을 통해 문제 해결에 필요한 정보를 탐색하는 데 다양한 데이터 시각화 방법을 활용해 보았고, 이러한 데이터 시각화를 통해 직관적으로 데이터를 분석할 수 있었습니다.

이렇게 머신러닝 모델을 학습시키기 전에 데이터를 분석하는 과정을 거치면 머신러닝 모델의 성능을 크게 향상시킬 수 있습니다. 이러한 이유로 데이터 분석은 머신러닝 문제 해결에서 떼려야 뗄 수 없는 과정이라 할 수 있습니다.

머신러닝 문제 해결

0. 머신러닝, 그게 뭔데?
1. 성별을 분류하다
2. 시험 점수를 예측하다

'머신러닝 문제 해결' 영역에서는 데이터를 수집하여 구글 코랩으로 불러온 후, 데이터 속성 파악 및 데이터 탐색 및 전처리를 거쳐 모델 학습에서 평가에 이르는 문제 해결 과정에 따라 분류 모델과 예측(회귀) 모델을 만들어 봅니다.

머신러닝, 그게 뭔데?

머신러닝의 개념과 분야 및 전통적인 프로그래밍과 머신러닝의 차이점을 살펴보면서 머신러닝의 학습 방법을 이해하고, 머신러닝으로 해결할 수 있는 문제에는 어떤 것이 있는지 알아보겠습니다.

이 장에서는 다음의 순서로 살펴봅시다.

머신러닝이란 이런 것!

머신러닝은 데이터를 어떻게 학습해?

머신러닝으로 뭘 할 수 있어?

머신러닝, 짚고 넘어가자!

내가 중요한 내용들을 모아왔어. 이걸로 잘 공부해 봐!

1 머신러닝이란 이런 것!

머신러닝과 딥러닝에 대한 전반적인 내용을 알아둔다면 이를 구현하는 과정을 보다 쉽게 이해할 수 있습니다.

머신러닝 이란?

머신러닝(Machine Learning)은 기계가 수많은 데이터로 학습하여 스스로 데이터 간의 규칙을 발견하고, 이 규칙을 새로운 데이터에 적용하여 정보를 얻어내거나 예측하는 기술입니다. 인공지능은 이러한 머신러닝을 포괄하는 폭넓은 개념입니다.

딥러닝(Deep Learning)은 머신러닝의 한 분야이며, 머신러닝 구현 방법 중 뇌의 뉴런 연결 구조를 수학적으로 표현하여 만든 인공 신경망(Artificial Neural Network)으로 기계가 데이터를 학습할 수 있게 한 것입니다.

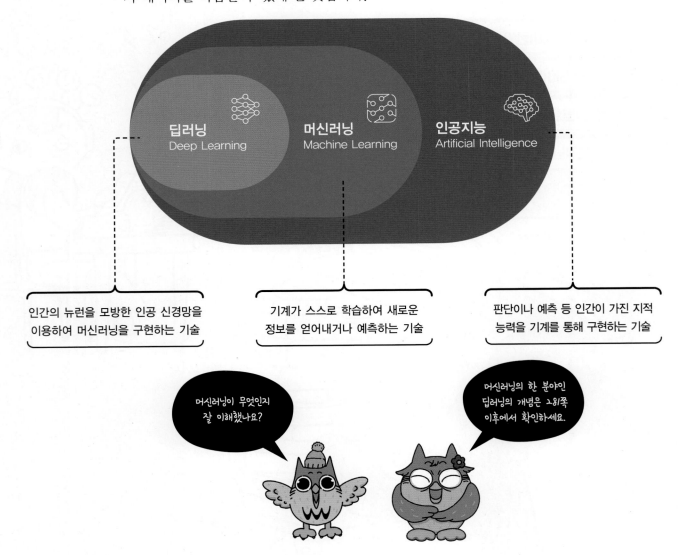

딥러닝
Deep Learning

머신러닝
Machine Learning

인공지능
Artificial Intelligence

인간의 뉴런을 모방한 인공 신경망을 이용하여 머신러닝을 구현하는 기술

기계가 스스로 학습하여 새로운 정보를 얻어내거나 예측하는 기술

판단이나 예측 등 인간이 가진 지적 능력을 기계를 통해 구현하는 기술

머신러닝이 무엇인지 잘 이해했나요?

머신러닝의 한 분야인 딥러닝의 개념은 고쪽 이후에서 확인하세요.

머신러닝은 데이터의 특성과 패턴(규칙)을 학습하여 모델을 생성한 후, 새로운 입력 데이터의 결과를 예측하는 기술입니다.

> 예를 들면, 다음 표와 같이 x, y 데이터가 있을 때 기계가 이 데이터의 특성과 패턴을 학습하여 y=□·x+○라는 모델에서 □와 ○를 스스로 찾은 후, 새로운 데이터 x를 입력했을 때 데이터 x에 대한 결과 y를 예측하는 것입니다.
>
> | x | 1 | 2 | 3 | 4 |
> |---|---|---|---|---|
> | y | 3 | 5 | 7 | 9 |

기계는 위 데이터로부터 y = 2x + 1이라는 모델을 만들 수 있습니다. 그리고 새로운 x값으로 7이 들어왔을 때, 그 결과가 15임을 예측할 수 있습니다.

머신러닝의 수학적 모델

$$Y = f(X)$$

출력 변수　　입력 변수

핵심!　머신러닝이란?

• 데이터 학습 결과를 토대로 새로운 데이터의 결과를 예측하는 것! 머신러닝이 무엇인지 이해하기 위해서 알아야 할 내용은 바로 이것입니다.

사람의 학습

비구름이 잔뜩 끼고 바람이 부는 것을 보니 곧 비가 쏟아지겠어.

사람은 경험(학습)을 토대로 미래를 예측!

기계의 학습

강수량 통계 분석 데이터를 학습한 결과, 현재 비가 내릴 확률은 20%입니다.

기계는 데이터 학습을 토대로 결과나 미래를 예측!

키워드: 데이터, 학습, 예측

전통적인
프로그래밍
vs
머신러닝

**전통적인
프로그래밍**

머신러닝이 전통적인 프로그래밍과 어떤 차이가 있는지 살펴보겠습니다.

전통적인 프로그래밍은 데이터와 규칙을 정해 주면 새로운 데이터를 규칙에 적용하여 결과를 출력합니다. 반면, 머신러닝은 주어진 데이터를 학습하면서 데이터 간의 관계를 가장 잘 설명하는 규칙을 스스로 찾아냅니다.

전통적인 프로그래밍은 다음과 같이 3이라는 입력 데이터와 x^2이라는 규칙이 주어질 때, 그 결과로 9를 출력합니다. 4라는 입력 데이터를 적용하면 16을 출력합니다.

예

입력	3
규칙	• x^2 • 제곱은 같은 수를 두 번 곱하는 것이다. • 3^2는 3을 두 번 곱하라는 뜻이다.
출력	9

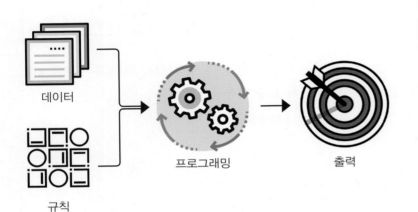

데이터   규칙   프로그래밍   출력

머신러닝

데이터와 데이터로부터 기대할 수 있는 출력을 입력하면 데이터 간의 관계를 분석하여 규칙을 찾아냅니다.

예

데이터	4, 2	=	8	출력
	5, 3	=	15	
	4, 6	=	24	
	3, 8	=	24	
	9, 1	=	9	

규칙	두 수의 곱

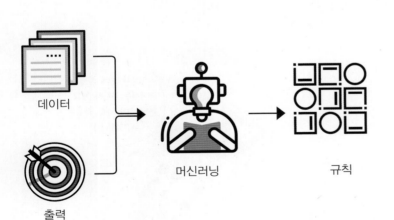

데이터   출력   머신러닝   규칙

위의 예시는 단순한 데이터여서 사람도 쉽게 규칙을 찾을 수 있지만 수천수만 개의 데이터가 제공된다면 데이터 간의 관계를 찾기가 매우 어려울 것입니다. 이러한 경우에 인공지능은 데이터 간의 관계를 나타내는 규칙을 빠르게 찾아낼 수 있습니다.

2 머신러닝은 데이터를 어떻게 학습해?

머신러닝

머신러닝 학습 방법

머신러닝은 데이터를 어떻게 학습하느냐에 따라 크게 세 가지로 구분하며, 학습 방법에는 지도 학습(Supervised Learning), 비지도 학습(Unsupervised Learning), 강화 학습(Reinforcement Learning)이 있습니다.

지도 학습

지도 학습은 데이터와 레이블(정답)을 함께 제공하는 학습 방법입니다. 오른쪽 그림과 같이 기계에게 레이블(정답)이 있는 꽃 그림을 보여 주며 그림의 레이블을 지속적으로 알려 주는 것입니다.

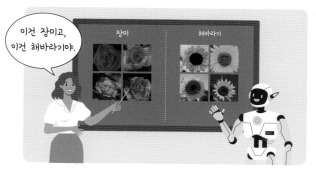

▲ 레이블이 있는 데이터를 사용하는 지도 학습

비지도 학습

비지도 학습은 레이블이 없는 데이터를 분석하여 데이터의 특성과 관계를 찾아내게 하는 학습 방법입니다. 오른쪽 그림과 같이 다양한 종의 꽃 그림이 섞인 카드를 기계에게 주면, 기계가 섞여 있는 카드를 살펴보다가 꽃의 형태 또는 색깔 등 인공지능이 인식한 특징을 기준으로 카드를 그룹 짓는 것입니다.

▲ 레이블이 없는 데이터를 사용하는 비지도 학습

강화 학습

강화 학습은 여러 번의 시뮬레이션을 통해 어떤 행동에 대한 보상이 최대가 되도록 강화시키는 학습 방법입니다. 오른쪽 그림과 같이 인공지능이 벽돌깨기 게임 규칙을 모르는 상태에서 게임에 투입되었을 때, 수차례 게임을 반복하면서 겪은 시행착오를 통해 어떻게 행동해야 보상을 받을 수 있는지 학습합니다.

수많은 시행착오를 겪은 인공지능은 게임을 시작한지 140여 분 만에 벽돌깨기 게임의 달인이 되었어요!

▲ 보상이나 처벌로부터 학습하는 강화 학습

3 머신러닝으로 뭘 할 수 있어?

머신러닝
으로 할 수
있는 일

머신러닝은 학습 방식에 따라 다음과 같이 구분할 수 있으며, 지도 학습은 크게 회귀와 분류로 나눌 수 있고, 비지도 학습에는 군집화가 있습니다.

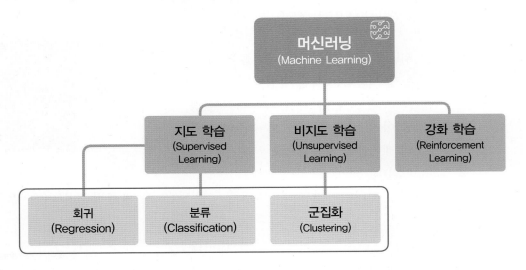

회귀

머신러닝은 지도 학습을 통해 레이블이 있는 데이터의 특성과 패턴, 관계 등을 파악한 후, 이를 바탕으로 새로운 데이터가 어떤 결과를 출력하게 될지를 예측할 수 있습니다.
다음 예시의 그래프와 같이 회귀는 연속적인 값(연속형 데이터)을 출력합니다.

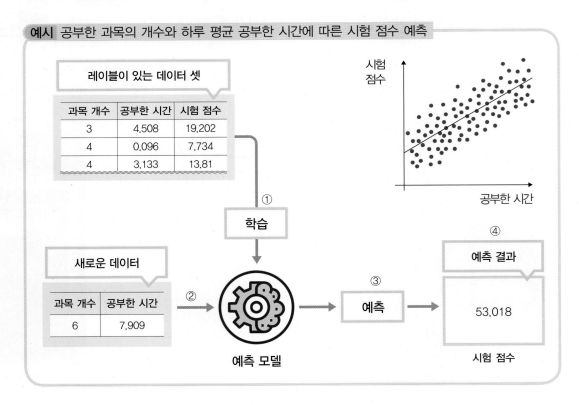

예시 공부한 과목의 개수와 하루 평균 공부한 시간에 따른 시험 점수 예측

머신러닝은 지도 학습을 통해 레이블이 있는 데이터를 학습하고 새로 입력된 데이터가 어디에 속하는지를 분류할 수 있습니다. 다음 예시의 그래프와 같이 분류는 범주로 나뉘어지는 값(이산형 데이터)을 출력합니다.

예시1 남녀 성별 분류

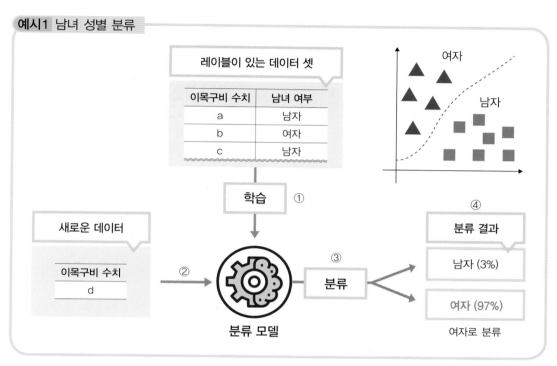

예시2 손글씨 숫자 분류

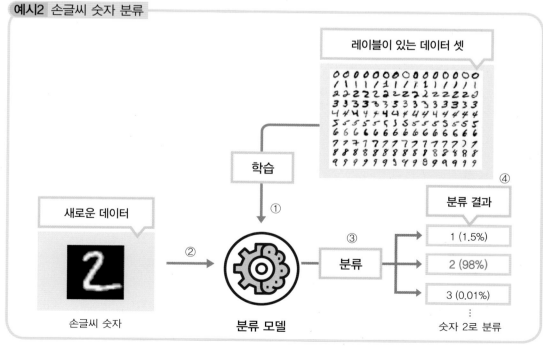

군집화

머신러닝은 비지도 학습을 통해 레이블이 없는 데이터의 특성과 패턴 등을 파악한 후 군집화할 수 있습니다. 비지도 학습은 출간 예정인 2권에서 배웁니다.

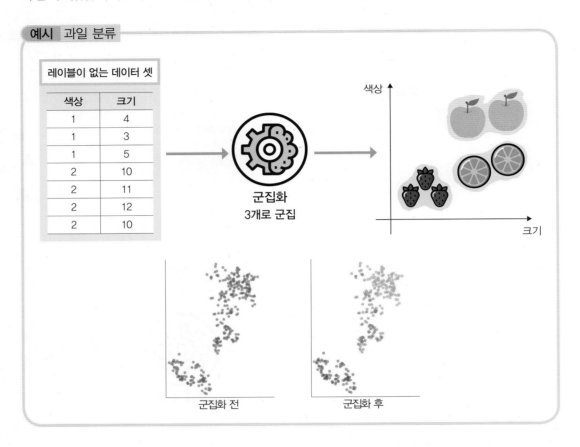

예시 과일 분류

레이블이 없는 데이터 셋

색상	크기
1	4
1	3
1	5
2	10
2	11
2	12
2	10

군집화
3개로 군집

군집화 전

군집화 후

Q A 지도 학습의 분류와 비지도 학습의 군집화는 어떻게 다를까요?

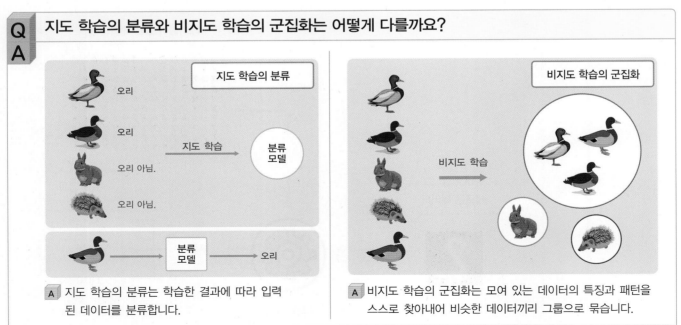

지도 학습의 분류

오리
오리
오리 아님.
오리 아님.

지도 학습 → 분류 모델

분류 모델 → 오리

A 지도 학습의 분류는 학습한 결과에 따라 입력된 데이터를 분류합니다.

비지도 학습의 군집화

비지도 학습 →

A 비지도 학습의 군집화는 모여 있는 데이터의 특징과 패턴을 스스로 찾아내어 비슷한 데이터끼리 그룹으로 묶습니다.

4 머신러닝 짚고 넘어가자!

머신러닝
학습 방법
선택

마지막으로 실생활 문제를 해결할 때 어떤 머신러닝 학습 방법을 선택해야 하는지 순서도로 확인해 보겠습니다.

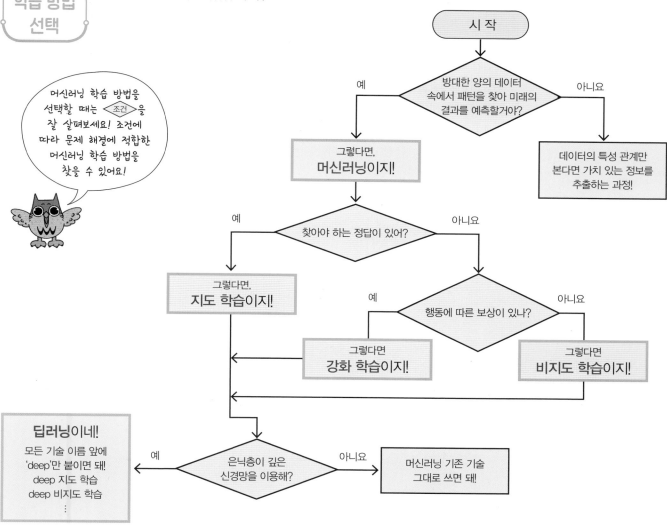

머신러닝 학습 방법을 선택할 때는 〈조건〉을 잘 살펴보세요! 조건에 따라 문제 해결에 적합한 머신러닝 학습 방법을 찾을 수 있어요!

지도 학습
- 레이블이 있는 데이터
- 데이터의 결괏값/미래 예측

비지도 학습
- 레이블이 없는 데이터
- 데이터의 숨겨진 패턴 및 관계 분석

강화 학습
- 데이터 필요 없음.
- 보상 시스템 (보상을 주는 시점 결정)
- 행동에 따른 보상을 학습

지도 학습 과정

마지막으로 '머신러닝 문제 해결' 영역의 실습 활동을 하기 전에 지도 학습이 어떠한 과정으로 이루어지는지 짚고 넘어가 보겠습니다.

머신러닝에서 지도 학습은 크게 학습 단계와 예측 단계로 나눌 수 있습니다.

학습 단계

학습 단계는 모델을 생성하는 과정이며 다음 과정을 거칩니다.

> ① 수집한 데이터를 기계가 학습할 수 있도록 전처리한 후, 문제와 정답이 있는 훈련 데이터 셋(training data)과 테스트 데이터 셋(test data)으로 만듭니다.
> ② 훈련 데이터 셋의 문제를 이용하여 모델의 문제 해결 결과를 구합니다.
> ③ 모델이 학습한 결괏값과 레이블을 비교합니다.
> ④ 테스트 데이터로 예측한 값과 레이블을 비교합니다.

예측 단계

예측 단계는 학습된 모델로 새로운 데이터에 대한 회귀/분류의 예측이 이루어집니다.

> ① 새로운 데이터를 전처리합니다.
> ② 전처리한 데이터를 학습된 모델에 입력합니다.
> ③ 결괏값을 예측(회귀/분류)합니다.

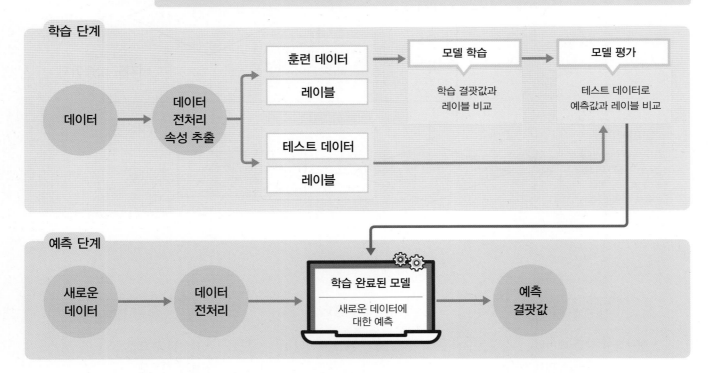

이제 본격적으로 '머신러닝 문제 해결' 영역에서 지도 학습 과정에 따라 이목구비 데이터 셋으로 남녀의 얼굴을 분류하고, 학생 점수 데이터 셋으로 시험 점수를 예측하는 인공지능 모델을 만들어 봅시다.

성별을 분류하다

이번 활동에서는 머신러닝으로 성별을 분류하는 인공지능 모델을 만들어 봅니다.

우리는 사람의 얼굴을 봤을 때 그 사람이 남성인지 여성인지 직관적으로 구분할 수 있습니다. 그런데 사람의 얼굴에서 어떠한 점을 기준으로 남성과 여성을 구분하는지는 명확하지 않습니다. 어떻게 보면 남성의 이목구비가 여성에 비해 큰 경향이 있는 것처럼 보이기도 합니다. 인공지능은 남녀의 이목구비 크기만으로 성별을 분류할 수 있을까요?

이 장에서는 다음의 순서로 살펴봅시다.

내가 중요한 내용들을 모아 왔어. 이걸로 잘 공부해 봐!

문제 정의하기
성별 분류

데이터 불러오기
이목구비 데이터 셋

데이터 탐색 및 전처리하기
· 범주형 수치형 변환
· 속성 간 상관관계 분석하기
· 데이터 나누기

| 훈련 | 테스트 |

DATA

모델 생성하기
로지스틱 회귀 모델

모델 학습하기

모델 평가 및 예측하기

1 문제 정의하기

문제 상황 이해하기

사람에게는 남녀 성별을 분류하는 일이 어렵지 않지만 인공지능에게는 어려울 수 있습니다. 그렇다면 인공지능은 어떻게 남녀 성별을 분류할 수 있을까요?

문제 해결에 필요한 정보

문제 해결 과정에서 필요한 정보를 미리 살펴봅시다.

1. 이 활동에 필요한 데이터 셋은 무엇이고, 이 데이터 셋은 어디에서 다운로드할 수 있나요?
   ▶ 데이터 셋은 이목구비 데이터 셋으로, 캐글에서 다운로드할 수 있습니다.

2. 다운로드한 데이터 셋을 모델 학습에 사용하려면 어떻게 해야 할까요?
   ▶ 로지스틱 회귀 모델(분류 모델) 학습에 사용할 수 있도록 데이터 탐색 후 전처리 과정이 필요합니다. 결측치나 이상치가 없는지 확인하기, 범주형 데이터를 수치형 데이터로 변환하기, 성별 분류에 영향을 미치는 속성 선정하기, 훈련 데이터와 테스트 데이터 나누기 등을 합니다.

3. 모델 생성에서 사용할 모델을 찾아볼까요?
   ▶ 여기서는 성별 분류를 위해 로지스틱 회귀 모델을 사용합니다.

4. 모델 학습에서 우리가 해야 할 작업은 무엇일까요?
   ▶ 모델이 학습할 훈련 데이터와 훈련 데이터의 레이블 설정입니다.

5. 로지스틱 회귀 모델 성능을 나타내는 평가 지표는 무엇일까요?
   ▶ 테스트 데이터의 예측값과 실젯값을 비교하여 정확도를 산출합니다.

문제 해결에 필요한 정보는 무엇일까?

② 데이터 불러오기

데이터 셋 소개

구글은 인공지능을 통해 이미지 속의 사람이 여성인지 남성인지 자동 태그를 달고 분류하는 작업을 해 왔습니다. 그러나 2020년 이후 얼굴로 성별을 추론하는 것이 어려운 일이라고 판단하여 이미지에서 성별 레이블을 삭제하고, 사람인지 아닌지를 구분하는 정도만 태그에 표시하는 것으로 정하였습니다.

이번 활동에서의 머신러닝은 딥러닝을 포함하지 않습니다.

우리가 사용할 이목구비 데이터 셋은 사람의 얼굴 이미지 데이터(비정형 데이터)가 아니라 5,001명의 남녀 이목구비 크기를 정리한 정형 데이터입니다. 머신러닝으로 성별을 분류하는 문제를 해결하기 위해서는 비정형 데이터가 아니라 속성별로 정리되어 있는 정형 데이터가 필요합니다.

이목구비 데이터 셋에는 머리카락 길이(long_hair), 이마 너비(forehead_width_cm), 이마 높이(forehead_height_cm), 코 너비(nose_wide), 코 길이(nose_long), 입술 두께(lips_thin), 인중 길이(distance_nose_to_lip_long), 성별(gender)에 대한 값이 포함되어 있으며, 총 5,001개의 데이터가 있습니다.

이목구비 데이터 셋의 속성을 미리 살펴보겠습니다.

이목구비 데이터 셋의 속성별 구체적인 설명은 244쪽에서!

	long_hair	forehead_width_cm	forehead_height_cm	nose_wide	nose_long	lips_thin	distance_nose_to_lip_long	gender
1								
2	1	11.8	6.1	1	0	1	1	Male
3	0	14	5.4	0	0	1	0	Female
4	0	11.8	6.3	1	1	1	1	Male
5	0	14.4	6.1	0	1	1	1	Male
6	1	13.5	5.9	0	0	0	0	Female
7	1	13	6.8	1	1	1	1	Male
8	1	15.3	6.2	1	1	1	0	Male
9	0	13	5.2	0	0	0	0	Female
10	0	11.9	5.4	1	0	1	1	Female
4994	1	14.1	7	1	1	1	1	Male
4995	1	11.6	5.9	0	0	0	1	Female
4996	1	12.9	7	1	1	1	1	Male
4997	1	12.3	6.9	0	1	1	1	Male
4998	1	13.6	5.1	0	0	0	0	Female
4999	1	11.9	5.4	0	0	0	0	Female
5000	1	12.9	5.7	0	0	0	0	Female
5001	1	13.2	6.2	0	0	0	0	Female
5002	1	15.4	5.4	1	1	1	1	Male

Q 정형 데이터와 비정형 데이터는 어떻게 다른가요?

A 정형 데이터는 csv 파일이나 스프레드시트 데이터처럼 행과 열로 표현할 수 있는 정해진 형식으로 저장되어 있어 특징을 쉽게 찾을 수 있습니다. 반면, 전체 데이터의 80% 이상을 차지하고 있는 비정형 데이터는 이미지, 동영상, 텍스트, 음성 등으로 데이터 구조가 정해지지 않아 특징을 쉽게 찾을 수 없습니다. 이러한 비정형 데이터를 머신러닝으로 처리하기 위해서는 기술의 발전이 요구되는 실정입니다.

데이터 셋 불러오기

이목구비 데이터 셋은 캐글(kaggle.com)에서 수집할 수 있습니다. 캐글은 기업이나 단체에서 해결하고자 하는 과제와 데이터를 등록하면 사람들이 이 문제를 해결하는 모델을 생성하고 경쟁하여 새로운 정보를 분석해 내는 대회 플랫폼입니다. 그러다보니 공개되어 있는 데이터가 매우 많아서 인공지능 실습에 유용한 데이터를 쉽게 얻을 수 있습니다.

구글 계정이 있다면 캐글에 쉽게 가입할 수 있습니다. 캐글에 접속한 후 Dataset을 클릭합니다.

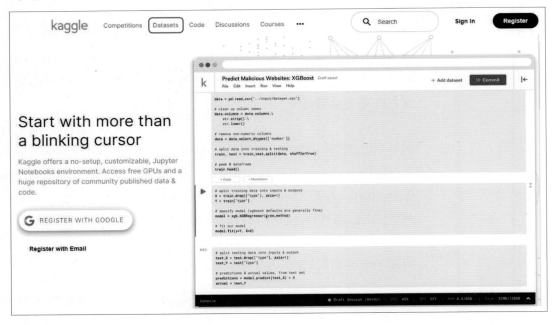

데이터 셋 다운로드하기

Datasets의 검색창에서 'gender classification'이라고 검색하고, 검색 결과 중 Jifry Issadeen이 등록한 'Gender Classification Dataset'을 클릭합니다.

데이터는 출판사 홈페이지에서도 제공합니다.

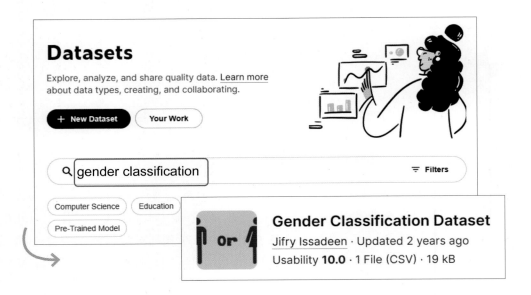

하단의 데이터 셋 미리보기 부분에서 다운로드 버튼(⬇)을 클릭하여 다운로드합니다.

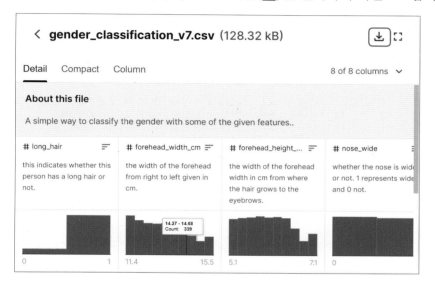

데이터 셋
업로드하기

다운로드한 이목구비 데이터 셋을 코랩으로 불러오는 여러 가지 방법이 있지만, 이번에는 구글 드라이브와 연동하여 불러오는 방법을 사용하겠습니다. 다음은 코랩과 구글 드라이브를 연동하는 코드입니다.

```
1  from google.colab import drive
2  drive.mount('/content/drive')
```

오른쪽 코드는 구글 코랩 라이브러리에서 드라이브와 관련된 부분만 가져온 후 드라이브를 연동하겠다는 명령입니다.

위 코드를 실행시키면 다음과 같이 구글 드라이브 파일에 접근 허용을 묻는 창이 뜹니다. 'Google Drive에 연결' 버튼을 클릭합니다.

연결할 계정을 선택하고 '허용' 버튼을 클릭합니다.

구글 드라이브와 연동이 완료되었습니다. 이제 왼쪽의 파일 아이콘(▢)을 클릭하고 파일 창이 열렸을 때 다운로드한 데이터 셋을 파일 창에 끌어다 놓으면, 'gender_classification_v7.csv' 파일이 업로드됩니다.

이제 이 파일의 경로는 '/content/gender_classification_v7.csv'입니다.

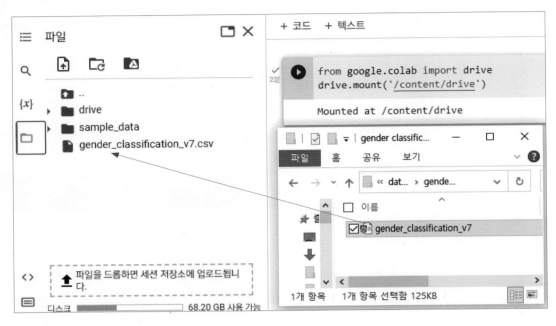

파일 읽어 들이기

구글 드라이브에 업로드한 이목구비 데이터 셋을 코랩으로 불러옵니다. 이 파일의 형식은 csv(comma-separated values)이므로 판다스 라이브러리에서 제공하는 파일 읽기 명령(read_csv)을 사용합니다. 이를 위해 판다스 라이브러리를 제일 먼저 불러와야 합니다.

> 데이터프레임 객체 = 판다스 객체.read_csv('파일명.csv')
>
> # 판다스 라이브러리의 read_csv() 함수를 사용하여 csv 형식의 파일을 코랩으로 읽어 들임.

이제 불러온 이목구비 데이터 셋을 df라는 이름으로 사용해 보겠습니다.

```
1  import pandas as pd
2  df = pd.read_csv('gender_classification_v7.csv')
3  df
```

	long_hair	forehead_width_cm	forehead_height_cm	nose_wide	nose_long	lips_thin	distance_nose_to_lip_long	gender
0	1	11.8	6.1	1	0	1	1	Male
1	0	14.0	5.4	0	0	1	0	Female
2	0	11.8	6.3	1	1	1	1	Male
3	0	14.4	6.1	0	1	1	1	Male
4	1	13.5	5.9	0	0	0	0	Female

데이터를 불러온 후 데이터 셋에 어떤 속성과 값들이 포함되어 있는지 살펴보고, 성별을 분류하는 데 필요한 속성을 선정합니다. 이 속성을 활용하여 인공지능 모델을 학습시킵니다. 이는 성별을 분류하는 데 영향을 미치지 않는 속성까지 모델 학습에 활용하는 것은 시간과 비용 측면에서 낭비이기 때문입니다.

이를 위해서 우리가 작업할 내용은 다음과 같습니다.

작업 내용 미리보기

■ **데이터 살펴보기**

이목구비 데이터 셋에 어떤 속성들이 있는지, 각 속성들의 값은 어떤 유형의 데이터들인지, 결측치나 이상치는 없는지를 파악합니다.

■ **데이터 시각화하기**

데이터를 그래프로 시각화하여 데이터 속성값의 분포와 같은 기초 정보나 성별 분류에 영향을 미치는 속성을 탐색합니다.

■ **상관관계 분석하기**

상관관계 분석은 수치형 데이터로 처리할 수 있으므로 범주형 데이터(문자열 값)를 수치형 데이터로 변환하는 원-핫 인코딩을 수행합니다. 상관관계 분석을 통해 성별 분류에 영향을 미치는 속성을 찾습니다.

■ **훈련 데이터와 테스트 데이터 나누기**

데이터 중 일부는 인공지능 모델이 학습하는 데 사용하는 훈련 데이터로, 일부는 인공지능 모델이 학습을 잘했는지 테스트하는 데 사용하는 테스트 데이터로 나눕니다.

데이터 탐색 및 전처리 과정 한눈에 보기

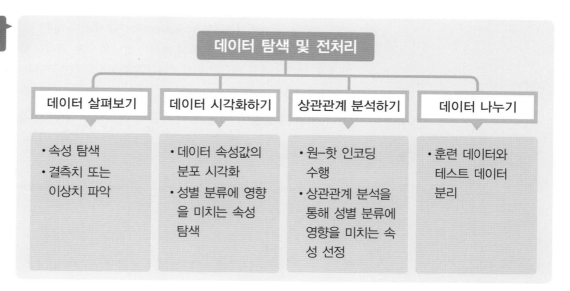

데이터 살펴보기

이목구비 데이터 셋에는 몇 개의 데이터와 속성이 있는지, 그리고 어떤 속성이 있는지 살펴보겠습니다. 판다스 라이브러리의 info( ) 메소드를 사용합니다.

> 데이터프레임 객체.info( )
> # info( ) 메소드를 통해 데이터 개수, 속성 개수, 속성명, 결측치, 속성의 데이터 타입 등 확인

데이터 기초 정보 확인하기

▶ 1 df.info( )

```
<class 'pandas.core.frame.DataFrame'>
RangeIndex: 5001 entries, 0 to 5000
Data columns (total 8 columns):
 #   Column                      Non-Null Count   Dtype
---  ------                      --------------   -----
 0   long_hair                   5001 non-null    int64
 1   forehead_width_cm           5001 non-null    float64
 2   forehead_height_cm          5001 non-null    float64
 3   nose_wide                   5001 non-null    int64
 4   nose_long                   5001 non-null    int64
 5   lips_thin                   5001 non-null    int64
 6   distance_nose_to_lip_long   5001 non-null    int64
 7   gender                      5001 non-null    object
dtypes: float64(2), int64(5), object(1)
memory usage: 312.7+ KB
```

속성명	설명
long_hair	머리카락 길이(0: 짧은 머리, 1: 긴 머리)
forehead_width_cm	이마 너비(cm)
forehead_height_cm	이마 높이(cm)
nose_wide	코 너비(0: 좁은 코, 1: 넓은 코)
nose_long	코 길이(0: 짧은 코, 1: 긴 코)
lips_thin	입술 두께(0: 얇은 입술, 1: 두꺼운 입술)
distance_nose_to_lip_long	인중 길이(0: 짧은 인중, 1: 긴 인중)
gender	성별(male: 남성, female: 여성)

결측치가 있다면 해당 행을 삭제할 것인지, 결측값을 다른 값으로 대체할 것인지를 고민해야 합니다. 하지만 여기서는 그런 값들이 없기 때문에 처리 방법을 고민할 필요가 없습니다.

📋 **해석**

이 데이터 셋은 총 5,001개의 데이터와 8개의 속성으로 구성되어 있고, 각 속성이 5,001개의 값을 가진 것으로 보아 결측치가 없음(non-null)을 확인할 수 있습니다. 속성별 데이터 유형은 머리카락 길이(long_hair), 코 너비(nose_wide), 코 길이(nose_long), 입술 두께(lips_thin), 인중 길이(distance_nose_to_lip_long)는 정수형(int64), 이마 너비(forehead_width_cm)와 이마 높이(forehead_height_cm)는 실수형(float64), 성별(gender)은 범주형(object)인 것을 알 수 있습니다.

데이터를 불러왔으니 실제로 데이터가 어떻게 생겼는지 확인해 봅시다. 전체 데이터를 불러오지 않고 head( ) 메소드를 사용하여 0~4행까지의 데이터만 살펴보겠습니다.

> 데이터프레임 객체.head(확인할 데이터 개수)
> # head( ) 메소드를 통해 데이터 상단의 일부 데이터 확인
> # head( )의 괄호 안에 숫자를 입력하지 않으면 기본값인 5로 설정되어 0~4행의 데이터가 출력

이목구비 데이터 셋의 속성들이 어떻게 테이블로 정리되어 있는지 출력해 보겠습니다.

▶ 1 df.head( )

	long_hair	forehead_width_cm	forehead_height_cm	nose_wide	nose_long	lips_thin	distance_nose_to_lip_long	gender
0	1	11.8	6.1	1	0	1	1	Male
1	0	14.0	5.4	0	0	1	0	Female
2	0	11.8	6.3	1	1	1	1	Male
3	0	14.4	6.1	0	1	1	1	Male
4	1	13.5	5.9	0	0	0	0	Female

describe( ) 메소드를 사용하여 데이터들의 통계량(개수, 평균, 표준편차, 최솟값, 최댓값,
4분위수)을 파악해 보겠습니다. 수칫값을 갖는 속성에 대해서만 통계치를 출력하며 결측
치는 제외됩니다. 성별(gender) 속성은 문자열이므로 통계치가 출력되지 않습니다.

> 데이터프레임 객체.describe( )
> # describe( ) 메소드를 통해 데이터 개수, 평균, 표준편차, 최솟값, 최댓값, 4분위수 파악

8개 속성 중 성별을 제외한 수칫값을 갖는 7개 속성의 통계량을 출력해 보겠습니다.

```
1  df.describe()
```

	long_hair	forehead_width_cm	forehead_height_cm	nose_wide	nose_long	lips_thin	distance_nose_to_lip_long
count	5001.000000	5001.000000	5001.000000	5001.000000	5001.000000	5001.000000	5001.000000
mean	0.869626	13.181484	5.946311	0.493901	0.507898	0.493101	0.498900
std	0.336748	1.107128	0.541268	0.500013	0.499988	0.500002	0.500049
min	0.000000	11.400000	5.100000	0.000000	0.000000	0.000000	0.000000
25%	1.000000	12.200000	5.500000	0.000000	0.000000	0.000000	0.000000
50%	1.000000	13.100000	5.900000	0.000000	1.000000	0.000000	0.000000
75%	1.000000	14.000000	6.400000	1.000000	1.000000	1.000000	1.000000
max	1.000000	15.500000	7.100000	1.000000	1.000000	1.000000	1.000000

속성들의 평균,
최솟값, 최댓값을
확인해 보세요.

📋 해석

실행 결과를 통해 머리카락 길이(long_hair), 코 너비(nose_wide), 코 길이(nose_long),
입술 두께(lips_thin), 인중 길이(distance_nose_to_lip_long) 속성의 값은 0.0~1.0의 범
위에 있는 것을 알 수 있습니다.
그중 평균(mean)을 살펴보면 머리카락 길이(long_hair) 속성의 값은 약 0.87로 대체로 머
리카락 길이가 긴 사람들의 데이터가 많다는 것을 알 수 있습니다. 또 이마 너비(forehead_
width_cm)와 이마 높이(forehead_height_cm)를 제외한 나머지 속성의 평균이 약 0.5인
것을 고려할 때, 전반적으로 반반씩 섞여 있을 가능성(예) 코 너비가 넓은 사람과 좁은 사람이
대략 반반일 가능성)을 유추할 수 있습니다.
단위가 cm이고 실수형 데이터 유형인 이마 너비(forehead_width_cm)와 이마 높이
(forehead_height_cm)의 통계치도 확인할 수 있습니다. 이마 너비(forehead_width_
cm)의 경우에는 최소 11.4cm~최대 15.5cm의 범위에 있고 평균은 13.18cm이며, 이마
높이(forehead_height_cm)의 경우에는 최소 5.1cm~최대 7.1cm의 범위에 있고 평균은
5.95cm임을 알 수 있습니다.

이목구비 데이터 셋의 속성을 데이터프레임으로 살펴본 결과, 실제 데이터가 어떻게 구성
되었는지 기본 정보와 통계량을 통해 쉽게 확인할 수 있었으나 각 속성값의 분포를 비교하
기에는 어려움이 있습니다.

데이터
시각화하기

데이터를 그래프로 그려 시각화하면 데이터 값의 분포를 파악하거나 평균을 쉽게 비교할 수 있습니다. 이목구비 데이터를 시각화하여 성별을 분류하는 데 영향을 미칠만한 속성에는 무엇이 있는지 살펴보겠습니다.

성별 분포
확인하기

인공지능이 남녀를 정확하게 분류하게 하려면 남녀 데이터의 비율이 비슷한 것이 좋습니다. 데이터의 비율이 한쪽으로 치우쳐 있으면 치우친 성으로 인식할 가능성이 크기 때문입니다. 각 속성의 고윳값의 개수를 출력하기 위해 value_counts( ) 메소드를 사용합니다.

> 데이터프레임 객체['속성명'].value_counts( )
> # 속성명에 포함된 각 고윳값의 개수 출력

성별 분포를 확인하기 위하여 맷플롯립 라이브러리를 불러와 성별(gender) 속성값을 비교하는 그래프를 그려보겠습니다.

```
1  import matplotlib.pyplot as plt
2  df['gender'].value_counts()
```

```
Female    2501
Male      2500
Name: gender, dtype: int64
```

위 결과에서 여성은 2,501명, 남성은 2,500명으로 한눈에 봐도 성별 균형이 맞는 것을 알 수 있지만, 시각화하여 확인하기 위해 막대그래프를 그려 살펴보겠습니다. plot.bar( ) 명령을 사용해 보겠습니다.

```
1  df['gender'].value_counts().plot.bar()
2  plt.show()
```

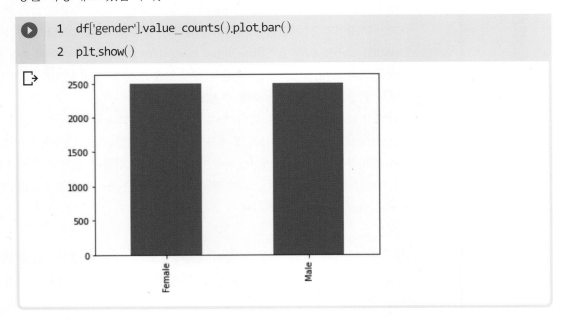

성별 간
머리카락 길이
비교하기

성별을 분류하는 데 머리카락 길이가 영향을 미칠 가능성이 있는지 성별과 머리카락 길이의 평균을 비교하는 그래프를 그려 살펴보겠습니다. 머리카락 길이(long_hair) 속성을 남성과 여성으로 분류하기 위해 groupby() 메소드를 사용합니다.

> 데이터프레임 객체['속성명1'].groupby(데이터프레임 객체['속성명2'])
> # 속성명2의 고윳값을 기준으로 속성명1을 그룹화
> **예** df['long_hair'].groupby(df['gender'])'는
> gender값인 male, female 2개의 그룹으로 long_hair를 분류함.

머리카락 길이 속성을 비교하는 것이 맞을까? 성별을 분류하는 더 좋은 속성이 있지 않을까요?

여기서는 머리카락 길이(long_hair) 속성을 남성과 여성으로 분류한 후, 그 평균을 비교할 것입니다. 따라서 평균을 구하는 mean()과 반올림을 표현하는 round()를 함께 사용하겠습니다.

> 데이터프레임 객체['속성명']. mean( ). round(반올림할 자릿수)
> # 반올림할 자릿수가 0이면 가까운 정수로 반올림하며, 양수이면 소수점 아래 자릿수로 반올림

먼저 groupby()를 사용하여 머리카락 길이(long_hair)를 성별(gender) 속성의 고윳값인 'male'과 'female' 2개의 그룹으로 분류해 보겠습니다.
그리고 이어서 각각의 평균(mean())을 소수점 아래 둘째 자리까지 반올림(round(2))한 결괏값(판다스 라이브러리의 시리즈 자료형)을 long_hair_count의 이름으로 설정해 보겠습니다.

오른쪽 코드에서 round(2)를 생략하고 코딩한 후 현재와 비교해 보세요.

```
1  long_hair_count = df['long_hair'].groupby(df['gender']).mean( ).round(2)
2  long_hair_count
```

```
gender
Female    0.87
Male      0.87
Name: long_hair, dtype: float64
```

📋 **해석**

실행 결과를 통해 여성과 남성의 머리카락 평균 길이가 0.87로 동일한 것을 알 수 있습니다. 따라서 머리카락 길이로는 남성과 여성을 분류하기 어려울 수 있음을 예상해 볼 수 있습니다.

위 결과도 시각화하여 확인하기 위해 막대그래프를 그려 살펴보겠습니다.

plot.bar( ) 명령을 사용하여 막대그래프를 그린 후, text( ) 메소드로 각 막대의 윗부분에 남성과 여성의 평균을 출력해 보겠습니다. 막대그래프의 각 막대에 값을 출력하기 위해 plt.text( ) 메소드를 사용합니다.

plt.text(x축 위치, y축 위치, 출력할 내용)

\# 그래프의 (x, y) 위치에 '출력할 내용' 출력

예 plt.text(2, 3, '텍스트')는 오른쪽 그래프처럼 출력됩니다.

다른 속성들도 남녀 간의 평균 차이가 있는지 동일한 방식으로 확인해 보겠습니다.

오른쪽 코드에서 0.02를 넣지 않고 출력해 보세요.

앞에서 학습한 mean( ), round( ), text( ) 메소드를 사용하여 성별 간 각 속성별 평균을 비교해 보세요. 가장 차이가 많이 나는 속성은 무엇일까요?

```
1  long_hair_count.plot.bar( ) # 막대그래프 그리기
2  plt.text(0, long_hair_count[0] + 0.02, long_hair_count[0],
3           va = 'center', ha = 'center') # Female에 대한 평균 출력
4  plt.text(1, long_hair_count[1] + 0.02, long_hair_count[1],
5           va = 'center', ha = 'center') # Male에 대한 평균 출력
6  plt.show( )
```

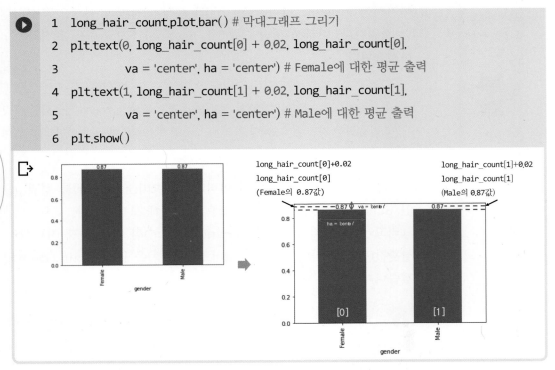

위 코드를 자세히 살펴보겠습니다.

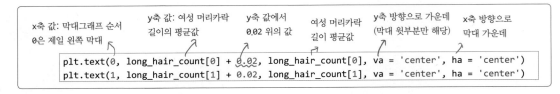

| | x축 값: 막대그래프 순서 0은 제일 왼쪽 막대 | y축 값: 여성 머리카락 길이의 평균값 | y축 값에서 0.02 위의 값 | 여성 머리카락 길이 평균값 | y축 방향으로 가운데 (막대 윗부분만 해당) | x축 방향으로 막대 가운데 |

```
plt.text(0, long_hair_count[0] + 0.02, long_hair_count[0], va = 'center', ha = 'center')
plt.text(1, long_hair_count[1] + 0.02, long_hair_count[1], va = 'center', ha = 'center')
```

long_hair_count에는 오른쪽 표의 내용이 저장되어 있으며, 성별의 각 값은 long_hair_count[0]과 long_hair_count[1]로 사용할 수 있습니다.

gender	long_hair	
Female	0.87	← long_hair_count[0]
Male	0.87	← long_hair_count[1]

**상관관계
분석하기**

성별(gender) 속성과 관련이 깊은 속성이라면 남녀를 예측하는 데 영향을 미치는 속성입니다. 따라서 남녀를 분류하는 데 어느 속성이 성별과 관련이 깊은지 확인하기 위하여 상관관계(correlation) 분석을 실시합니다.

**상관관계
되짚어 보기**

상관관계 분석은 두 속성 간에 관련성을 직선으로 표현하고 이 직선에 얼마나 밀집되어 있는가(관련성이 높은가)를 −1.0~1.0 사이의 실숫값 r로 설명하는 분석 방법입니다. 양수는 양의 상관관계, 음수는 음의 상관관계를 의미하며, 절대값 1(|1|)에 가까울수록 두 속성 간의 관련성이 높고, 0에 가까울수록 두 속성 간의 관련성이 낮습니다.

그래프의 x축과 y축은 서로 간의 관련성을 파악하려는 속성입니다.

r값의 범위에 따른 상관관계의 정도를 그래프로 표현하면 다음과 같습니다.

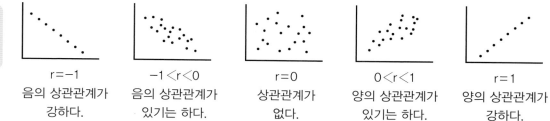

| r=−1 | −1<r<0 | r=0 | 0<r<1 | r=1 |
| 음의 상관관계가 강하다. | 음의 상관관계가 있기는 하다. | 상관관계가 없다. | 양의 상관관계가 있기는 하다. | 양의 상관관계가 강하다. |

위 그래프를 통해 알 수 있는 정보는 다음과 같습니다. 이때 상관관계의 정도를 나타내기 위해 r의 절댓값으로 제시하였습니다.

상관관계 r의 절댓값	상관관계의 정도
0.0~0.2	상관관계가 거의 없다.
0.2~0.4	상관관계가 낮다.
0.4~0.6	상관관계가 있다.
0.6~0.8	상관관계가 높다.
0.8~1.0	상관관계가 매우 높다.

범주형을 수치형으로 바꿀 때는 원-핫 인코딩을 사용하는구먼! 앗! 뜨거~~뜨거~~

그런데 상관관계를 분석하기 위해서는 속성값들이 모두 수치형 데이터여야 합니다. 'Female', 'Male'과 같은 문자열 값을 갖는 성별(gender) 속성은 범주형 데이터이므로 상관관계 분석을 위해 수치형으로 변환해야 합니다. 나머지 속성들은 이미 정수형(int), 실수형(float)이라는 수치형 데이터이므로 변환하지 않습니다.
범주형 데이터를 수치형 데이터로 변환하는 작업은 원-핫 인코딩을 활용합니다.

지금부터는 원-핫 인코딩 방법에 대해 알아보고 직접 실행해 보겠습니다.

원-핫 인코딩 방법

원-핫 인코딩은 범주의 개수만큼 속성을 만들고 범주마다 0이나 1을 입력하는 방법입니다. 1개의 속성만 1로 표기하고 나머지 속성에는 0을 표기한다고 해서 '원-핫(one-hot)'이라는 이름이 붙었습니다.

인코딩하는 방법은 다음과 같습니다.

> ❶ 범주의 고윳값을 속성명으로 하는 새로운 속성 생성
> ❷ 해당하는 범주에 1, 아닌 범주에 0 표기
>
> **변환 예시** 아래 표처럼 PET_dog, PET_cat, PET_rabbit 속성이 새로 생성되며, dog 데이터 값은 PET_dog에 해당하므로 이 속성에만 1을 표기하고 나머지 PET_cat, PET_rabbit 속성에는 0을 표기합니다. 다른 속성에도 적용하면 다음과 같습니다.
>
> | PET | | PET_dog | PET_cat | PET_rabbit |
> |---|---|---|---|---|
> | dog | | 1 | 0 | 0 |
> | cat | → | 0 | 1 | 0 |
> | rabbit | | 0 | 0 | 1 |
> | dog | | 1 | 0 | 0 |

이제 이목구비 데이터 셋의 성별(gender) 속성에 원-핫 인코딩을 수행해 보겠습니다. 원-핫 인코딩을 수행하는 방법에는 몇 가지가 있지만, 여기서는 표현 형식이 간단한 판다스 라이브러리의 get_dummies( )를 사용합니다. 이때 특정 속성을 인코딩하기 위해 데이터프레임에서 columns를 사용하여 인코딩할 속성명을 제시합니다.

> 판다스 객체.get_dummies(데이터프레임 객체, columns = ['인코딩할 속성명'], drop_first = True)
> # columns을 명시하지 않으면 데이터프레임의 모든 범주형 데이터를 원-핫 인코딩 처리함.
> # 특정 속성만 원-핫 인코딩하려면 columns에 속성명 제시(생략 가능)
> # drop_first = True를 추가하면 원-핫 인코딩을 수행하여 생성된 새로운 속성 중 첫 번째 속성
>   삭제(생략 가능)

원-핫 인코딩 적용

이목구비 데이터 셋(df)에서 성별(gender) 속성에 대하여 원-핫 인코딩을 수행하고 그 결과를 df_onehot이라는 이름으로 사용해 보겠습니다.

```
1  df_onehot = pd.get_dummies(df, columns = ['gender'])
2  df_onehot
```

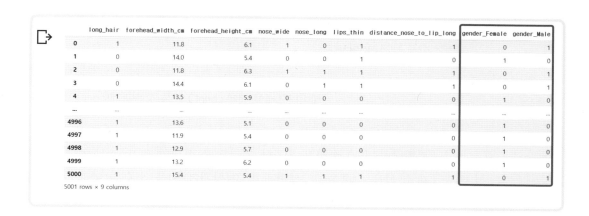

	long_hair	forehead_width_cm	forehead_height_cm	nose_wide	nose_long	lips_thin	distance_nose_to_lip_long	gender_Female	gender_Male
0	1	11.8	6.1	1	0	1	1	0	1
1	0	14.0	5.4	0	0	1	0	1	0
2	0	11.8	6.3	1	1	1	1	0	1
3	0	14.4	6.1	0	1	1	1	0	1
4	1	13.5	5.9	0	0	0	0	1	0
...	...	...	...	...	...	...	...	...	...
4996	1	13.6	5.1	0	0	0	0	1	0
4997	1	11.9	5.4	0	0	0	0	1	0
4998	1	12.9	5.7	0	0	0	0	1	0
4999	1	13.2	6.2	0	0	0	0	1	0
5000	1	15.4	5.4	1	1	1	1	0	1

5001 rows × 9 columns

📋 **해석**

실행 결과를 통해 표시된 것처럼 성별(gender) 속성이 원-핫 인코딩을 통해 범주(Female, Male)의 개수만큼 2개 속성(gender_Female, gender_Male)이 새롭게 생성되었고, 해당하는 범주에만 1이 체크된 것을 확인할 수 있습니다. 이처럼 get_dummies()를 통해 원-핫 인코딩된 후에는 기존의 범주형 데이터 속성(gender)은 삭제됩니다.

그런데 gender_Female, gender_Male 속성을 보니 gender_Female의 값이 1일 때, gender_Male의 값은 항상 0이고, gender_Female의 값이 0일 때, gender_Male의 값은 항상 1인 것을 알 수 있습니다. 따라서 상관관계를 분석하기 위해 이 2개의 속성 중 1개의 속성만 사용하면 되므로, drop_first = True를 추가하여 새로운 속성 중 첫 번째 속성인 gender_Female 속성을 삭제해 보겠습니다.

```
1  df_onehot = pd.get_dummies(df, columns = ['gender'], drop_first = True)
2  df_onehot
```

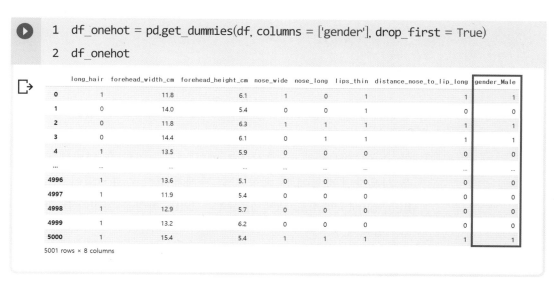

	long_hair	forehead_width_cm	forehead_height_cm	nose_wide	nose_long	lips_thin	distance_nose_to_lip_long	gender_Male
0	1	11.8	6.1	1	0	1	1	1
1	0	14.0	5.4	0	0	1	0	0
2	0	11.8	6.3	1	1	1	1	1
3	0	14.4	6.1	0	1	1	1	1
4	1	13.5	5.9	0	0	0	0	0
...	...	...	...	...	...	...	...	...
4996	1	13.6	5.1	0	0	0	0	0
4997	1	11.9	5.4	0	0	0	0	0
4998	1	12.9	5.7	0	0	0	0	0
4999	1	13.2	6.2	0	0	0	0	0
5000	1	15.4	5.4	1	1	1	1	1

5001 rows × 8 columns

df_onehot 데이터프레임에서 gender_Female 속성이 삭제되고 gender_Male 속성만 남은 것을 확인할 수 있습니다. 이제 상관관계를 분석할 준비가 되었습니다.

상관관계 분석

데이터프레임의 속성 간에 관련 정도를 나타내는 상관관계를 분석하기 위해서는 corr( ) 메소드를 사용합니다.

데이터프레임 객체.**corr( )**   # 상관관계(correlation) 분석

성별(gender) 속성을 원-핫 인코딩한 결과인 df_onehot 데이터프레임에 대하여 상관관계 분석을 수행하고, 상관관계 값(상관계수)을 소수점 아래 둘째 자리까지 반올림한 결과를 corr로 설정해 보겠습니다.

```
1  corr = df_onehot.corr( ).round(2)
2  corr
```

	long_hair	forehead_width_cm	forehead_height_cm	nose_wide	nose_long	lips_thin	distance_nose_to_lip_long	gender_Male
long_hair	1.00	-0.01	-0.02	0.00	0.01	0.01	-0.03	-0.01
forehead_width_cm	-0.01	1.00	0.09	0.25	0.26	0.26	0.25	0.33
forehead_height_cm	-0.02	0.09	1.00	0.21	0.19	0.21	0.22	0.28
nose_wide	0.00	0.25	0.21	1.00	0.57	0.56	0.57	0.76
nose_long	0.01	0.26	0.19	0.57	1.00	0.56	0.56	0.74
lips_thin	0.01	0.26	0.21	0.56	0.56	1.00	0.57	0.74
distance_nose_to_lip_long	-0.03	0.25	0.22	0.57	0.56	0.57	1.00	0.75
gender_Male	-0.01	0.33	0.28	0.76	0.74	0.74	0.75	1.00

📝 **해석**

실행 결과를 통해 gender_Male 속성의 상관관계 값이 실수형 수칫값으로 나타난 것을 확인할 수 있습니다. 그러나 속성별로 상관관계를 파악하려면 일일이 수치를 비교해야 하는 불편함이 발생합니다.

히트맵으로 표현

상관관계 분석 결과는 수칫값으로 되어 있어서 관련 깊은 속성을 한눈에 파악하기 어려우므로 히트맵(heatmap)으로 표현하여 살펴보겠습니다. 히트맵은 그 단어가 갖는 의미에서 알 수 있듯이 색(heat, 열)으로 배열(map, 지도)을 나타내는 그래프를 말합니다. 히트맵을 사용하면 배열에 두 속성 간의 관계가 색으로 표현되어 한눈에 파악하기 쉽습니다. heatmap( ) 메소드 내에 annot = True 속성을 설정하면 히트맵 각 셀에 해당하는 값을 표기합니다.

시본 객체.**heatmap**(데이터프레임명, annot = True)
annot = True는 히트맵의 각 셀에 해당하는 값을 셀에 표기

두 속성 간의 관계를 색으로 나타내어 그 관계를 쉽게 파악할 수 있도록 히트맵을 사용해 보겠습니다. 히트맵은 시본(seaborn) 라이브러리를 사용하여 쉽게 구현할 수 있습니다.

```
1  import seaborn as sns
2  sns.heatmap(corr, annot = True) # 히트맵에 값(수칫값) 포함하여 그리기
```

<matplotlib.axes._subplots.AxesSubplot at 0x7f9facdaa050>

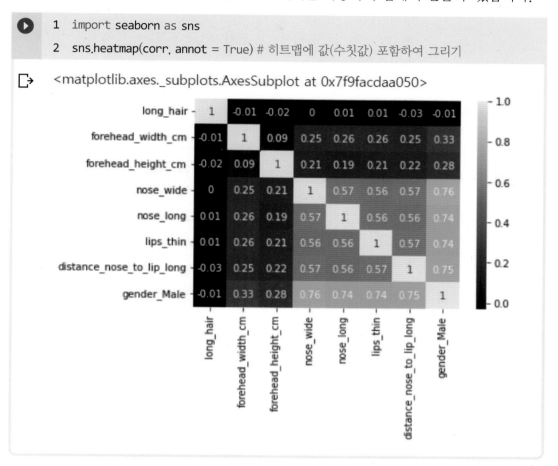

해석

실행 결과를 통해 우측의 색깔 막대(color bar)에서 밝은 색상일수록 속성 간의 관련성이 깊은 것을 확인할 수 있습니다. 머리카락 길이(long_hair)는 상관관계가 거의 없고, 이마 너비(forehead_width_cm), 이마 높이(forehead_height_cm)는 상관관계가 낮으며, 코 너비(nose_wide), 코 길이(nose_long), 입술 두께(lips_thin), 인중 길이(distance_nose_to_lip_long)는 상관관계가 높은 것을 알 수 있습니다.

이를 토대로 성별을 분류하는 속성으로 높은 상관관계를 갖는 코 너비(nose_wide), 코 길이(nose_long), 입술 두께(lips_thin), 인중 길이(distance_nose_to_lip_long)를 선택합니다. 단, 처리 시간이나 비용을 고려하기보다 정확도를 조금이라도 높이기 위해 낮은 상관관계를 갖는 이마 너비(forehead_width_cm)와 이마 높이(forehead_height_cm)도 추가해 보겠습니다.

**독립 변수와
종속 변수 구분**

데이터의 속성들 중에는 영향을 미치는 속성과 영향을 받는 속성이 있습니다. 영향을 미치는 속성을 '독립 변수', 독립 변수의 영향을 받는 속성을 '종속 변수'라고 부릅니다.

데이터 탐색 과정을 통해 우리는 상관관계가 거의 없는 머리카락 길이를 제외한 이마 너비, 이마 높이, 코 너비, 코 길이, 입술 두께, 인중 길이를 성별을 분류하는 속성으로 사용하기로 했습니다.

독립 변수	종속 변수
이마 너비(forehead_width_cm), 이마 높이(forehead_height_cm), 코 너비(nose_wide), 코 길이(nose_long), 입술 두께(lips_thin), 인중 길이(distance_nose_to_lip_long)	성별(gender_Male)

> 독립 변수 객체 = 데이터프레임 객체[[속성명1, 속성명2, …]]
> 종속 변수 객체 = 데이터프레임 객체[속성명]

x와 y를 모두 출력하기 위해 display( ) 함수를 사용했습니다.

```
1  x = df_onehot[['forehead_width_cm', 'forehead_height_cm',
2                 'nose_wide', 'nose_long', 'lips_thin',
3                 'distance_nose_to_lip_long']] # 독립 변수
4  y = df_onehot['gender_Male'] # 종속 변수
5  display(x)
6  display(y)
```

	forehead_width_cm	forehead_height_cm	nose_wide	nose_long	lips_thin	distance_nose_to_lip_long
0	11.8	6.1	1	0	1	1
1	14.0	5.4	0	0	1	0
2	11.8	6.3	1	1	1	1
3	14.4	6.1	0	1	1	1
4	13.5	5.9	0	0	0	0
...	...	...	...	...	...	...
4996	13.6	5.1	0	0	0	0
4997	11.9	5.4	0	0	0	0
4998	12.9	5.7	0	0	0	0
4999	13.2	6.2	0	0	0	0
5000	15.4	5.4	1	1	1	1

5001 rows × 6 columns

```
0       1
1       0
2       1
3       1
4       0
       ..
4996    0
4997    0
4998    0
4999    0
5000    1
Name: gender_Male, Length: 5001, dtype: uint8
```

⚠**유의 사항**

독립 변수 객체 x를 생성할 때 표현하는 형식은 df_onehot[[속성명 리스트]]로 대괄호[ ]를 2번 연속 사용하고 있습니다. 바깥의 대괄호는 원-핫 인코딩을 수행한 데이터프레임 df_onehot의 속성이라는 것을 나타내는 대괄호이며, 안쪽의 대괄호는 여러 개의 속성들로 구성된 리스트를 나타내는 대괄호입니다. 따라서 잘못된 것이 아니며, 대괄호를 한 번만 사용하지 않도록 유의해야 합니다.

훈련 데이터
테스트 데이터
나누기

인공지능 모델을 학습시키기 위해서는 이목구비 데이터 셋을 훈련 데이터와 테스트 데이터로 나누어야 합니다. 일반적으로 훈련 데이터와 테스트 데이터는 7:3 비율로 나눕니다.

사이킷런(sklearn) 라이브러리의 모듈을 사용하면 전체 데이터를 훈련 데이터와 테스트 데이터로 쉽게 나눌 수 있습니다. 사이킷런의 model_selection 모듈에서 train_test_split을 불러오는 방법을 사용하겠습니다.

```
1  from sklearn.model_selection import train_test_split
```

훈련 데이터와 테스트 데이터를 나누기 위해 train_test_split( )을 사용합니다. train_test_split( )은 실행될 때마다 데이터를 매번 임의로 하여 훈련 데이터와 테스트 데이터를 새롭게 구성합니다.

> 학습에 사용할 독립 변수 객체, 테스트에 사용할 독립 변수 객체, 학습에 사용할 종속 변수 객체,
> 테스트에 사용할 종속 변수 객체 = train_test_split (독립 변수, 종속 변수,
> test_size = 테스트 데이터 비율)
> # 독립 변수: 영향을 미치는 속성, 종속 변수: 영향을 받는 속성
> # 테스트 데이터 비율: 실수 형태로 나타내며, 예를 들어 0.3을 입력한다면
> 전체 데이터의 30%를 테스트 데이터로 배정하겠다는 의미, test_size를 생략하면 기본 값 0.25로 설정

전체 독립 변수(x) 중 학습에 사용하는 독립 변수는 X_train, 테스트에 사용하는 독립 변수는 X_test, 전체 종속 변수(y) 중 학습에 사용하는 종속 변수는 y_train, 테스트에 사용하는 종속 변수는 y_test라는 이름으로 사용하겠습니다.

```
1  X_train, X_test, y_train, y_test = train_test_split(x, y, test_size = 0.3)
```

shape를 사용하면 훈련 데이터의 독립 변수와 종속 변수, 테스트 데이터의 독립 변수와 종속 변수의 개수를 확인할 수 있어요.
(예 X_train.shape)

전체 데이터 중에서 테스트 데이터의 비율을 0.3(30%)으로 설정하였으므로 훈련 데이터는 70%가 됩니다.

훈련 데이터(70%)		테스트 데이터 (30%)	
독립 변수 (X_train)	종속 변수 (y_train)	독립 변수 (X_test)	종속 변수 (y_test)

보충 | 사이킷런(scikit-learn)

Python 라이브러리 중에서 머신러닝할 때 가장 많이 사용되는 라이브러리입니다. 1~2줄의 코드만으로도 머신러닝을 실행시킬 수 있을 만큼 사용이 편리합니다. 사이킷런을 사용하면 훈련 데이터와 테스트 데이터를 나누거나, 모델을 선택하여 학습시키는 등 다양한 작업을 쉽게 할 수 있습니다.

분류를 위한 머신러닝 모델에는 다양한 종류가 있으며 각 모델마다 데이터를 학습하는 방식과 분류 정확도가 조금씩 다릅니다. 이 책에서는 각 모델이 어떻게 다른지에 대해 다루지는 않고, 사용되는 모델에 관해 간략하게 소개하겠습니다.

이번 활동에서는 성별을 분류하기 위하여 로지스틱 회귀(Logistic Regression) 모델을 사용합니다.

사이킷런을 이용하여 다음과 같이 한 줄로 로지스틱 회귀 모델을 불러올 수 있습니다.

```
1  from sklearn.linear_model import LogisticRegression
```

이후 LogisticRegression() 함수를 통해 로지스틱 회귀 모델을 생성합니다. 앞으로 생성한 모델을 LR_model이라는 이름으로 사용하겠습니다.

```
1  LR_model = LogisticRegression() # Logistic Regression 모델 생성
```

여기서 생성한 모델은 사람에 비유하면 아직 학습하지 않은 뇌구조에 해당합니다.

보충 로지스틱 회귀(Logistic Regression) 모델(분류 모델)

로지스틱 회귀 모델은 결괏값을 예측하는 회귀식에 로짓(logit, 로그 함수)을 이용하여 결괏값을 0~1 사이의 범위로 출력하여 분류하는 머신러닝 모델입니다. 이름이 유사한 선형 회귀와 비교해 보겠습니다.

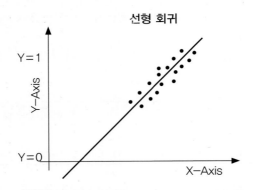

선형 회귀

회귀 종속 변수가 학습 시간에 따른 성적과 같이 수치형 데이터일 때 사용합니다.

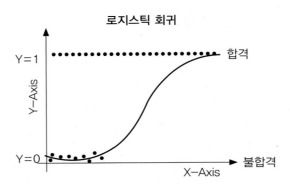

로지스틱 회귀

분류 종속 변수가 선형 회귀선에 로그 함수를 적용하여 0과 1로 분류할 수 있게 되어 있으며 범주형 데이터일 때 사용합니다.

이처럼 로지스틱 회귀 모델은 합격·불합격, 남·녀, 생존·사망 등과 같은 범주형 데이터에 대한 범주를 예측할 수 있습니다.

---

5 모델 학습하기

이제 훈련 데이터를 이용하여 모델을 학습시켜 제 기능을 할 수 있도록 하겠습니다. 머신 러닝에서 모델 학습을 할 때 모델이 학습할 훈련 데이터(독립 변수)와 훈련 데이터의 레이블(종속 변수)을 설정해야 합니다.

> 모델 객체.**fit**(훈련 데이터, 훈련 데이터의 레이블)
> # 훈련 데이터와 훈련 데이터의 레이블은 값만 학습하기 위해 '.values'와 함께 제시

이번 활동에서는 새로운 데이터를 배열로 제시하기 위해 속성명을 사용하지 않고 값만 학습합니다.

X_train을 훈련 데이터로, y_train을 훈련 데이터의 레이블로 설정합니다. fit( ) 함수를 사용하면 쉽게 학습할 수 있습니다.

 1 LR_model.fit(X_train.values, y_train.values)

보충 | 학습에서 속성명 사용하지 않기

위의 코드에는 모델 학습에 사용하는 훈련 데이터 X_train과 훈련 데이터의 레이블 y_train에 '.values'라는 속성이 함께 제시되어 있습니다. '.values'를 제시하지 않으면, 이후 예측 과정에서 다음과 같은 경고 문구가 출력됩니다. 앞으로 사용할 테스트 데이터에도 적용합니다.

> /usr/local/lib/python3.7/dist-packages/sklearn/base.py:451: UserWarning: X does not have valid feature names, but LogisticRegression was fitted with feature names "X does not have valid feature names, but"

이러한 문구가 출력되는 이유는 학습에 사용한 데이터는 속성명과 값으로 구성된 데이터프레임이고, 이후 모델을 평가(predict( ))한 결과로 출력되는 형태는 속성명(feature name)이 없는 배열(array)이기 때문입니다. 따라서 '.values'를 사용하면 모델이 속성명을 제외한 값만 학습하기 때문에 이러한 경고 문구가 나타나지 않습니다.

| | | | 훈련 데이터 입력 | | | 학습 | 모델 평가 결과 |

	속성명 1	속성명 2	속성명	속성명 5	속성명 6	속성명 7
0						
1						
2			값			
:						
:						
4999						
5000						

속성명과 값으로 구성된 데이터프레임

학습 → 값만 학습 → array([1, 1, 1,..., 0, 1, 1], dtype = uint8)

속성명이 없는 배열

6 모델 평가 및 예측하기

다음 그림은 모델을 생성하여 학습시키고 난 후 학습이 제대로 되었는지 평가하는 과정입니다. 훈련 데이터로 학습시킨 인공지능 모델을 테스트 데이터로 예측한 결괏값과 테스트 데이터의 레이블(실젯값)을 비교하여 얼마나 분류를 잘했는지 정확도를 산출하면 해당 모델의 성능을 평가할 수 있습니다.

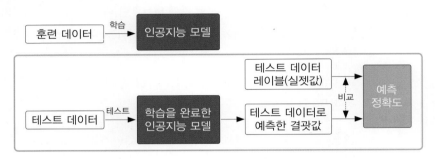

모델 평가

모델이 학습을 완료하고 나면 학습이 잘되었는지 평가합니다. 이를 위해서 다음의 두 가지 직업을 수행해야 합니다.

예측	정확도 산출
• 테스트 데이터를 이용하여 학습이 잘되었는지 평가 • 형식: predict(테스트 데이터)	• 테스트 데이터의 레이블(실젯값)과 예측한 결괏값을 비교하여 정확도 산출 • 형식: accuracy_score(테스트 데이터의 레이블, 테스트 데이터로 예측한 결괏값)

테스트 데이터의 예측값

학습을 완료한 모델(LR_model)이 학습을 잘했는지 평가하기 위해 predict( ) 메소드를 사용하여 테스트 데이터(X_test)로 성별을 예측하게 합니다.

> 모델 객체.predict(테스트 데이터)

'gender_Female'(0: 남성, 1: 여성) 속성을 삭제하고 'gender_Male'(0: 여성, 1: 남성) 속성을 종속 변수로 설정한 것을 기억하도록 합니다.

학습을 완료한 모델이 예측한 결과를 predict_results라는 이름으로 설정해 보겠습니다.

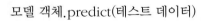

```
1  predict_results = LR_model.predict(X_test.values)
2  predict_results
```

➡ array([[1], 1, 1, …, 0, 1, 1], dtype = uint8)

데이터 나누기를 랜덤으로 실시하기 때문에 예측 결과가 다르게 출력될 수 있어요.

 해석

실행 결과를 통해 LR_model 모델이 테스트 데이터(X_test) 중 첫 번째 데이터를 남성(Male)으로 예측한 것을 알 수 있습니다.

정확도 산출

학습을 완료한 모델이 얼마나 정확하게 성별을 예측하는지 확인하기 위해 실젯값의 테스트 데이터 레이블(y_test)과 모델이 테스트 데이터를 예측한 값을 비교하여 정확도를 산출합니다. 정확도를 산출하기 위해 accuracy_score( ) 메소드를 사용하며 모델이 예측한 값과 실젯값이 얼마나 일치하는지 평가하여 0.0~1.0 사이의 실숫값으로 출력합니다.

> accuracy_score(테스트 데이터의 레이블, 테스트 데이터 예측값)
> # 테스트 데이터의 레이블과 테스트 데이터의 예측값을 비교하여 모델의 정확도 산출

사이킷런의 metrics 모듈을 사용하여 정확도를 산출해 보겠습니다.

```
1  from sklearn.metrics import accuracy_score
2  accuracy_score(y_test, predict_results)
```

```
0.9713524317121919
```

실행 결과는 매번 달라질 수 있어요

 해석

실행 결과는 0.9713…으로, 이는 모델이 약 97%의 정확도를 보인다고 해석할 수 있습니다.

성별 예측

새로운 데이터를 입력하여 predict_proba( ) 메소드를 사용하면 예측한 결과가 남성이 아닐 확률과 남성일 확률을 실숫값으로 출력합니다.

> 모델 객체.predict_proba(새로운 데이터)
> # 새로운 데이터에 대한 예측 결과가 레이블에 속할 확률 출력

새로운 데이터 choi의 독립 변수 속성값은 아래와 같습니다.
- 이마 너비: 16.3
- 이마 높이: 6.0
- 쿄 너비: 0(좁음.)
- 쿄 길이: 0(짧음.)
- 입술 두께: 0(얇음.)
- 인중 길이: 0(짧음.)

넘파이 라이브러리를 불러와 새로운 데이터를 배열로 제시합니다. 독립 변수 6개의 속성값을 각각 16.3, 6.0, 0, 0, 0, 0으로 생성하여 choi라는 이름으로 설정합니다. 이제 새로 입력한 데이터를 모델이 어떻게 분류했는지 확인해 보겠습니다.

```
1  import numpy as np  # 넘파이 라이브러리 호출
2  choi = np.array([[16.3, 6.0, 0, 0, 0, 0]]) # 독립 변수에 속하는 속성들의 새로운 값 입력
3  LR_model.predict_proba(choi)
```

```
array([[0.99012047, 0.00987953]])
```

 해석

choi가 남성이 아닐 확률(여성일 확률)은 약 0.99, 남성일 확률은 약 0.01인 것을 확인할 수 있습니다. 이는 로지스틱 회귀 모델이 choi를 여성으로 분류했다는 것을 의미합니다.

배운 내용 정리하기

※ 이 활동에서 제시한 문제를 해결하기 위해 진행한 과정과 알게 된 정보를 정리해 봅시다.

문제 해결 과정

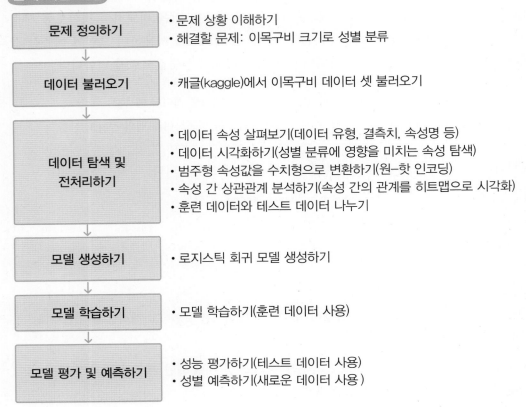

문제 정의하기
- 문제 상황 이해하기
- 해결할 문제: 이목구비 크기로 성별 분류

데이터 불러오기
- 캐글(kaggle)에서 이목구비 데이터 셋 불러오기

데이터 탐색 및 전처리하기
- 데이터 속성 살펴보기(데이터 유형, 결측치, 속성명 등)
- 데이터 시각화하기(성별 분류에 영향을 미치는 속성 탐색)
- 범주형 속성값을 수치형으로 변환하기(원-핫 인코딩)
- 속성 간 상관관계 분석하기(속성 간의 관계를 히트맵으로 시각화)
- 훈련 데이터와 테스트 데이터 나누기

모델 생성하기
- 로지스틱 회귀 모델 생성하기

모델 학습하기
- 모델 학습하기(훈련 데이터 사용)

모델 평가 및 예측하기
- 성능 평가하기(테스트 데이터 사용)
- 성별 예측하기(새로운 데이터 사용)

알게 된 정보

1. **원-핫 인코딩**: 범주형 데이터를 수치형으로 변환하는 작업으로 범주의 고윳값 개수만큼 속성을 만들고 범주마다 0 또는 1의 값을 입력하는 방법입니다. 이때 해당되는 범주에는 1이, 해당되지 않는 범주에는 0이 표기됩니다. 원-핫 인코딩을 수행하고 나면 결과 예측에 영향을 미치는 속성을 찾기 위한 상관관계 분석 과정을 수행합니다.

2. **독립 변수와 종속 변수**: 결과 예측에 영향을 미치는 속성은 독립 변수, 독립 변수의 영향을 받는 속성은 종속 변수입니다.

3. **로지스틱 회귀 모델**: 결괏값을 예측하는 회귀식에 로짓(logit, 로그 함수)을 이용하여 결괏값을 0~1 사이의 범위로 출력하여 분류하는 머신러닝 모델입니다.

4. **분류 모델 평가 지표인 정확도**: 훈련 데이터로 학습시킨 인공지능 모델이 테스트 데이터(실젯값과 예측값 비교)를 입력받았을 때 얼마나 정확하게 분류하는지를 나타내는 값입니다.

5. **사이킷런 라이브러리**: 훈련 데이터와 테스트 데이터를 나누거나 모델을 선택하여 학습시키는 데 사용하는 라이브러리입니다.

```python
1   import pandas as pd
2   import matplotlib.pyplot as plt
3   import seaborn as sns
4   from sklearn.model_selection import train_test_split
5   from sklearn.linear_model import LogisticRegression
6   from sklearn.metrics import accuracy_score
7   import numpy as np
8
9   # 코랩과 구글 드라이브 연동하기
10  from google.colab import drive
11  drive.mount('/content/drive')
12  # 데이터 불러오기
13  df = pd.read_csv('gender_classification_v7.csv')
14  # 데이터 정보 살펴보기
15  df.info()
16  # 상위 5개 데이터 살펴보기
17  df.head()
18  # 데이터 통계치 살펴보기
19  df.describe()
20
21  # 데이터 시각화1: 성별 인원 수 비교하기
22  df['gender'].value_counts()
23  df['gender'].value_counts().plot.bar()
24  # 데이터 시각화2: 성별 머리카락 길이 평균 그래프 그리기
25  long_hair_count = df['long_hair'].groupby(df['gender']).mean().round(2)
26  long_hair_count  # long_hair_count의 내용 출력
27  long_hair_count.plot.bar()
28  plt.text(0, long_hair_count[0] + 0.02,
29          long_hair_count[0], va = 'center', ha = 'center')
30  plt.text(1, long_hair_count[1] + 0.02,
31          long_hair_count[1], va = 'center', ha = 'center')
32  plt.show()
33
34  # 원-핫 인코딩하기(속성 'gender'를 수치형 데이터로 변환 후 첫 번째 속성 삭제)
35  df_onehot = pd.get_dummies(df, columns = ['gender'], drop_first = True)
36  # 데이터 속성 간 상관관계 분석하기
37  corr = df_onehot.corr().round(2)
38  # 상관관계 히트맵 그리기
39  sns.heatmap(corr, annot = True)
```

배운 내용 정리하기

```
40   # 독립 변수와 종속 변수 설정하기
41   x = df_onehot[['forehead_width_cm', 'forehead_height_cm', 'nose_wide',
42                  'nose_long', 'lips_thin', 'distance_nose_to_lip_long']]  # 독립 변수
43   y = df_onehot['gender_Male']  # 종속 변수
44
45   # 훈련 데이터와 테스트 데이터로 나누기(7:3 비율)
46   X_train, X_test, y_train, y_test = train_test_split(x, y, test_size = 0.3)
47
48   # 모델 생성하기
49   LR_model = LogisticRegression()  # 로지스틱 회귀 분류 모델 생성
50
51   # 모델 학습하기
52   LR_model.fit(X_train.values, y_train.values) # 속성명을 제외하고 값만 학습
53
54   # 모델 평가하기
55   predict_results = LR_model.predict(X_test.values)
56   # 테스트 데이터로 결과 예측하기
57   accuracy_score(y_test, predict_results) # 모델의 정확도 산출하기
58
59   # 새로운 데이터의 범주 예측하기
60   choi = np.array([[16.3, 6.0, 0, 0, 0, 0]])
61   # 새로운 데이터가 각 범주에 해당될 확률이 얼마나 되는지 출력하기
62   LR_model.predict_proba(choi)
```

활동 정리하기

'머신러닝 문제 해결'의 '성별을 분류하다' 활동에서 분류 모델인 로지스틱 회귀 모델을 사용하여 남녀의 성별을 분류해 보았습니다. 우선 우리는 문제 해결을 위해 이목구비 데이터 셋(gender_classification_ v7.csv)의 속성과 속성 간 상관관계를 살펴보면서 성별 분류에 영향을 미치는 속성(독립 변수)과 영향을 받는 속성(종속 변수)이 무엇인지 확인하였습니다. 이 과정에서 상관관계 분석을 위해 문자열 값을 갖는 범주형 데이터를 원-핫 인코딩하여 수치형 데이터로 변환하고, 히트맵으로 시각화하여 종속 변수와 상관관계가 있는 속성이 무엇인지 쉽게 파악하였습니다.

이번 활동은 종속 변수가 범주형 데이터인 분류의 문제로 로지스틱 회귀 모델을 생성하고 훈련 데이터를 이용하여 모델을 학습시키고 나서 테스트 데이터를 사용하여 모델 학습이 잘되었는지 확인하였습니다. 테스트 데이터로 예측한 결괏값과 실젯값을 비교하여 얼마나 정확히 예측하는지 정확도(accuracy)를 확인하였으며, 새로운 데이터로 남녀 성별을 예측해 보았습니다.

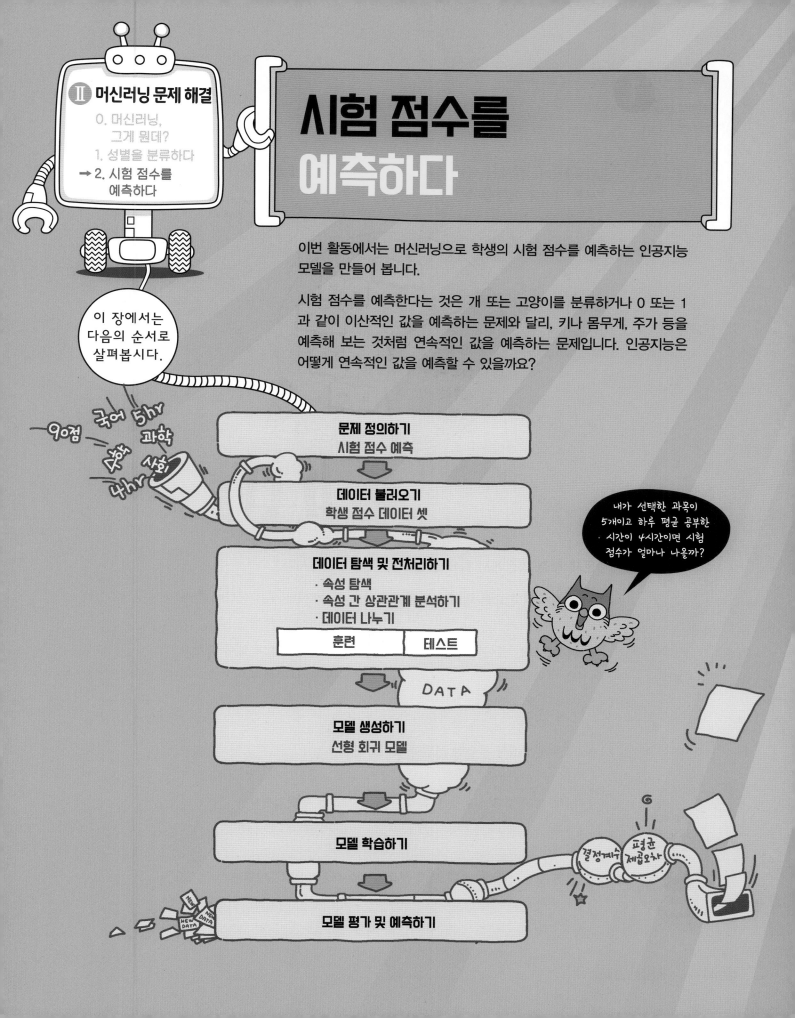

시험 점수를 예측하다

이번 활동에서는 머신러닝으로 학생의 시험 점수를 예측하는 인공지능 모델을 만들어 봅니다.

시험 점수를 예측한다는 것은 개 또는 고양이를 분류하거나 0 또는 1과 같이 이산적인 값을 예측하는 문제와 달리, 키나 몸무게, 주가 등을 예측해 보는 것처럼 연속적인 값을 예측하는 문제입니다. 인공지능은 어떻게 연속적인 값을 예측할 수 있을까요?

이 장에서는 다음의 순서로 살펴봅시다.

문제 정의하기
시험 점수 예측

데이터 불러오기
학생 점수 데이터 셋

데이터 탐색 및 전처리하기
· 속성 탐색
· 속성 간 상관관계 분석하기
· 데이터 나누기

| 훈련 | 테스트 |

내가 선택한 과목이 5개이고 하루 평균 공부한 시간이 4시간이면 시험 점수가 얼마나 나올까?

DATA

모델 생성하기
선형 회귀 모델

모델 학습하기

결정계수 평균 제곱오차

모델 평가 및 예측하기

1 문제 정의하기

인공지능은 학생이 선택한 과목 수, 학생의 하루 평균 공부한 시간만으로 어떻게 학생의 시험 점수를 예측할 수 있을까요?

문제 해결에 필요한 정보

문제 해결 과정에서 필요한 정보를 미리 살펴봅시다.

1. 이 활동에 필요한 데이터 셋은 무엇이고, 이 데이터 셋은 어디에서 다운로드할 수 있나요?

   ▶ 데이터 셋은 학생 시험 점수 데이터 셋으로, 캐글에서 다운로드할 수 있습니다.

2. 다운로드한 데이터 셋을 모델 학습에 사용하려면 어떻게 해야 할까요?

   ▶ 학생이 선택한 과목 수와 공부 시간으로 시험 성적을 예측할 수 있도록 데이터 탐색 후 전처리 과정이 필요합니다. 학생 시험 점수 속성에 영향을 미치는 속성을 찾기 위해 각 속성 간 상관관계를 분석하여 시각화하기, 학습 및 평가를 위한 훈련 데이터와 테스트 데이터 나누기 등을 합니다.

3. 모델 생성에서 사용할 모델을 찾아볼까요?

   ▶ 여기서는 학생 시험 점수 예측을 위해 선형 회귀 모델을 사용합니다.

4. 선형 회귀 모델 성능을 나타내는 평가 지표는 무엇일까요?

   ▶ 테스트 데이터의 예측값과 실젯값을 비교하여, 얼마나 차이가 나는지를 평가하는 지표로 결정계수를 산출합니다.

문제 해결에 필요한 정보는 무엇일까?

5. 분류 모델 성능과 회귀 모델 성능을 평가하는 방법은 어떻게 다른가요?

   ▶ 분류 모델 성능은 예측값과 실젯값을 비교해서 몇 개의 데이터를 맞췄는지를 평가하고, 회귀 모델 성능은 예측값과 실젯값을 비교해서 오차가 얼마나 나는지를 평가합니다.

② 데이터 불러오기

데이터 셋 소개

학생 점수 데이터 셋은 선형 회귀를 포함하여 기본적인 회귀 문제를 학습하기에 매우 단순한 데이터입니다. 그러나 학생의 점수를 한정된 속성으로 예측하기 때문에 코드는 간단하지만 시험 점수를 예측한다는 점에서 실제로 이 모델을 사용하기에는 한계가 있습니다. 학생 점수 데이터 셋은 코스 수(number_courses)와 하루 평균 공부한 시간(time_study), 학생의 점수(Marks)로 구성되어 있으며, 총 100개의 데이터가 있습니다.

학생 점수 데이터 셋의 속성을 미리 살펴보겠습니다.

1	number_courses	time_study	Marks
2	3	4.508	19.202
3	4	0.096	7.734
4	4	3.133	13.811
5	6	7.909	53.018
97	6	3.561	19.128
98	3	0.301	5.609
99	4	7.163	41.444
100	7	0.309	12.027
101	3	6.335	32.357

데이터 셋 불러오기

학생 점수 데이터 셋은 캐글(Kaggle.com)에서 수집할 수 있습니다. 캐글 검색창에서 'Student Marks Dataset'을 검색하여 아래의 데이터 셋을 다운로드합니다. 다운로드한 파일의 압축을 풀면 'Student_Marks.csv'를 확인할 수 있습니다.

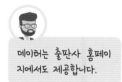

데이터는 출판사 홈페이지에서도 제공합니다.

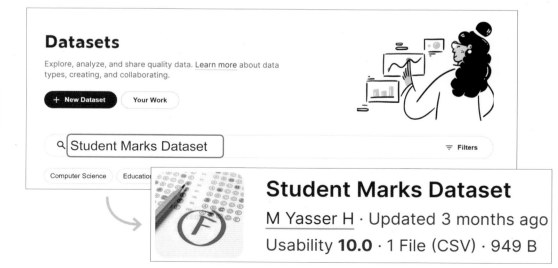

데이터 셋 업로드하기

코랩의 파일 업로드 기능을 이용하여 컴퓨터에 다운로드한 'Student_Marks.csv' 파일을 업로드하겠습니다.

```
1 #파일 선택 창을 통해 파일을 불러와 'filename'라는 변수로 파일 저장
2 from google.colab import files
3 filename = list(files.upload().keys())[0]
```

파일 선택   선택된 파일 없음   Cancel upload

'Student_Marks.csv'라는 파일명만 filename 변수에 저장하려면 list로 변환 후 0번째 인덱스 값을 가져오면 됩니다. 보충 설명을 참고하세요.

❶ 위의 코드를 실행한 후 파일 선택 메뉴가 활성화되면 파일 선택 버튼을 클릭하여 다운로드한 'Student_Marks.csv' 파일을 선택하여 업로드합니다.

판다스 데이터프레임으로 읽어 들이려면 파일 이름을 작성해야 하는데, 이때 오타가 생길 가능성이 높습니다. 이때 오른쪽 방법으로 파일명만 불러오면 편리합니다.

❷ 업로드가 완료되면 파일이 'Student_Marks.csv'로 저장되었다는 메시지가 표시됩니다.

> 파일 선택 Student_Marks.csv
> • **Student_Marks.csv**(text/csv) - 1615 bytes, last modified: 2022. 1. 4. - 100% done
> Saving Student_Marks.csv to Student_Marks.csv

세상에, 파일 업로드 방법이 이렇게나 많다구? 우리 손자도 알까나?

❸ 왼쪽의 파일 아이콘(🗀)을 클릭하면 업로드된 'Student_Marks.csv'파일을 확인할 수 있습니다.

보충 **파일 업로드하기**

아래의 filename 출력 결과 예시와 같이 filename 변수에 여러 형태로 파일을 저장할 수 있습니다. filename 변수를 출력해 보면 {파일명: 파일 속성, 값}의 딕셔너리 형태라는 것을 확인할 수 있습니다.

[filename 출력 결과 예시]

filename = files.upload() ⇒ {'Student_Marks.csv': b'number_courses, time_study, Marks, …, 32.357'}

filename = files.upload().keys() ⇒ dict_keys(['Student_Marks.csv'])

filename = list(files.upload().keys()) ⇒ ['Student_Marks.csv']

filename = list(files.upload().keys())[0] ⇒ 'Student_Marks.csv'

따라서 이번 활동에서는 파일명만 가져오기 위해 위 예시 중 가장 마지막 형식을 사용하였습니다.

파일 읽어 들이기

판다스 라이브러리를 불러온 다음, 판다스의 read_csv()로 업로드된 파일을 읽어 들여 데이터프레임 객체 변수에 저장합니다.

> 데이터프레임 객체 = 판다스 객체.read_csv('파일명.csv')
> # '파일명' 대신 파일을 저장한 변수로 파일 제어

이제 불러온 학생 점수 데이터 셋을 student_data라는 이름으로 사용해 보겠습니다.

데이터 셋 파일 형식이 '.csv'이므로 판다스에서 제공하는 파일 읽기 명령을 사용하기 위해 판다스 라이브러리를 제일 먼저 불러옵니다.

```
1   import pandas as pd
2   student_data = pd.read_csv(filename)
3   student_data
```

	number_courses	time_study	Marks
0	3	4.508	19.202
1	4	0.096	7.734
2	4	3.133	13.811
3	6	7.909	53.018
4	8	7.811	55.299
...	...	...	...
95	6	3.561	19.128
96	3	0.301	5.609
97	4	7.163	41.444
98	7	0.309	12.027
99	3	6.335	32.357

100 rows × 3 columns

보충 | **데이터 셋의 구조**

머신러닝에서 다루는 데이터 셋의 구조에서 행, 열은 다양한 이름으로 불립니다.

• **행(row):** 데이터 포인트(data point), 오브젝트(object), 레코드(record)라는 이름으로 사용됩니다.
• **열(column):** 변수(variable), 속성(attribute), 특성(feature)이라는 이름으로 생성됩니다.

또한 열은 독립 변수, 종속 변수로 나뉘는데, 종속 변수는 레이블(label), 타깃(target), 클래스(class)라는 이름으로도 사용됩니다.

[학생 점수 데이터 셋 예시]

열, 변수, 속성

독립 변수, 특성

	number_courses	time_study	Marks
0	3	4.508	19.202
1	4	0.096	7.734
2	4	3.133	13.811
3	6	7.909	53.018

행, 데이터 포인트, 오브젝트, 레코드

종속 변수, 레이블, 타깃, 클래스

3 데이터 탐색 및 전처리하기

데이터 살펴보기

학생 정보 데이터 셋에는 몇 개의 데이터와 속성이 있는지, 그리고 어떤 속성이 있는지 살펴보겠습니다. 판다스 라이브러리의 info() 메소드를 사용합니다.

> 데이터프레임 객체.info()
> # info() 메소드를 통해 데이터 개수, 속성 개수, 속성명, 결측치, 속성의 데이터 타입 등 확인

데이터 기초 정보 확인하기

```
1  student_data.info()
```

```
<class 'pandas.core.frame.DataFrame'>
RangeIndex: 100 entries, 0 to 99
Data columns (total 3 columns):
 #   Column          Non-Null Count   Dtype
---  ------          --------------   -----
 0   number_courses  100 non-null     int64
 1   time_study      100 non-null     float64
 2   Marks           100 non-null     float64
dtypes: float64(2), int64(1)
memory usage: 2.5 KB
```

속성명	타입	설명
number_courses	정수형(int64)	학생이 선택한 과목 수
time_study	실수형(float64)	학생이 하루 평균 공부한 시간
Marks	실수형(float64)	학생의 시험 점수

📋 **해석**

실행 결과를 통해 이 데이터 셋은 총 100개의 데이터와 3개의 속성으로 구성되어 있고, 각 속성이 100개의 값을 가진 것으로 보아 결측치가 없음을 확인할 수 있습니다. 속성별 데이터 유형은 학생이 선택한 과목 수(number_courses)는 정수형(int64), 학생이 하루 평균 공부한 시간(time_study)과 학생의 시험 점수(Marks)는 실수형(float64)인 것을 알 수 있습니다.

보충 판다스 라이브러리의 head() 메소드와 tail() 메소드

앞에서 판다스 라이브러리의 head() 메소드를 사용하면 데이터의 앞부분을 확인할 수 있다고 배웠습니다. 이와 유사한 방법으로 tail() 메소드를 사용하면 데이터의 뒷부분을 살펴볼 수 있습니다. 소괄호() 안에 숫자를 넣지 않으면 앞부분 또는 뒷부분의 5행까지 내용을 볼 수 있고, 숫자를 넣으면 숫자만큼 원하는 행을 볼 수 있습니다.

	number_courses	time_study	Marks
95	6	3.561	19.128
96	3	0.301	5.609
97	4	7.163	41.444
98	7	0.309	12.027
99	3	6.335	32.357

```
1  데이터프레임 객체.tail() # 데이터 하위 5행 출력
```

데이터 통계치 살펴보기

describe( ) 메소드를 사용하여 데이터들의 통계량(개수, 평균, 표준편차, 최솟값, 최댓값, 4분위수)을 파악해 보겠습니다. 수칫값을 갖는 속성에 대해서만 통계치를 출력하며 결측치는 제외됩니다.

> 데이터프레임 객체.describe( )
> # describe( ) 메소드를 통해 데이터 개수, 평균, 표준편차, 최솟값, 최댓값, 4분위수 파악

3개 속성의 통계량을 출력해 보겠습니다.

```
1  student_data.describe()
```

	number_courses	time_study	Marks
count	100.000000	100.000000	100.000000
mean	5.290000	4.077140	24.417690
std	1.799523	2.372914	14.326199
min	3.000000	0.096000	5.609000
25%	4.000000	2.058500	12.633000
50%	5.000000	4.022000	20.059500
75%	7.000000	6.179250	36.676250
max	8.000000	7.957000	55.299000

📋 **해석**

실행 결과를 통해 학생이 선택한 과목 수(number_courses)는 최소 3개, 최대 8개 과목이며 평균 5.29개의 과목을 선택한 것을 알 수 있습니다.

학생이 하루 평균 공부한 시간(time_study)은 최소 0.096시간(5.76분), 최대 7.957시간(약 7시간 57분)이며 하루 평균 4시간 정도 공부했습니다.

학생의 시험 점수(Marks)는 최소 5.6점, 최대 55.299점입니다. 만약 이 점수가 100점 만점에 대한 점수라면 시험 문제가 매우 어려운 것으로 보이지만, 이 데이터에서는 60점 만점이라고도 유추해 볼 수 있습니다.

4분위수 25%, 50%, 75%일 때도 한 번 살펴보시기 바랍니다.

실행 결과에서 학생의 시험 점수 최댓값이 55.299임을 기억해 두세요.

데이터 시각화하기

이번 활동은 학생의 시험 점수를 예측하는 것이므로 학생의 시험 점수(Marks) 속성에 영향을 미치는 속성을 찾아야 합니다. 이때 어느 속성이 시험 점수와 관련이 깊은지 확인하기 위해 상관관계 분석을 한 후 히트맵과 산점도로 시각화해 보겠습니다.

상관관계 분석

corr( ) 메소드를 사용하여 각 속성 간의 상관관계를 파악해 보겠습니다.

```
1  student_corr = student_data.corr() # 상관관계(correlation) 분석
2  student_corr
```

오른쪽 결과에서 표시한 부분은 학생 점수와 각 속성 간의 상관계수이며 1에 가까울수록 상관관계가 높음을 의미합니다.

	number_courses	time_study	Marks
number_courses	1.000000	0.204844	0.417335
time_study	0.204844	1.000000	0.942254
Marks	0.417335	0.942254	1.000000

히트맵으로 표현

상관관계를 나타낸 위의 결과를 시본(seaborn) 라이브러리를 사용해 히트맵으로 시각화해 보겠습니다. 히트맵을 사용하면 속성 간의 관계를 색으로 나타내어 상관관계를 쉽게 파악할 수 있습니다.

```
1  import seaborn as sns
2  import matplotlib.pyplot as plt
3  sns.heatmap(student_corr, annot = True) # 히트맵에 값 포함하여 그리기
4  plt.show() # 화면에 차트나 플롯(plot)을 출력할 때 사용하며 코랩에서는 생략 가능
```

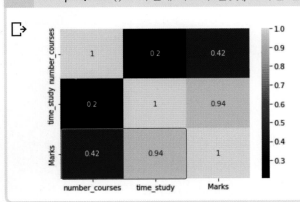

상관관계 분석이나 히트맵 공식은 '머신러닝 문제 해결' 영역의 '성별을 분류하다' 활동을 참고하세요.

📋 **해석**

실행 결과를 통해 학생의 시험 점수(Marks)와 학생이 선택한 과목 수(number_courses)의 상관관계는 0.42로 관련이 보통 수준인 반면, 학생의 시험 점수와 학생이 하루 평균 공부한 시간(time_study)의 상관관계는 0.94로 매우 높은 것을 알 수 있습니다.

산점도로 표현

맷플롯립 라이브러리의 subplots( ) 메소드를 사용하면 여러 개의 그래프를 그릴 수 있습니다. 이번 활동에서는 scatterplot( )을 사용하여 산점도로 여러 개의 그래프를 표현해 보겠습니다.

파이플롯 객체.subplots(nrows = 행의 수, ncols = 열의 수, 그래프 사이즈)

\# 여러 개의 그래프 그리기

시본 객체.scatterplot(데이터프레임 객체, x축명, y축명, 표현할 그래프 인덱스)

---

y축에 학생의 시험 점수를 설정하고, x축에 학생이 선택한 과목 수와 학생이 하루 평균 공부한 시간을 각각 설정하여 2개의 산점도를 그려 보겠습니다.

figsize = (12, 6)은 figsize(가로 길이, 세로 길이)로 2개 그래프가 들어갈 사이즈입니다. 사이즈를 설정하지 않으면 2개 그래프가 겹쳐 보일 수 있습니다.

```
1  # 2개 그래프가 양옆으로 들어갈 사이즈
2  fig, ax = plt.subplots(ncols = 2, figsize = (12, 6))
3  sns.scatterplot(data = student_data, x = 'number_courses', y = 'Marks', ax = ax[0])
4  sns.scatterplot(data = student_data, x = 'time_study', y = 'Marks', ax = ax[1])
5  plt.show( ) # fig.show( )와 동일한 결과
```

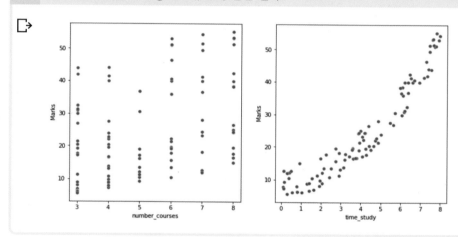

📑 **해석**

실행 결과를 통해 왼쪽 그래프에서 학생의 시험 점수(Marks)와 학생이 선택한 과목 수(number_courses)는 상관관계가 거의 없다는 것을 알 수 있고, 오른쪽 그래프에서 학생의 시험 점수(Marks)와 학생이 하루 평균 공부한 시간(time_study)은 양의 상관관계가 매우 높다는 것을 알 수 있습니다.

상관관계 분석 결과를 히트맵과 산점도로 표현해 본 결과 학생이 선택한 과목 수보다 학생이 하루 평균 공부한 시간이 학생의 시험 점수와 상관관계가 높다는 것을 다시 한번 확인하였습니다.

훈련 데이터 테스트 데이터 나누기

인공지능 모델을 학습시키기 위해서는 사이킷런 라이브러리를 사용하여 학생 점수 데이터 셋을 훈련 데이터와 테스트 데이터로 나누어야 합니다. 여기서는 훈련 데이터와 테스트 데이터를 8:2의 비율로 나눕니다.

train_test_split( )은 실행할 때마다 랜덤으로 훈련 데이터와 테스트 데이터를 나누기 때문에 항상 동일한 데이터로 분리하기 위해 random_state를 특정 숫자(예 random_state = 42)로 지정합니다.

```python
1  from sklearn.model_selection import train_test_split
2  x = student_data.drop('Marks', axis = 1)  # Marks열 삭제한 나머지 열
3  y = student_data['Marks']  # Marks열 선택
4  X_train, X_test, y_train, y_test = train_test_split(x, y, test_size = 0.2,
5                                                      random_state = 42)
6  print(X_train.shape, X_test.shape, y_train.shape, y_test.shape)
```

```
(80, 2) (20, 2) (80,) (20,)
```

📋 **해석**

실행 결과를 통해 전체 100개 데이터 중 훈련 데이터는 80개, 테스트 데이터는 20개로 이때의 독립 변수는 2개이고, 훈련 데이터 레이블은 80개, 테스트 데이터 레이블은 20개로 이때의 종속 변수는 1개로 나누어졌음을 확인할 수 있습니다.

위 코드에서 2행의 x는 Marks열을 삭제(drop)하므로 훈련 데이터와 테스트 데이터는 2개 속성(number_courses, time_study)이 되고, 3행의 y는 Marks만 선택하므로 훈련 데이터 레이블과 테스트 데이터 레이블은 1개의 속성이 됩니다.

'random_state = 42'에서 숫자를 바꿔봐!

	number_courses	time_study	Marks
0	3	4.508	19.202
1	4	0.096	7.734
2	4	3.133	13.811
3	6	7.909	53.018
4	8	7.811	55.299
...	...	...	...
95	6	3.561	19.128
96	3	0.301	5.609
97	4	7.163	41.444
98	7	0.309	12.027
99	3	6.335	32.357

100 rows × 3 columns

훈련 데이터와 테스트 데이터 정리!

①, ③은 학습할 때 필요

① X_train (80, 2)	③ y_train (80,)
② X_test (20, 2)	④ y_test (20,)

②, ④는 테스트할 때 필요

4 모델 생성 및 학습하기

회귀를 위한 머신러닝 모델에는 선형 회귀(Linear Regression), 최근접 이웃 회귀(k-NN Regression), 랜덤 포레스트 회귀(RandomForest Regression) 등이 있습니다. 서로 학습하는 방법은 다르지만 프로그램을 작성하는 방법은 거의 동일합니다. 이번 활동에서는 시험 점수를 예측하는 데 선형 회귀 모델을 사용할 것이므로 선형 회귀 모델에 관해서만 알아보고, 나머지 회귀 모델은 결과를 서로 비교해 보는 실습 정도만 해 보겠습니다.

모델 생성

먼저, 선형 회귀 모델을 생성해 보겠습니다. 사이킷런을 이용하여 라이브러리를 불러오고 LinearRegression() 함수를 통해 선형 회귀 모델을 생성합니다.

```
1  from sklearn.linear_model import LinearRegression
2  lr_model = LinearRegression() # Linear Regression 모델 생성
```

모델 학습

모델 학습에 X_train(훈련 데이터), y_train(훈련 데이터 레이블)을 사용하는 것은 분류나 회귀 모델 모두 동일하게 적용됩니다. fit() 함수를 사용하면 쉽게 학습할 수 있습니다.

```
1  from sklearn.linear_model import LinearRegression
2  lr_model = LinearRegression()
3  lr_model.fit(X_train, y_train) # Linear Regression 모델 학습
```

> LinearRegression()

오른쪽 코드 실행 후 출력되는 모델 이름을 확인해 보세요.

보충 선형 회귀(Linear Regression) 모델

선형 회귀 모델은 수치형 데이터 Y에 대하여 Y에 영향을 미치는 데이터 X 와의 관계를 예측하기 위해 만드는 모델로 X가 입력되었을 때 Y를 도출할 수 있도록 합니다.

$$Y = aX + b$$

예를 들어, 섭취 열량에 따른 체중 변화를 예측할 때 선형 회귀 모델을 적용하면 영향을 미치는 섭취 열량 데이터 X를 독립 변수라고 하고 영향을 받는 체중 변화 데이터 Y를 종속 변수라고 합니다.

선형 회귀 모델에서 독립 변수의 개수가 1개이면 단순 선형 회귀, 독립 변수의 개수가 2개 이상이면 다중 선형 회귀라고 합니다. 즉, 앞에서 제시한 섭취 열량에 따른 체중 변화의 예시(오른쪽 그래프)는 단순 선형 회귀 모델로 예측할 수 있으며, 두 가지 이상의 독립 변수, 예를 들어 섭취 열량, 운동 시간에 따른 체중 변화는 다중 선형 회귀 모델로 예측할 수 있습니다.

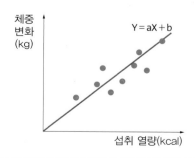

5 모델 평가 및 예측하기

모델 평가

이번 활동에서는 회귀 모델의 평가 지표로 결정계수(R^2)와 평균제곱오차(MSE: Mean Squared Error)를 사용해 보겠습니다. R^2는 0부터 1 사이의 값을 가지며 1에 가까울수록 오류가 없음을 의미합니다. MSE는 머신러닝 모델에서 예측한 값이 실젯값과 얼마나 차이(오류)가 있는지를 평가하는 것으로 0에 가까울수록 좋은 모델입니다.

모델이 엉망이거나 데이터가 임의의 데이터인 경우 음수값이 나오기도 합니다.

분류 모델의 성능은 전체 데이터를 실젯값과 비교해서 몇 개의 데이터를 맞췄는지(이산적)를 평가합니다. 반면, 회귀 모델의 성능은 전체 데이터를 실제 데이터와 비교해서 얼마나 차이가 있는지(연속적)를 평가합니다. 결국 머신러닝의 성능은 오차를 작게 만드는 것을 목표로 합니다.

성능 평가하기

회귀 모델의 평가 지표로 결정계수와 평균제곱오차를 구하기 위해 필요한 라이브러리는 사이킷런의 r2_score와 mean_squared_error 함수입니다.

```
1   from sklearn.metrics import r2_score
2   from sklearn.metrics import mean_squared_error
```

회귀 모델을 평가하기 위해 다음의 코드와 같이 predict( ) 메소드를 사용하여 학습을 완료한 lr_model에 X_test값을 넣으면 모델이 예측합니다. 이때 모델이 예측한 결과는 lr_pred에 저장됩니다.

모델이 예측한 값은 실젯값(y_test)과 비교하여 성능 평가 지표인 R^2와 MSE를 구해 보겠습니다. 출력하는 형식으로 문자열 포맷을 위해 Python의 % 연산자나 format( ) 함수 대신 문자열 앞에 f 또는 F를 붙이는 형식(f-string)을 사용해 보겠습니다.

f-string 사용 예시는 다음과 같습니다.

```
num1 = 25
num2 = 20
print(f'평균:
{(num1+num2)/2:.2f}')
```
평균: 22.50

```
f '문자열'
# ' ' 안에는 출력할 문자열과 {변수:출력 형태} 형식 사용
```

```
1   lr_pred = lr_model.predict(X_test)
2   print(f'r2_score: {r2_score(y_test, lr_pred):.2f}')
3   print(f'Mean Squared Error: {mean_squared_error(y_test, lr_pred):.2f}')
```
```
r2_score: 0.95
Mean Squared Error: 14.20
```

📋 **해석**

Mean Squared Error의 14.20의 값만 보면 해당 모델이 얼마나 좋은지 또는 나쁜지 구분하기 힘들기 때문에 0~1 사이의 값을 가지는 R^2를 사용하는 것이 좋습니다.

시본(seaborn)을 사용하면 regplot( ) 함수로 간단하게 회귀선을 그릴 수 있습니다. 선형 회귀선이란 데이터를 잘 설명하는 직선으로 즉, MSE값이 작은 선을 의미합니다. MSE는 직선과 데이터(원 모양의 데이터)의 거리를 측정하여 구합니다. 여기서는 학생의 시험 점수에 영향을 미친 속성인 time_study와 Marks와의 관계를 회귀선으로 표현해 보겠습니다.

시험 점수 예측

선형 회귀선 그리기

만약 number_courses 속성도 포함시키면 3차원 그래프가 그려질 것입니다.

```
1  # 회귀선 그리기
2  sns.regplot(x = student_data['time_study'],
3           y = student_data['Marks'])
4  plt.show( )
```

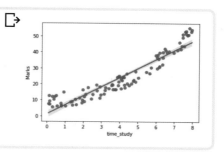

선형 회귀식 구하기

선형 회귀선을 그려보았으니, 이번 활동의 문제를 해결하기 위해 선형 회귀식을 구해 보겠습니다. 학생의 시험 점수와 선택한 과목 수, 하루 평균 공부한 시간의 관계를 설명하는 선형 회귀식을 구하기 위해서는 다음과 같이 코드를 작성합니다.

4행~5행 코드는 지면상 두 줄로 표기하였으나 실습할 때는 4행 마지막의 '\'를 지우고 4~5행을 한 줄로 작성하도록 합니다.

```
1  print(f'Number of Course: {lr_model.coef_[0]:.2f}')  # 가중치(x1 계수)
2  print(f'Hours Studying per Day: {lr_model.coef_[1]:.2f}')  # 가중치(x2 계수)
3  print(f'Intercept: {lr_model.intercept_:.2f}', end = '\n\n')  # 절편
4  print(f'회귀식 y = {lr_model.coef_[0]:.2f} x1 + {lr_model.coef_[1]:.2f} x2 \
5          {lr_model.intercept_:.2f}')
```

```
Number of Course: 1.87
Hours Studying per Day: 5.17
Intercept: −6.61
회귀식 y = 1.87 x1 + 5.17 x2 −6.61
```

이번 활동에서 주어진 문제가 5과목을 선택하고, 하루 평균 공부한 시간이 4시간일 때의 학생의 시험 점수를 알아보는 것이므로 회귀식에 값을 대입해 보세요.

해석

$y = 1.87x1 + 5.17x2 - 6.61$의 회귀식의 결과를 얻을 수 있습니다.

해석하면 y(학생의 시험 점수) $= 1.87 \times$ number_courses $+ 5.17 \times$ time_study $- 6.61$입니다. 이를 통해 학생이 높은 시험 점수를 얻기 위해 5.17의 가중치가 있는 time_study가 매우 중요함을 알 수 있습니다.

6 다른 회귀 모델에 적용하기

k-NN 회귀

선형 회귀 외 다른 회귀 모델을 이용하여 모델 생성과 학습, 모델 평가의 과정을 알아본 후 평가 지표를 서로 비교해 봅시다. 여기에서 활용한 회귀 모델은 2권에서 자세히 배웁니다.

k-NN 회귀 모델은 KNeighborsRegressor() 함수를 이용하여 학습합니다. 선형 회귀 모델과 동일하게 X_train(훈련 데이터)과 y_train(훈련 데이터 레이블)이 필요합니다.

모델 생성에 사용되는 사이킷런 라이브러리를 확인해 보고, 오른쪽 코드 작성 전 사이킷런의 r_score와 Mean Squared Error를 설정합니다.

```
1  from sklearn.neighbors import KNeighborsRegressor
2  knn_model = KNeighborsRegressor()
3  knn_model.fit(X_train, y_train)
```

```
KNeighborsRegressor()
```

학습된 knn_model을 이용해 X_test(테스트 데이터)를 넣은 값으로 예측합니다. knn_pred(예측값)와 y_test(실젯값)를 비교하여 평가 지표를 출력해 보겠습니다.

실행 결과 r_score의 값이 0.99로 선형 회귀 모델의 0.92보다 높기 때문에 k-NN 회귀 모델 성능이 더 좋다고 할 수 있어요.

```
1  knn_pred = knn_model.predict(X_test)
2  print(f'r2_score: {r2_score(y_test, knn_pred):.2f}')
3  print(f'Mean Squared Error: {mean_squared_error(y_test, knn_pred):.2f}')
```

```
r2_score: 0.99
Mean Squared Error: 2.58
```

Random Forest 회귀

RandomForest 회귀 모델도 동일한 방법으로 학습과 평가를 합니다.

```
1  from sklearn.ensemble import RandomForestRegressor
2  rf_model = RandomForestRegressor(random_state = 42)
3  rf_model.fit(X_train, y_train)
```

```
RandomForestRegressor(random_state = 42)
```

어때요? 결과가 잘 나왔나요? 앞에서 배운 선형 회귀를 잘 따라 했다면 어렵지 않았을 거예요.

```
1  rf_pred = rf_model.predict(X_test)
2  print(f'r2_score: {r2_score(y_test, rf_pred):.2f}')
3  print(f'Mean Squared Error: {mean_squared_error(y_test, rf_pred):.2f}')
```

```
r2_score: 0.99
Mean Squared Error: 1.99
```

배운 내용 정리하기

※ 이 활동에서 제시한 문제를 해결하기 위해 진행한 과정과 알게 된 정보를 정리해 봅시다.

문제 해결 과정

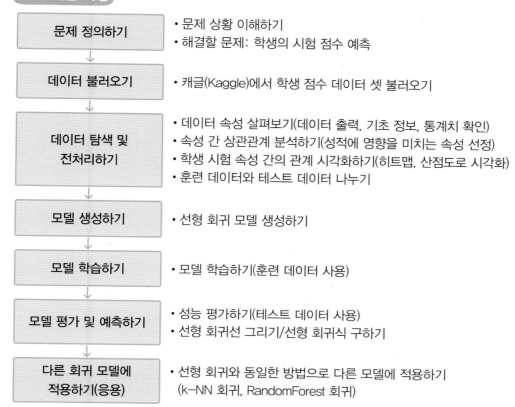

문제 정의하기
- 문제 상황 이해하기
- 해결할 문제: 학생의 시험 점수 예측

데이터 불러오기
- 캐글(Kaggle)에서 학생 점수 데이터 셋 불러오기

데이터 탐색 및 전처리하기
- 데이터 속성 살펴보기(데이터 출력, 기초 정보, 통계치 확인)
- 속성 간 상관관계 분석하기(성적에 영향을 미치는 속성 선정)
- 학생 시험 속성 간의 관계 시각화하기(히트맵, 산점도로 시각화)
- 훈련 데이터와 테스트 데이터 나누기

모델 생성하기
- 선형 회귀 모델 생성하기

모델 학습하기
- 모델 학습하기(훈련 데이터 사용)

모델 평가 및 예측하기
- 성능 평가하기(테스트 데이터 사용)
- 선형 회귀선 그리기/선형 회귀식 구하기

다른 회귀 모델에 적용하기(응용)
- 선형 회귀와 동일한 방법으로 다른 모델에 적용하기 (k-NN 회귀, RandomForest 회귀)

알게 된 정보

1. **여러 개의 그래프 표현:** 맷플롯립의 subplots( ) 함수를 사용하면 설정한 행과 열의 수만큼 여러 개의 그래프를 표현할 수 있습니다. 이때 그래프가 겹칠 수 있으므로 그래프가 들어갈 크기를 설정하는 과정이 필요합니다. 속성 간의 관계를 나타내는 그래프를 통해 종속 변수에 영향을 미치는 속성이 무엇인지 찾을 수 있습니다.

2. **선형 회귀 모델:** 수치형 데이터 Y에 대하여 Y에 영향을 미치는 데이터 X와의 관계를 평균값으로 예측하기 위해 만드는 모델로, X가 입력되었을 때 연속형 값인 Y를 도출할 수 있도록 합니다.

3. **회귀 모델 평가 지표인 결정계수(R^2)와 평균 제곱 오차(MSE):** R^2는 0~1 사이의 값으로 출력하며 1에 가까울수록 오차가 적다는 것을 의미합니다. MSE는 예측값과 실젯값을 비교하여 얼마나 차이가 있는지 평가하는 지표로 0에 가까울수록 오차가 적습니다.

4. **회귀선과 회귀식:** 회귀선은 독립 변수와 종속 변수와의 관계를 직선 형태로 표현한 것입니다. 가중치와 절편으로 산출한 회귀식에서 2개 이상의 독립 변수가 존재한다면 가중치값이 클수록 종속 변수에 미치는 영향이 크다고 볼 수 있습니다.

배운 내용 정리하기

소스 코드는 씨마스에듀 홈페이지와 구글 드라이브에서 제공합니다.

```python
1   from google.colab import files # 파일 선택 창을 통해 파일을 불러오기
2   filename = list(files.upload().keys())[0]  # 'filename'이라는 변수에 파일 저장
3   import pandas as pd
4   import seaborn as sns
5   import matplotlib.pyplot as plt
6   # 파일 읽어 들이기
7   student_data = pd.read_csv(filename)
8   student_data
9
10  # info() 메소드를 통해 데이터 개수, 속성 개수, 속성명, 결측치, 속성의 데이터 타입 등 확인
11  student_data.info()
12  # describe() 메소드를 통해 데이터 개수, 평균, 표준편차, 최솟값, 최댓값, 4분위수 파악
13  student_data.describe()
14  student_corr = student_data.corr() # 상관관계(correlation) 분석
15  student_corr
16  sns.heatmap(student_corr, annot = True) # 결과를 히트맵으로 그리기
17  plt.show()
18  # 산점도 그리기
19  fig, ax = plt.subplots(ncols = 2, figsize = (12, 6)) # 그래프 사이즈
20  sns.scatterplot(data = student_data, x = 'number_courses', y = 'Marks', ax = ax[0])
21  sns.scatterplot(data = student_data, x = 'time_study', y = 'Marks', ax = ax[1])
22  plt.show()
23  # 훈련 데이터와 테스트 데이터 나누기
24  from sklearn.model_selection import train_test_split
25  x = student_data. drop('Marks', axis = 1)
26  y = student_data['Marks']
27  X_train, X_test, y_train, y_test = train_test_split(x, y, test_size = 0.2,
28                                                      random_state = 42)
29  print(X_train.shape, X_test.shape, y_train.shape, y_test.shape)
30  # 모델 생성
31  from sklearn.linear_model import LinearRegression
32  lr_model = LinearRegression()
33  # 모델 학습
34  from sklearn.linear_model import LinearRegression
35  lr_model = LinearRegression()
36  lr_model.fit(X_train, y_train)
37  # 모델 평가
38  from sklearn.metrics import r2_score
39  from sklearn.metrics import mean_squared_error
```

```
40  lr_pred = lr_model.predict(X_test)
41  print(f'r2_score: {r2_score(y_test, lr_pred):.2f}')
42  print(f'Mean Squared Error: {mean_squared_error(y_test, lr_pred):.2f}')
43  # 회귀선 그리기와 회귀식 구하기
44  sns.regplot(x = student_data['time_study'], y = student_data['Marks'])
45  plt.show()
46  print(f'Number of Course: {lr_model.coef_[0]:.2f}')
47  print(f'Hours Studying per Day: {lr_model.coef_[1]:.2f}')
48  print(f'Intercept: {lr_model.intercept_:.2f}',end='\n\n')
49  print(f'회귀식 y = {lr_model.coef_[0]:.2f} x1 + {lr_model.coef_[1]:.2f} x2 \
50              {lr_model.intercept_:.2f}')
51  # k-NN 회귀
52  from sklearn.neighbors import KNeighborsRegressor
53  knn_model = KNeighborsRegressor()
54  knn_model.fit(X_train, y_train)
55  knn_pred = knn_model.predict(X_test)
56  print(f'r2_score: {r2_score(y_test, knn_pred):.2f}')
57  print(f'Mean Squared Error: {mean_squared_error(y_test, knn_pred):.2f}')
58  # Random Forest 회귀
59  from sklearn.ensemble import RandomForestRegressor
60  rf_model = RandomForestRegressor(random_state = 42)
61  rf_model.fit(X_train, y_train)
62  rf_pred = rf_model.predict(X_test)
63  print(f'r2_score: {r2_score(y_test, rf_pred):.2f}')
64  print(f'Mean Squared Error: {mean_squared_error(y_test, rf_pred):.2f}')
```

활동 정리하기

‘머신러닝 문제 해결’의 ‘시험 점수를 예측하다’ 활동에서 회귀 모델인 선형 회귀 모델을 사용하여 학생의 시험 점수를 예측해 보았습니다. 우선 우리는 문제 해결을 위해 학생 시험 점수 데이터(Student_Marks.csv)의 속성을 살펴보고, 속성 간 상관관계를 살펴보면서 학생의 시험 점수에 영향을 미치는 속성(독립 변수)과 영향을 받는 속성(종속 변수)이 무엇인지 확인할 수 있었습니다. 이 과정에서 상관관계 분석 결과를 확인해 보기 위해 히트맵과 산점도로 시각화도 해 보았습니다. 학습을 완료한 후 평가 과정에서는 회귀 모델의 평가 지표인 결정계수와 평균제곱오차를 통해 모델 성능을 확인해 보았고, 마지막으로 문제 해결을 위한 선형 회귀선 그려 보기 및 선형 회귀식 구하기를 함으로써 학생의 시험 점수를 예측해 볼 수 있었습니다.

딥러닝 문제 해결

'딥러닝 문제 해결' 영역에서는 데이터를 불러와서 데이터 속성 파악, 데이터 전처리를 거쳐 모델 학습에서 평가에 이르는 문제 해결 과정에 따라 다층 퍼셉트론을 이용하여 손글씨 숫자 데이터를 분류하고 다이아몬드의 가격을 예측하는 인공지능을 만들어 봅니다.

딥러닝, 그게 뭔데?

딥러닝의 개념을 비롯해서 딥러닝으로 할 수 있는 일들과 머신러닝과 딥러닝으로 구별되는 차이점을 이해하고, 딥러닝의 핵심인 인공 신경망을 통한 딥러닝의 문제 해결 과정을 알아보겠습니다.

이 장에서는 다음의 순서로 살펴봅시다.

딥러닝이란 이런 것!

딥러닝으로 뭘 할 수 있어?

딥러닝과 머신러닝은 어떻게 달라?

딥러닝은 이렇게 동작한다구!

1 딥러닝이란 이런 것!

딥러닝
이란?

딥러닝은 무엇일까요? 딥러닝은 머신러닝의 일부입니다. 머신러닝의 한 분야인 인공 신경망을 기반으로 하는 모델을 사용하는 것을 딥러닝이라고 합니다.

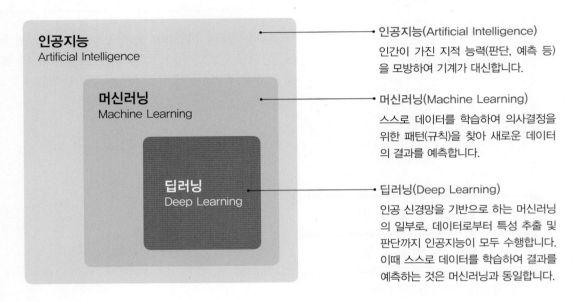

인공지능
Artificial Intelligence

머신러닝
Machine Learning

딥러닝
Deep Learning

- **인공지능(Artificial Intelligence)**
  인간이 가진 지적 능력(판단, 예측 등)을 모방하여 기계가 대신합니다.

- **머신러닝(Machine Learning)**
  스스로 데이터를 학습하여 의사결정을 위한 패턴(규칙)을 찾아 새로운 데이터의 결과를 예측합니다.

- **딥러닝(Deep Learning)**
  인공 신경망을 기반으로 하는 머신러닝의 일부로, 데이터로부터 특성 추출 및 판단까지 인공지능이 모두 수행합니다. 이때 스스로 데이터를 학습하여 결과를 예측하는 것은 머신러닝과 동일합니다.

오른쪽에 나열한 머신러닝 알고리즘에 관한 내용을 찾아보세요.

Deep Learning | Ensemble | Bayesian | Decision Tree

Neural Networks

머신러닝 알고리즘

Dimensionality Reduction

Regularization

Rule System | Regression | Instance Based | Clustering

앞에서 머신러닝을 사용하여 선형 회귀와 로지스틱 회귀로 문제를 해결하는 과정을 배웠습니다. 지금부터는 딥러닝을 사용하기 위해 개발된 텐서플로와 케라스로 인공 신경망을 생성하여 문제를 해결해 보겠습니다.
(이밖에 다루지 않은 다양한 머신러닝 알고리즘은 출간 예정인 2권에서 배웁니다.)

2 딥러닝으로 뭘 할 수 있어?

딥러닝으로 할 수 있는 일

딥러닝은 머신러닝이 하는 일 이상의 것들을 할 수 있습니다. 분류, 회귀뿐 아니라 이미지나 영상에서 사물을 탐지하는 것도 할 수 있습니다. 머신러닝과의 차이는 단지 문제를 해결하는 방식과 성능에 있을 뿐입니다.

딥러닝으로 할 수 있는 일들은 다음과 같습니다.

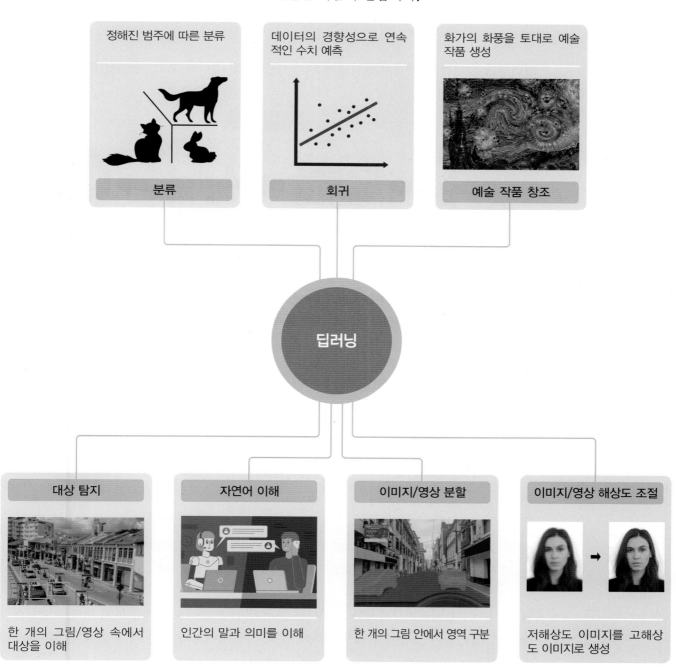

정해진 범주에 따른 분류

분류

데이터의 경향성으로 연속적인 수치 예측

회귀

화가의 화풍을 토대로 예술 작품 생성

예술 작품 창조

딥러닝

대상 탐지

한 개의 그림/영상 속에서 대상을 이해

자연어 이해

인간의 말과 의미를 이해

이미지/영상 분할

한 개의 그림 안에서 영역 구분

이미지/영상 해상도 조절

저해상도 이미지를 고해상도 이미지로 생성

딥러닝이 무엇인지 이해하기 위해서 알아야 할 내용은 바로 이것입니다.

〈핵심〉

- 딥러닝은 머신러닝의 일종으로 머신러닝의 다양한 모델 중 인공 신경망을 기반으로 하며, 데이터를 학습한 결과를 토대로 새로운 데이터의 결과를 예측하는 것입니다.
- 딥러닝의 키워드: 데이터, 인공 신경망, 학습, 예측

딥러닝과 머신러닝의 차이점

딥러닝을 설명하기 전에 머신러닝에 대해 다시 한번 정리해 보고, 딥러닝에 대해 알아보겠습니다.

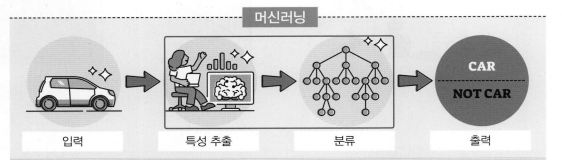

머신러닝에서는 입력 데이터를 기계(컴퓨터)가 처리할 수 있는 정형화된 형태로 정리하고 문제 해결에 필요한 속성을 추출하는 과정을 사람이 수행합니다. 이 데이터의 특성과 패턴을 인공지능이 학습하여 모델을 완성한 후, 새로운 입력 데이터의 결과를 예측하는 기술입니다.

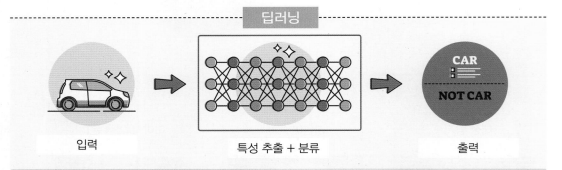

딥러닝에서는 입력 데이터를 기계(컴퓨터)가 처리할 수 있는 형태로 제공하면 인공지능이 문제 해결에 필요한 속성을 스스로 찾아 학습하여 모델을 완성한 후, 새로운 입력 데이터의 결과를 예측하는 기술입니다.

딥러닝이 아닌 머신러닝에서는 데이터를 특성이 잘 드러나도록 정형화된 형태로 만들어야 하지만, 딥러닝은 스스로 특성을 찾아내기 때문에 이미지와 같은 비정형 데이터를 활용할 수 있습니다.

머신러닝과 딥러닝의 차이점은 다음과 같이 나타낼 수 있습니다.

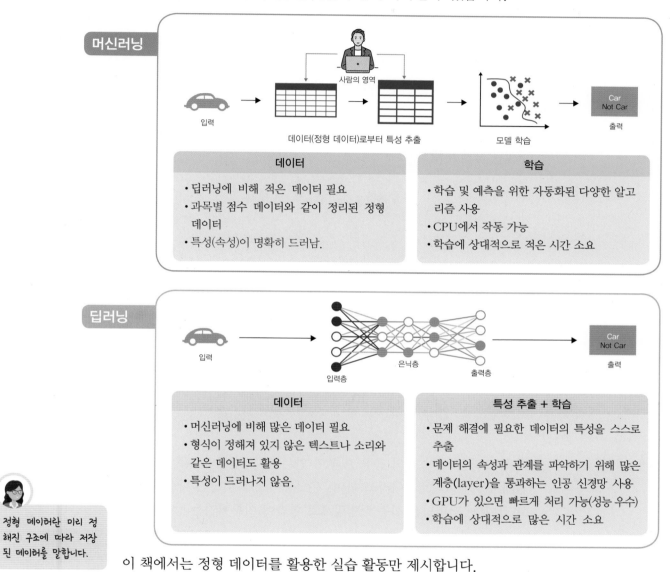

머신러닝

입력 → 데이터(정형 데이터)로부터 특성 추출 → 모델 학습 → 출력

사람의 영역

Car
Not Car

데이터	학습
• 딥러닝에 비해 적은 데이터 필요 • 과목별 점수 데이터와 같이 정리된 정형 데이터 • 특성(속성)이 명확히 드러남.	• 학습 및 예측을 위한 자동화된 다양한 알고리즘 사용 • CPU에서 작동 가능 • 학습에 상대적으로 적은 시간 소요

딥러닝

입력 → 입력층 은닉층 출력층 → 출력

Car
Not Car

데이터	특성 추출 + 학습
• 머신러닝에 비해 많은 데이터 필요 • 형식이 정해져 있지 않은 텍스트나 소리와 같은 데이터도 활용 • 특성이 드러나지 않음.	• 문제 해결에 필요한 데이터의 특성을 스스로 추출 • 데이터의 속성과 관계를 파악하기 위해 많은 계층(layer)을 통과하는 인공 신경망 사용 • GPU가 있으면 빠르게 처리 가능(성능 우수) • 학습에 상대적으로 많은 시간 소요

정형 데이터란 미리 정해진 구조에 따라 저장된 데이터를 말합니다.

이 책에서는 정형 데이터를 활용한 실습 활동만 제시합니다.

Q 딥러닝을 활용하는 이유는 무엇인가요?

A 방대한 양의 데이터를 사용하고 학습 시간이 오래 걸리는 데에도 불구하고 사람들이 딥러닝을 활용하는 이유는 바로 성능에 있습니다. 우리는 좋은 성능이 필요한데 딥러닝은 방대한 데이터로 성능을 보다 향상시킬 수 있기 때문입니다.

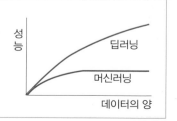

성능 / 딥러닝 / 머신러닝 / 데이터의 양

4 딥러닝은 이렇게 동작한다구!

딥러닝

인공 신경망

사람의 뉴런과 같은 역할을 하는 인공 신경망에 대해 알아보겠습니다.

딥러닝은 인공 신경망을 기반으로 문제를 해결합니다. 인공 신경망은 사람의 뇌 속 뉴런을 모방하여 만든 모델입니다. 인공 신경망은 전기 신호(데이터)가 수상 돌기(입력)를 통해 입력된 후 신경 세포체(처리)에서 합하여 일정 수준 이상을 넘어서면 축삭 돌기(출력)에서 다른 뉴런으로 전기 신호를 내보내는 원리를 바탕으로 만들어졌습니다.

퍼셉트론

뉴런을 모방한 인공 뉴런을 퍼셉트론이라고 하며, 인공 신경망은 여러 개의 퍼셉트론으로 구성된 모델을 말합니다.

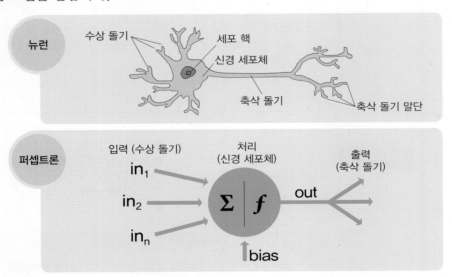

심층 신경망

다음 그림은 여러 개의 층을 이루어 만든 인공 신경망으로 여러 층으로 만들어져 있다는 점에서 다층 퍼셉트론이라고 하며, 은닉층이 2개 이상인 다층 퍼셉트론을 심층 신경망이라고 합니다. 딥러닝은 심층 신경망으로 학습이 이루어지는 방법입니다.

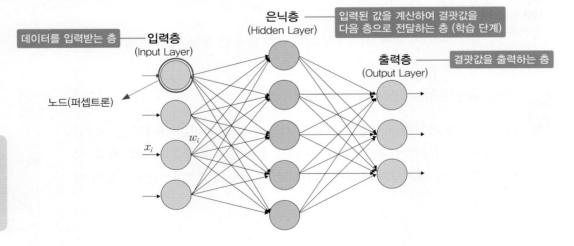

입력층과 출력층 사이에 여러 개의 은닉층을 포함하는 인공 신경망인 심층 신경망으로 모델을 생성하여 문제를 해결합니다.

딥러닝의 문제 해결 과정에 대해 알아보겠습니다.
딥러닝은 다음과 같은 과정을 거쳐 문제를 해결합니다.

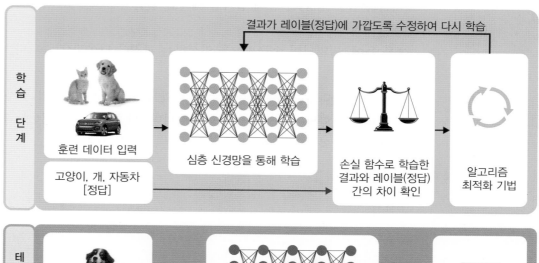

딥러닝 문제 해결 과정을 손글씨 8을 인식하는 예로 알아봅시다.

손글씨 숫자 0~9까지 분류하는 문제를 딥러닝으로 해결하는 방법을 상세히 살펴보겠습니다. 사람마다 필체가 달라 같은 숫자를 쓰더라도 다음과 같이 다르게 나타납니다.

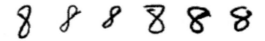

이렇게 작성된 숫자를 자세히 보면 아래 왼쪽 그림과 같이 가로 28개 픽셀, 세로 28개 픽셀로 총 784개의 픽셀이 모여 하나의 숫자를 나타냄을 알 수 있습니다.

색을 표시하는 범위 값은 0~255이며 검은색은 0, 흰색은 255로 표시합니다.

28 픽셀

28 픽셀

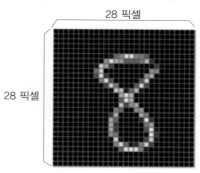

입력된 픽셀값들은 학습 과정을 거쳐 결과 예측에 중요한 영향을 미친다고 판단되면 활성화되어 다음 층의 입력값으로 전달됩니다. 그리고 심층 신경망을 거쳐 0~9까지의 숫자 중에 어느 숫자에 가장 가까운지 판단합니다. 학습하는 동안 심층 신경망을 거쳐 결정된 값과 실제 레이블(정답) 간의 오차를 파악(손실 함수 이용)하고 오차를 줄이는 최적화 과정(최적화 함수 이용)을 통해 결과를 예측합니다.

예를 들어, 딥러닝이 손글씨 8을 인식하는 과정은 다음과 같습니다.

입력층의 노드로 픽셀값 입력

❶ 각 픽셀마다 가진 색깔은 다음 그림과 같이 0~255까지의 숫자값으로 표현된 리스트 형태로 전환되어 입력층으로 들어갑니다. 다음은 8을 구성하는 784(28×28)개의 픽셀들이 각각의 입력층의 노드로 입력되는 모습입니다.

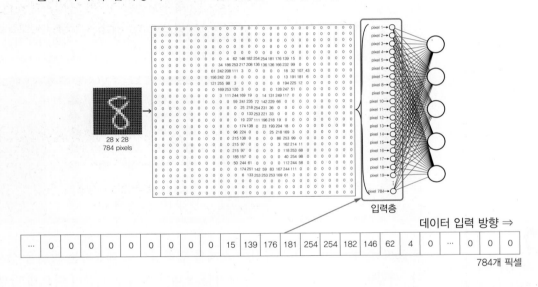

첫 번째 은닉층 노드 활성화

❷ 입력층의 노드(각 픽셀값)들이 첫 번째 은닉층 각 노드의 입력으로 들어온 후, 연산을 통해 8을 인식하는 데 필요한 노드들이 활성화됩니다.

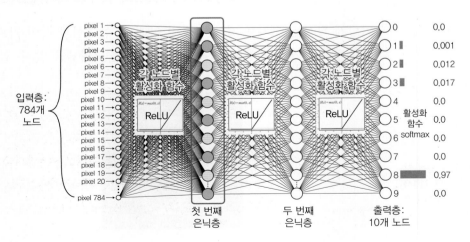

❸ 첫 번째 은닉층 각 노드들의 연산 결과가 두 번째 은닉층 각 노드들의 입력으로 들어온 후, 연산을 통해 8을 인식하는 데 필요한 노드들이 활성화됩니다.

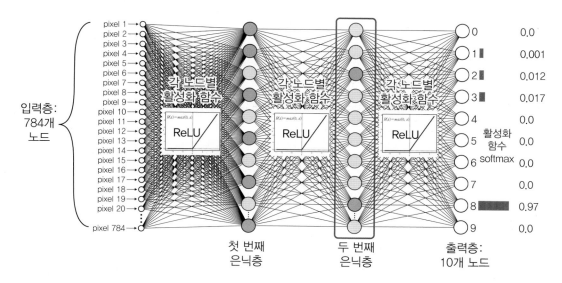

❹ 두 번째 은닉층에서 8을 이루는 노드들이 활성화되고 0~9 숫자 중 해당하는 8을 활성화합니다.

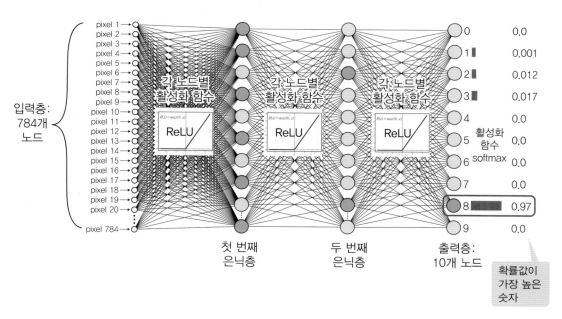

만약, 심층 신경망을 거쳐 나온 결과가 정답의 숫자와 다르다면 심층 신경망에서 각 노드를 활성화시키는 방식(최적화 함수 이용, 활성화 기능은 신경망에서 예측해야 할 숫자와 관련된 노드라고 의사 결정을 했다는 것을 의미)을 수정하게 될 것입니다. 그리고 이 과정을 반복함으로써 정확하게 판단할 수 있는 확률을 높이게 됩니다.

딥러닝으로 모델을 학습시킬 때 사람이 결정해야 하는 부분 두 가지가 있습니다. 바로 은 닉층의 개수와 각 은닉층의 노드 개수를 정하는 일입니다.

각 층에서 다음 층의 노드를 활성화시키는 방식은 아래 그림과 같습니다. 입력값과 가중치 (weight)를 곱하고 바이어스(Bias)와 합하는 방식을 이용하는데, 이 결과를 다음 층으로 전달(활성화)할 수 있도록 시그모이드나 렐루와 같은 활성화 함수를 사용합니다.

다음은 각 노드를 활성화하는 과정입니다.

노드 활성화 과정

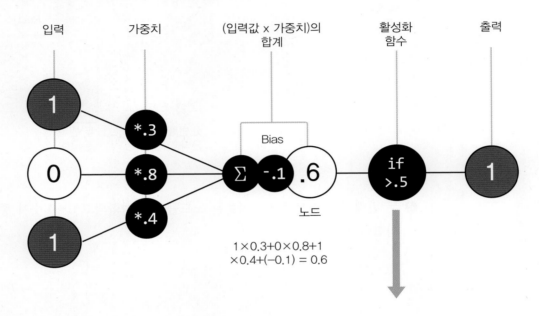

입력 가중치 (입력값 x 가중치)의 합계 활성화 함수 출력

1 *.3 0 *.8 Σ -.1 .6 Bias if >.5 1 1 *.4 노드

$$1 \times 0.3 + 0 \times 0.8 + 1 \times 0.4 + (-0.1) = 0.6$$

활성화 예시

활성화 함수는 뜨거운 것을 감지할 때 사용하는 손바닥이나 손등에 비유할 수 있어요.

사람은 뜨거운 그릇을 보면 '만지기' 운동 신경이 활성화되지 않습니다. 그렇지만 그릇을 만졌을 때(감지했을 때) '만지기' 운동 신경이 활성화되어 손을 뗄까? 말까? 하는 행동이 다음으로 이어집니다. 이렇게 그릇이나 컵을 만지고 나서 뗄지 말지를 결정하는 역할은 활성화 함수가 담당합니다.

손바닥으로 만지면 손등으로 만지는 것보다 뜨거운 것을 빠르게 감지할 수 있기 때문에 손바닥으로 만지는 것의 활성화 값이 손등의 활성화 값에 비해 큽니다.

손을 뗄까? 말까?

손글씨 숫자를 분류하다

이번 활동에서는 딥러닝으로 문제를 해결하는 핵심 단계를 토대로, 다층 퍼셉트론을 이용하여 손글씨 숫자 데이터를 분류하는 인공지능 모델을 만들어 봅니다.

사람들이 손으로 쓴 숫자는 그 형태가 조금씩 다르지만 우리는 그 숫자를 봤을 때 대체적으로 그것이 무엇인지 쉽게 분류할 수 있습니다. 그렇다면 인공지능은 사람이 손으로 쓴 숫자 데이터를 어떻게 처리하여 분류할 수 있을까요?

이 장에서는 다음의 순서로 살펴봅시다.

문제 정의하기
손글씨 숫자 분류

데이터 불러오기
MNIST 손글씨 데이터 셋

공부하기 좋게 끔 해야 혀!

데이터 탐색 및 전처리하기

· 정규화 : 속성별 미치는 영향을 공평하게 (픽셀 변환)
· 데이터 나누기

훈련	테스트

DATA

모델 생성하기
인공 신경망 생성

손실 함수

모델 컴파일하기

epoch

최적화 함수 평가 지표

모델 학습하기

NEW DATA

모델 평가 및 예측하기

① 문제 정의하기

문제 상황 이해하기

사람들마다 숫자를 쓰는 스타일이 저마다 다릅니다. 그렇다면 인공지능은 어떻게 손으로 쓴 숫자를 파악할 수 있을까요?

문제 해결에 필요한 정보

문제 해결 과정에서 필요한 정보를 미리 살펴봅시다.

1. 이 활동에 필요한 데이터 셋은 무엇이고, 이 데이터 셋을 불러오는 라이브러리는 무엇일까요?

   ▶ MNIST 데이터 셋을 사용하며, 이 데이터를 인공 신경망으로 다루기 위해서 텐서플로와 케라스를 이용합니다.

2. MNIST 데이터 셋은 학습에 바로 사용할 수 있을까요?

   ▶ 인공 신경망으로 처리할 수 있도록 이미지 데이터 픽셀값을 실수 형태로 변환하는 정규화 작업과 입력층으로 보내기 위해 1차원 배열 형태로 변환하는 전처리 작업이 필요합니다.

문제 해결에 필요한 정보는 무엇일까?

3. 모델 생성에서 필요한 활성화 함수는 무엇일까요?

   ▶ 숫자 예측에 필요한 노드를 활성화할 때는 렐루 함수, 출력층에서 숫자를 찾을 때는 소프트맥스 함수를 사용합니다.

4. 분류 모델의 성능을 나타내는 평가 지표는 무엇일까요?

   ▶ 정확도, 정밀도, 재현율, F1 Score 등을 사용합니다.

**데이터
소개**

사람들이 손으로 쓴 숫자는 형태가 조금씩 다르지만 누구든지 그 숫자를 쉽게 알아봅니다. 인공지능도 사람처럼 손으로 쓴 숫자를 알아볼 수 있게 하려면 학습시킬 손글씨 숫자 데이터 셋이 필요합니다. 이 데이터 셋을 MNIST(Modified National Institude of Standards and Technology database)라고 하고 '엠니스트'라고 부릅니다.

MNIST란

우리가 사용할 손글씨 숫자 데이터 셋인 MNIST는 각각의 숫자 이미지가 28×28 픽셀로 이루어진 대형 데이터베이스입니다. 총 70,000개의 데이터로 구성되어 있으며, 그중 훈련 데이터가 60,000개, 테스트 데이터가 10,000개입니다.

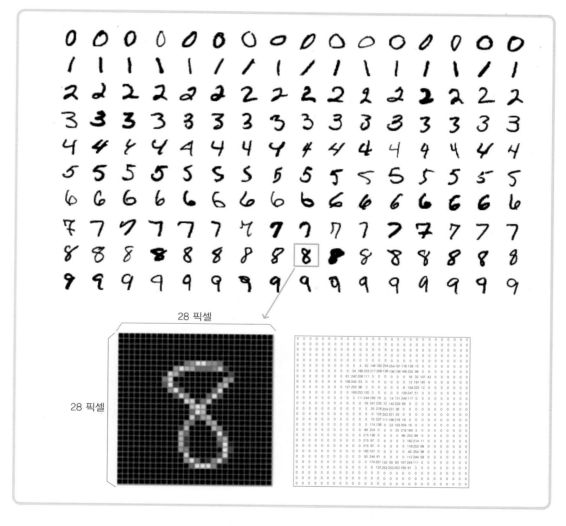

각 픽셀은 0(검은색)~255(흰색) 범위의 값인 숫자로 표현되며, 픽셀의 숫자가 255에 가까울수록 픽셀의 색은 흰색에 가까워집니다. 각 픽셀의 값은 정확도를 높이기 위하여 0.0~1.0 사이의 실숫값으로 변환하는 정규화 과정을 거칩니다.

데이터 셋 불러오기

딥러닝을 편리하게 구현하기 위하여 우리는 텐서플로(TensorFlow)와 케라스(Keras)를 사용합니다.

텐서플로는 구글에서 개발한 머신러닝과 딥러닝을 위한 라이브러리이며, 케라스는 텐서플로에서 딥러닝을 편리하게 사용할 수 있도록 돕는 API(제공하는 기능을 제어할 수 있게 만든 인터페이스)입니다.

라이브러리 불러오기

MNIST 데이터 셋을 불러오기 전에 코랩에서 텐서플로와 케라스를 불러옵니다. 또한 숫자 이미지를 실수 형태로 구성된 1차원 배열로 처리하는 데 필요한 넘파이와 숫자 이미지를 확인하거나 학습 그래프를 그릴 수 있도록 맷플롯립도 불러옵니다.

코랩에서는 라이브러리를 별도로 설치하지 않고 불러올 수 있어요.

```
1  import tensorflow as tf
2  from tensorflow import keras
3  import numpy as np
4  import matplotlib.pyplot as plt
```

📄 **해석**

텐서플로는 tf, 넘파이는 np, 맷플롯립 중 파이플롯은 plt라는 별명으로 사용할 것이라고 선언하였습니다.

MNIST 데이터 셋 불러오기

MNIST 데이터 셋은 케라스에서 지원하기 때문에 다음과 같이 불러올 수 있습니다.

> 데이터 셋 객체 = keras.datasets.데이터 셋명
> (훈련 데이터, 훈련 데이터 레이블), (테스트 데이터, 테스트 데이터 레이블) =
> 데이터 셋 객체.load_data( )

코드를 실행하면 데이터 셋을 출력하는 것이 아니라 MNIST 데이터 셋의 다운로드 결과를 보여 줍니다.

```
1  mnist = keras.datasets.mnist
2  (X_train, y_train), (X_test, y_test) = mnist.load_data( )
```

```
Downloading data from https://storage.googleapis.com/tensorflow/tf-keras-datasets/mnist.npz
11493376/11490434 [==============================] - 0s 0us/step
11501568/11490434 [==============================] - 0s 0us/step
```

📄 **해석**

위 코드는 케라스 데이터 셋에 있는 MNIST 데이터 셋을 mnist라는 객체로 제어하도록 설정한 것입니다. 또한 load_data()를 사용하여 MNIST 데이터 셋을 불러온 후, 훈련 데이터는 X_train, 훈련 데이터 레이블은 y_train, 테스트 데이터는 X_test, 테스트 데이터 레이블은 y_test로 설정하였습니다.

3 데이터 탐색 및 전처리하기

딥러닝

데이터 전처리

불러온 데이터는 바로 학습에 사용할 수 없습니다. 학습을 위해서는 데이터를 실수 형태로 구성해야 합니다. 또한 인공 신경망으로 처리할 수 있도록 수치 형태로 변환하는 데이터 전처리가 필요합니다. MNIST의 데이터는 28×28 픽셀 형태를 띤 숫자 이미지 데이터이며 픽셀마다 0~255까지의 값으로 이미지를 나타내고 있어 다음의 두 가지 전처리가 필요합니다.

전처리 방법 알아보기

■ **픽셀별 0~255 범위의 값을 0.0~1.0 범위의 실수로 변환**

숫자를 인식하는 정확도를 높이기 위하여 픽셀별 색을 나타내는 0~255 범위의 값을 0.0~1.0 범위의 값으로 변환합니다.(자세한 내용은 이번 책에서 설명하지 않습니다. 기본적인 맥락과 핵심에 집중하기 위하여 자세한 내용은 2권에서 설명하겠습니다.)

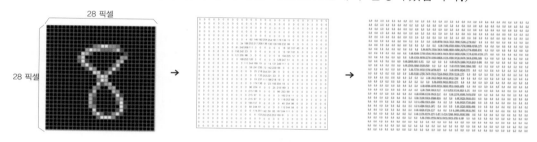

■ **2차원 배열을 1차원 배열로 변환**

28×28 픽셀의 2차원 배열을 1차원 배열로 변환합니다. 28×28 픽셀로 구성된 2차원 배열 형태의 수칫값은 리스트 형태로 전환되어 입력층으로 들어갑니다.

2차원 배열 형태의 수칫값을 이미지로 확인하려면 다음과 같이 입력합니다.

> 맷플롯립의 파이플롯 객체.imshow(표현 대상, cmap = '색상명')
> 맷플롯립의 파이플롯 객체.show( ) #설정한 이미지 출력

훈련 데이터의 첫 번째 이미지를 출력해 보겠습니다.

imshow( )는 219쪽 형식을 참고하세요.

```
1  plt.imshow(X_train[0], cmap = 'gray')
2  plt.show( )
```

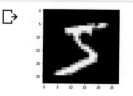

**픽셀값
변환하기**

■ 0~255 범위의 픽셀 표현 확인

픽셀별 0~255 범위의 값을 0.0~1.0 범위의 값으로 변환하기에 앞서 format() 함수를 사용하여 훈련 데이터 중 47번째에 해당하는 숫자가 어떻게 구성되어 있는지 살펴보겠습니다.

> 인덱스 0은 1번째 숫자를 의미하므로, 훈련 데이터 X_train의 47번째 숫자 이미지는 인덱스를 46으로 설정해야 합니다.

```python
1  for data in X_train[46]:
2      for i in data:
3          print('{:^4}'.format(i), end = ' ')
4      print()
```

해석

실행 결과를 통해 각 픽셀이 0~255 범위의 값으로 표현된 것을 알 수 있으며, 픽셀값들의 집합이 8을 나타내고 있다는 것을 알 수 있습니다. 이 코드는 훈련 데이터 X_train의 47번째 숫자 이미지의 행을 data라는 변수로 가져와서 각 행에 포함된 픽셀값을 i로 나타내고 있습니다. i가 의미하는 각 픽셀 값을 4자리수{:4}로 나타내되, 가운데 정렬(^표시)하여 출력하고 마무리로 한 칸을 띄우라는 의미(end=' ')입니다. 그리고 한 행에 대한 처리가 모두 끝나면 print() 함수를 사용하여 줄바꿈한 후 다음 행을 출력합니다.

보충 format() 함수 사용법

format() 함수는 {} 안에 형식을 설정한 후 값을 지정하여 출력하는 함수입니다.

'{인덱스 또는 변수 또는 생략}'.format(값 또는 변수)

```python
1  'name = {0}, grade = {1}'.format('Joyce', 1)
```
```
'name = Joyce, grade = 1'
```

이 코드는 인덱스 0과 1을 사용하되, 위 실행 결과와 같이 인덱스 0의 위치에는 Joyce를, 인덱스 1의 위치에는 1을 출력합니다. {} 안에 표시할 자릿수와 문단 정렬 옵션을 설정할 수도 있습니다.

□: 공백

'{:^4}'.format(12): 12를 4자리로 표현하되 가운데 정렬(□12□)

'{:<4}'.format(12): 12를 4자리로 표현하되 왼쪽 정렬(12□□)

'{:>4}'.format(12): 12를 4자리로 표현하되 오른쪽 정렬(□□12)

■ 0.0~1.0 사이의 실수 표현(정규화)

이제 훈련 데이터와 테스트 데이터의 픽셀값을 변환해 보겠습니다.
레이블(정답)은 훈련 데이터가 어떤 숫자인지를 확인하기 위한 것이므로 변환이 필요하지
않습니다.

이 코드는 255로 나눈 결과를 다시 X_train과 X_test에 저장하는 것이므로 실행시켜도 아무런 결과가 나오지 않습니다.

```
1   X_train = X_train / 255
2   X_test = X_test / 255
```

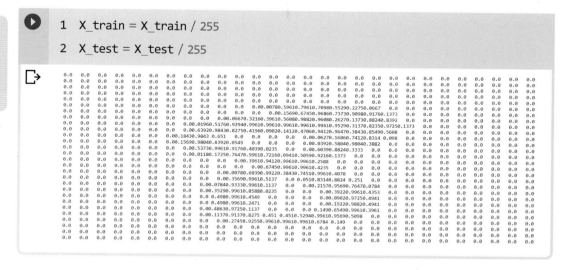

📋 해석

훈련 데이터를 나타내는 X_train과 테스트 데이터를 나타내는 X_test의 픽셀별 0~255 범
위의 값을 0.0~1.0 범위의 실숫값으로 변환하기 위해 255로 나누었습니다.
실제로는 값이 소수점 아래 16째 자리까지 출력되지만, 여기서는 소수점 아래 넷째 자리까
지만 출력해 보겠습니다(소수점 일부를 제거하는 작업이 필요하므로 실습 코드는 제공하지
않습니다.).

2차원 배열을
1차원 배열로
변환하기

넘파이의 reshape( ) 함수를 사용하여 다음과 같이 차원을 수정할 수 있습니다.

```
1   np.reshape(X_train, (-1))    # 또는 X_train.reshape(-1)
```

그러나 케라스에서는 모델 생성 시 2차원 배열을 1차원 배열로 만드는 Flatten( )이라는
함수로 더 간단하게 수정할 수 있습니다. 이 내용은 모델을 생성하는 단계에서 설명하겠
습니다.

모델 구성

모델 생성 단계에는 배열을 1차원 배열로 변환하여 입력층을 생성하는 작업, 은닉층의 개수를 정하고 생성하는 작업, 각 은닉층별 노드의 개수를 정하는 작업, 활성화 함수를 설정하는 작업이 포함됩니다.

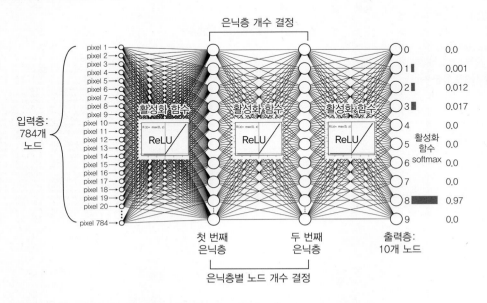

활성화 함수는 딥러닝의 각 노드에 입력된 값들이 다음 층으로 전달될 때, 어떤 노드의 값이 활성화되어야 하고 어떤 노드의 값이 활성화되지 않아야 하는지를 결정하여 정답에 가까운 결과를 산출하도록 하는 함수입니다.

첫 번째 은닉층의 각 노드들은 '784개의 입력층 노드 값 × 가중치 + 바이어스'의 계산 결과를 갖게 되며, 각 노드들은 활성화 함수를 통해 활성 여부를 결정한 후 다음 은닉층의 노드(또는 출력층)로 전달됩니다.

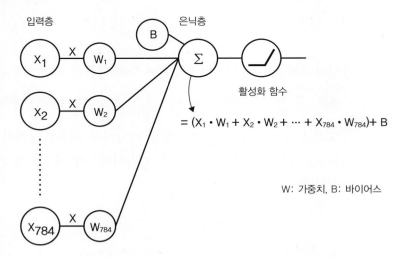

$$= (X_1 \cdot W_1 + X_2 \cdot W_2 + \cdots + X_{784} \cdot W_{784}) + B$$

W: 가중치, B: 바이어스

딥러닝 프로그래밍의 실행 초기에 가중치와 바이어스 값은 각각 임의의 값과 0으로 설정되었다가 학습하면서 이 가중치 값을 조정하게 되며, 반복 학습을 통해 가중치와 바이어스 값은 자동으로 결정됩니다.

모델 생성
방법

입력층, 은닉층, 출력층을 설정하기 위해서는 케라스 layers 패키지를 이용합니다.

케라스는 모델을 생성하는 간단한 방법을 지원하며 사용하는 방법은 다음과 같습니다.

■ **방법 1**

```
모델 객체 = keras.models.Sequential([
    keras.layers.Flatten(input_shape = (행의 개수, 열의 개수)), # 입력층을 1차원으로 생성
    keras.layers.Dense(은닉층 노드의 개수, activation = '활성화 함수명'), # 1번째 은닉층
    keras.layers.Dense(은닉층 노드의 개수, activation = '활성화 함수명'), # 2번째 은닉층
                    ⋮                                ⋮
    keras.layers.Dense(출력층 노드의 개수, activation = '활성화 함수명') # 출력층 생성
])
```

Sequential() 함수를 이용하여 모델을 생성할 때는 한 개의 입력(숫자 이미지 1개)과 한 개의 출력(예측한 숫자)이 있는 경우 또는 각 층을 선형적으로(순서대로) 실행할 경우에 적합합니다. 만약 입력이나 출력이 여러 개이고 은닉층을 공유하거나 분기할 경우에는 Sequential 모델 사용이 적합하지 않습니다.

Flatten() 함수는 다차원 배열을 1차원 배열로 만드는 역할을 하며, () 안에 'input_shape = ()'를 통해 입력한 배열은 1차원으로 변환됩니다.

■ **방법 2**

```
모델 객체 = keras.Sequential()
model.add(layers.Dense(은닉층 노드의 개수, activation = '활성화 함수명')
model.add(layers.Dense(은닉층 노드의 개수, activation = '활성화 함수명')
                    ⋮
model.add(layers.Dense(출력층 노드의 개수, activation = '활성화 함수명')
```

Dense() 함수는 은닉층과 출력층을 생성하는 역할을 하며, () 안에 은닉층 노드의 개수, activation = '활성화 함수명'을 작성함으로써 은닉층 노드의 개수와 활성화 함수를 설정합니다. 분류 모델에서 은닉층의 활성화 함수는 주로 렐루(ReLU)를 사용하며, 출력층의 활성화 함수는 소프트맥스(softmax)를 사용합니다.

과대적합이란 훈련 데이터에만 과도하게 잘 맞고 테스트 데이터는 잘 예측하지 못하는 현상을 말합니다.

은닉층의 개수와 은닉층의 노드의 개수는 정해진 개수가 없으며 데이터의 양, 처리할 수 있는 하드웨어 성능 등을 고려하여 조절합니다. 데이터의 양이 적은데 은닉층이 많은 것은 좋지 않으며, 노드의 개수가 너무 많으면 훈련 데이터에 과도하게 잘 맞는 모델이 생성되어 과대적합이 발생할 가능성이 높아집니다.

입력층,
은닉층,
출력층
생성

모델 객체를 model이라고 정한 후, 28×28 픽셀 형태의 2차원 배열을 1차원 배열로 변환한 형태로 입력층과 총 3개의 은닉층을 생성해 보겠습니다.

```
1  model = keras.models.Sequential([
2                          keras.layers.Flatten(input_shape = [28, 28]),
3                          keras.layers.Dense(200, activation = 'relu'),
4                          keras.layers.Dense(100, activation = 'relu'),
5                          keras.layers.Dense(50, activation = 'relu'),
6                          keras.layers.Dense(10, activation = 'softmax')])
```

📝 **해석**

첫 번째 은닉층의 노드 개수를 200개, 두 번째 은닉층의 노드 개수를 100개, 세 번째 은닉층의 노드 개수를 50개로 설정하고, 활성화 함수는 relu로 설정했습니다. 출력층은 0~9까지의 숫자를 구분해야 하므로 총 10개의 노드로, 활성화 함수는 softmax로 설정했습니다.

보충 | **은닉층과 출력층의 활성화 함수**

• **은닉층:** 은닉층에서 활성화 함수는 퍼셉트론에서 각 노드의 가중치(노드의 연결성, 노드의 중요성)와 바이어스를 결정하는 역할을 합니다. 분류를 위한 활성화 함수의 종류는 아래 표와 같으며, 그중 ReLU 함수는 학습이 빠르고 연산하는 데 드는 비용이 적으며 구현이 간단하기 때문에 가장 많이 사용됩니다.

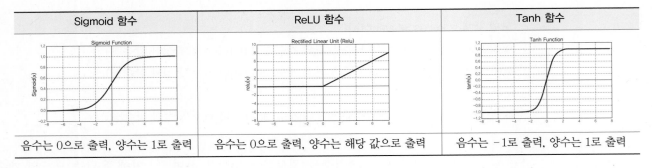

Sigmoid 함수	ReLU 함수	Tanh 함수
음수는 0으로 출력, 양수는 1로 출력	음수는 0으로 출력, 양수는 해당 값으로 출력	음수는 −1로 출력, 양수는 1로 출력

• **출력층:** 출력층은 어느 노드가 활성화되어야 하는지 결정하는 것이 아니기 때문에 ReLU 함수를 사용하지 않습니다. 출력층의 각 노드 값을 확률(0~9까지 숫자가 등장할 확률)로 표현하고 가장 높은 확률을 갖는 노드의 값을 정답과 비교할 수 있도록 softmax 함수를 사용합니다. softmax 함수는 3개 이상으로 분류하는 다중 분류에 사용되며, 출력층 각 노드 값의 총합을 1(실수)로 표현하여 비율을 파악할 수 있도록 합니다. 아무리 작은 값의 차이라도 정확하게 구분할 수 있으며, 가장 큰 출력값을 갖는 노드가 정답에 가까울 확률이 높습니다.

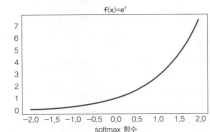

softmax 함수

5 모델 컴파일하기

모델을 컴파일하는 단계에서는 학습하기 전에 손실 함수와 최적화 함수, 평가 지표를 설정합니다. 인공 신경망으로 학습한 후 예측한 값과 실제 정답 간의 차이가 얼마나 되는지 손실 함수를 통해 계산하며, 이 차이를 줄이도록 최적화 함수가 가중치와 바이어스 값을 수정합니다. 학습이 얼마나 잘되었는지를 평가하는 방식은 평가 지표에서 설정합니다.

이번 활동은 분류 모델을 사용함을 기억합니다.

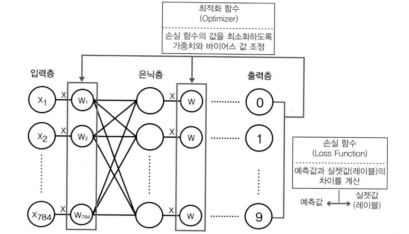

손실 함수 설정

손실 함수는 딥러닝의 예측값과 실젯값 사이의 차이(오차)를 수치로 나타내는 함수입니다. 오차가 크면 손실 함수의 값이 크고, 오차가 작으면 손실 함수의 값이 작기 때문에 손실 함수의 값이 작을수록 훈련 데이터를 잘 학습한 것이라 파악할 수 있습니다.

분류 모델에 사용하는 손실 함수는 크로스 엔트로피(Cross_entropy) 방식을 사용합니다. 이진 분류에는 binary_crossentropy, 다중 분류에는 categorical_crossentropy, sparse_categorical_crossentropy 방식을 사용합니다. categorical_crossentropy는 정답 레이블이 (0, 1, 0, 0)과 같이 원-핫 인코딩(one-hot encoding)의 형태로 구성되었을 때 사용할 수 있으며, sparse_categorical_crossentropy는 원-핫 인코딩을 사용하지 않아도 (1, 2, 3, 4)와 같이 정수 형태일 때 사용할 수 있습니다.

Q 원-핫 인코딩은 무엇인가요?

A 표현하고 싶은 데이터를 0과 1의 값으로 구분하는 인코딩 방법입니다.

예를 들어, 엄마 부엉이, 아빠 부엉이, 할머니 부엉이, 할아버지 부엉이, 손자 부엉이가 있을 때, 할머니 부엉이를 원-핫 인코딩하면, 할머니 부엉이만 1로 표기하고 나머지는 0으로 표기합니다.

엄마 부엉이	아빠 부엉이	할머니 부엉이	할아버지 부엉이	손자 부엉이
0	0	1	0	0

최적화 함수 설정

최적화 함수는 손실 함수의 값을 최소화하도록 가중치와 바이어스를 수정해 나가는 함수입니다. 마치 등산후 하산하는 경로를 탐색하는 것에 비유할 수 있습니다. 오른쪽 그림과 같이 손실 함수의 값이 다양하게나타나게 되며, 이 중에서 가장 작은 값을 찾아야 합니다.

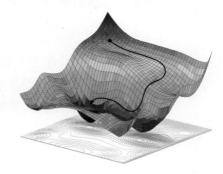

초기에 설정한 임의의 가중치 값을 변경시키면서 손실 함수의 값이 최소화되는 가중치를 찾으며, 한 번에가중치 값을 얼마나 변경시킬지, 어느 방향으로 이동할지 등이 손실 함수의 값을 찾는 데영향을 미칩니다. 한 번에 가중치 값을 얼마나 변경시킬지 결정하는 것을 학습률이라고 합니다.

이런 최적화 함수로는 경사하강법(Gradient Descent), 확률적 경사하강법(Stochastic Gradient Descent), 모멘텀(Momentum), RMSprop, Adam 등이 있습니다.
위의 입체 이미지를 평면적으로 살펴보겠습니다. 만약 경사하강법(Gradient Descent)을사용한다면 아래 그래프(왼쪽)와 같이 초기 가중치 값 부분의 경사도(그래프 기울기)와 다음 부분의 경사도를 비교하여 가중치가 줄어드는 방향으로 찾아갑니다.

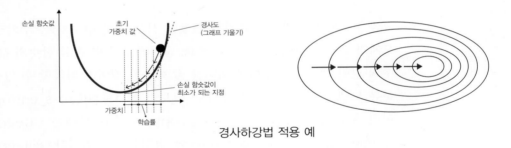

경사하강법 적용 예

보충 | **최적화 함수의 경로 찾기**

- **확률적 경사하강법:** 기울어진 방향으로 가중치를찾아가는 방식으로 과도하게 이동하므로 비효율적

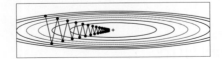

- **모멘텀:** 확률적 경사하강법에 비해 지그재그를완화한 방식으로 공이 구르는 것처럼 관성 고려

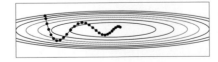

- **RMSprop:** 학습을 진행하면서 학습률을 줄여나가는 방식

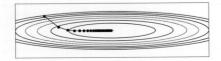

- **Adam:** 모멘텀과 RMSpop 방식의 장점을 취한방식으로 최근 가장 많이 사용

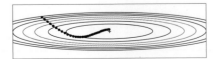

분류 모델이 얼마나 잘 분류하는지를 평가하는 지표는 정확도(Accuracy), 재현율(Recall), 정밀도(Precision), F1 Score, AUC, ROC 등 여러 가지가 있지만, 여기서는 간단히 Accuracy, Recall, Precision, F1 Score만 살펴보겠습니다.

예를 들어, 부엉이인지 아닌지 분류하는 모델이 있다고 가정할 때, 다음과 같은 혼동행렬 (Confusion Matrix)을 만들어 모델을 평가할 수 있습니다.

		예측값(Predicted)	
		부엉이다(Positive)	부엉이가 아니다(Negative)
실젯값 (Actual)	부엉이다 (Positive)	TP (True Positive) 부엉이로 예측한 것이 맞았다.	FN (False Negative) 부엉이가 아니라고 예측한 것이 틀렸다.
	부엉이가 아니다 (Negative)	FP (False Positive) 부엉이라고 예측한 것이 틀렸다.	TN (True Negative) 부엉이가 아니라고 예측한 것이 맞았다.

(P: 부엉이다. N: 부엉이가 아니다. / T: 예측이 맞았다. F: 예측이 틀렸다.)

혼동 행렬에 실제 수치를 넣어 비교하는 학습은 2권에서 활동을 통해 제시합니다.

■ **정확도(Accuracy):** 실제와 예측한 결과가 얼마나 일치하는가?(옳은 것을 옳다고 하고, 틀린 것을 틀렸다고 분류)

$$\text{Accuracy} = (TP + TN) / \text{전체}$$

■ **재현율(Recall):** 실제 옳다고 분류해야 하는 것을 얼마나 정확하게 예측했는가?

$$\text{Recall} = TP / (TP + FN)$$

■ **정밀도(Precision):** 옳다고 예측한 것 중 실제 옳은 것은 얼마나 되는가?

$$\text{Precision} = TP / (TP + FP)$$

■ **F1 Score:** Recall과 Precision의 균형을 이루는 값으로, 값이 클수록 좋은 모델

$$\text{F1 score} = (2 \times \text{Precision} \times \text{Recall}) / (\text{Precision} + \text{Recall})$$

우리는 손실 함수로 sparse_categorical_crossentropy, 최적화 함수로 Adam, 평가 지표로 정확도(Accuracy)를 사용하도록 하겠습니다. 손실 함수와 최적화 함수를 제시하는 순서는 바뀌어도 상관없습니다.

$$\text{모델 객체.compile(loss = '손실 함수명', optimizer = '최적화 함수명',}$$
$$\text{metrics = ['평가 지표'])}$$

실행시킨 결과로는 아무것도 나타나지 않습니다.

```
1  model.compile(optimizer = 'adam', loss = 'sparse_categorical_crossentropy',
2                metrics = ['accuracy'] )
```

6 모델 학습하기

모델 학습

앞에서 설정한 학습 방법(최적화 함수: adam, 손실 함수: sparse_categorical_crossentropy, 평가 지표: accuracy)으로 모델을 학습시킵니다.

학습 방법 설정 및 학습

모델 학습을 할 때 우리가 설정해야 할 사항은 모델을 학습시킬 훈련 데이터, 훈련 데이터의 레이블, 훈련 데이터를 반복 학습하는 횟수(epochs)입니다.

> 모델 객체.fit(훈련 데이터, 훈련 데이터의 레이블, epochs = 반복 학습 횟수)

5번의 학습을 진행하는 동안 손실 함수의 값과 정확도의 변화를 출력해 보겠습니다.

> 실행할 때마다 훈련 데이터러와 테스트 데이터러가 임의의 데이터로 나누어지기 때문에 학습 후 출력되는 실행 결과의 손실 함숫값과 정확도는 달라질 수 있어요.

```
1  model.fit(X_train, y_train, epochs = 5)
```

```
Epoch 1/5
1875/1875 [==============================] - 7s 3ms/step - loss: 1.0383 - accuracy: 0.8760
Epoch 2/5
1875/1875 [==============================] - 6s 3ms/step - loss: 0.2209 - accuracy: 0.9403
Epoch 3/5
1875/1875 [==============================] - 6s 3ms/step - loss: 0.1730 - accuracy: 0.9519
Epoch 4/5
1875/1875 [==============================] - 6s 3ms/step - loss: 0.1466 - accuracy: 0.9595
Epoch 5/5
1875/1875 [==============================] - 6s 3ms/step - loss: 0.1229 - accuracy: 0.9658
<keras.callbacks.History at 0x7f91ea72c0d0>
```

📋 **해석**

훈련 데이터 X_train을 정답(레이블)인 y_train과 맞춰보면서 epochs에서 설정한 대로 5번을 반복 학습합니다.

실행 결과에는 각 에포크 당 가중치를 갱신한 횟수(1,875회)와 진행도([======]), 학습하는 동안 걸린 시간(초와 밀리초로 표시), 각 단계에서의 손실 함수의 값, 정확도가 표시됩니다.

결과 창에서 첫 번째 에포크에서 손실 함수의 값이 1.0383, 정확도는 0.8760이었지만, 5번째 에포크에서 손실 함수의 값은 0.1229로 낮아졌으며 정확도는 0.9658로 높아진 것을 확인할 수 있습니다.

각 에포크(epoch)마다 훈련 데이터를 반복하여 학습하면서 정확도를 높입니다. 훈련 데이터를 한 번 학습한다고 해서 분류를 잘할 수 있는 것은 아니기 때문에 여러 번 학습하게 할 필요가 있습니다. 그렇다고 너무 많이 학습하면 훈련 데이터만 정확히 예측하는 과대적합 문제가 발생할 수 있으므로 적당히 조절하여 설정하는 것이 좋습니다.

7 모델 평가 및 예측하기

딥러닝

모델 평가

모델이 학습을 완료하고 나면 테스트 데이터와 테스트 데이터의 레이블을 사용하여 새로운 데이터를 얼마나 잘 예측할 수 있는지를 확인합니다. 이때 evaluate( )를 사용하며, 사용하는 공식은 다음과 같습니다.

> 모델 객체.evaluate(테스트 데이터, 테스트 데이터의 레이블)

모델을 평가할 때는 테스트 데이터로 예측한 결괏값과 테스트 데이터의 레이블을 비교하여 정확도를 계산합니다.

손실 함수의 값과 정확도를 살펴보겠습니다.

```
1  model.evaluate(X_test, y_test)
```

```
313/313 [==============================] - 1s 2ms/step - loss: 0.1391 - accuracy: 0.9654
[0.1391483098268509, 0.965399980545044]
```

📋 해석

실행 결과를 통해 테스트할 때 사용한 데이터는 313개이고 1초 2밀리초 동안 테스트를 진행했으며, 손실 함수의 값은 0.1391, 정확도는 0.9654(약 96.54%)인 것을 확인할 수 있습니다.

학습과 평가가 완료된 모델을 향후 새로운 데이터를 예측하는 데 활용합니다. 새로운 데이터가 있으면 좋겠지만, 여기서는 그렇지 못하므로 테스트 데이터 중 하나(여기서는 47번째 데이터)를 사용하여 숫자를 어떻게 분류하는지 확인해 보겠습니다.

47번째 데이터가 무엇인지 확인해 보니 숫자 1인 것을 알 수 있습니다.

```
1  plt.imshow(X_test[46], cmap = 'gray')
2  plt.show()
```

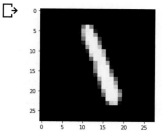

여기서는 학습을 마친 모델이 47번째 데이터를 어떤 숫자로 예측하여 분류하는지 확인했으므로, 다른 인덱스 값을 입력하여 결과를 확인해 보세요.

예측을 위한 공식은 다음과 같습니다. predict( ) 함수는 분류할 숫자(0~9까지 숫자) 중 각 숫자가 될 수 있는 가능성을 0~1 사이의 실숫값으로 출력합니다.

> 모델 객체.predict(예측 데이터)

손글씨
숫자 예측

테스트 데이터 전체를 예측한 결과는 다음과 같습니다.

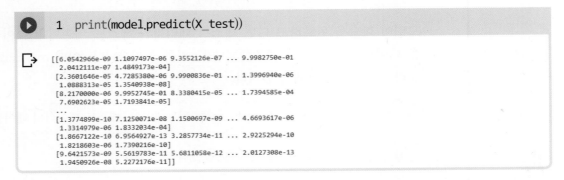

📝 **해석**

테스트 데이터 각각에 대하여 0일 확률, 1일 확률, 2일 확률, …, 8일 확률, 9일 확률을 출력하는데, 테스트 데이터 전체에 대한 결과가 출력되다 보니 정확히 파악하기 어렵습니다.

자세히 보기 위하여 47번째 데이터를 예측한 값을 출력해 보겠습니다.

Python에서 부동소수점 형태를 유효숫자e지수로 표현하는 방법입니다.

$$유효숫자e지수 = 유효숫자 \times 10^{지수}$$

예

$1e6 = 1 \times 10^{6}(1,000,000)$,
$1e-6 = 1 \times 10^{-6}(0.000001)$

📝 **해석**

첫 번째 값인 $1.0099710e-07(=0.00000010099710)$은 0이 될 확률을 말하며 매우 작은 값이므로 47번째 테스트 데이터는 0일 가능성이 거의 없다고 봐야 할 것 같습니다. 두 번째 값인 $9.9967706e-01(=0.99967706)$은 1이 될 확률이며 약 99.97%의 확률로 숫자 1임을 의미합니다. 제일 마지막 값인 $4.5411830e-06(=0.00000451830)$은 9가 될 확률이며 매우 작은 값이므로 9일 가능성도 없다고 할 수 있습니다.

argmax( ) 함수는 배열에서 가장 큰 값의 인덱스를 반환합니다.

다음 표와 같이 손글씨 숫자가 무엇인지 예측한 확률을 배열로 나타냈을 때, 결괏값이 가장 큰 것은 인덱스가 1인 자리이므로 넘파이의 argmax( ) 함수는 1을 출력합니다.

0	1	2	3	4	5	6	7	8	9
1.00997 10e-07	9.9967 706e-01	8.47135 29e-06	2.34213 08e-04	4.58198 16e-05	6.54872 07e-08	2.05962 95e-07	5.67866 57e-08	2.94234 85e-05	4.54118 30e-06

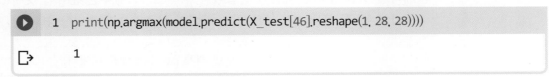

배운 내용 정리하기

※ 이 활동에서 제시한 문제를 해결하기 위해 진행한 과정과 알게 된 정보를 정리해 봅시다.

문제 해결 과정

문제 정의하기	• 문제 상황 이해하기 • 해결할 문제: 손글씨 숫자 분류
↓	
데이터 불러오기	• 케라스(Keras)에서 MNIST 데이터 셋 불러오기
↓	
데이터 탐색 및 전처리하기	• 픽셀의 값을 0.0~1.0 사이의 실수로 변환하기(정규화) • 28×28 픽셀의 2차원 배열을 784개의 1차원 배열로 변환하기 • 훈련 데이터와 테스트 데이터 나누기(keras에서 데이터 셋을 불러올 때 실행)
↓	
모델 생성하기	• 인공 신경망 생성하기(은닉층 개수 설정하기) • 활성화 함수 설정하기(렐루 함수, 소프트맥스 함수)
↓	
모델 컴파일하기	• 손실 함수(sparse_categorical_crossentropy) 설정하기 • 최적화 함수(Adam) 설정하기 • 평가 지표(Accuracy) 설정하기
↓	
모델 학습하기	• 에포크 설정 및 학습하기(손실 함수의 값과 정확도 확인)
↓	
모델 평가 및 예측하기	• 테스트 데이터로 모델 평가하기

알게된 정보

딥러닝으로 숫자를 인식하는 과정

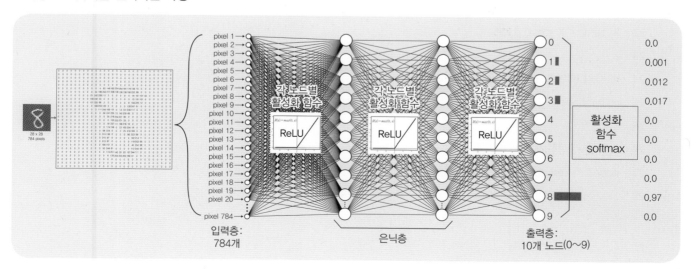

```python
1   import tensorflow as tf
2   from tensorflow import keras
3   import numpy as np
4   import matplotlib.pyplot as plt
5
6   # 데이터 불러오기
7   mnist = keras.datasets.mnist
8   (X_train, y_train), (X_test, y_test) = mnist.load_data()
9
10  #훈련 데이터의 첫 번째 이미지 출력하기
11  plt.imshow(X_train[0], cmap = 'gray')
12  plt.show()
13
14  # 0~255 범위의 픽셀 표현
15  for data in X_train[46]:
16    for i in data:
17      print('{:^4}'.format(i), end = '')
18    print()
19
20  # 데이터 전처리(정규화)하기
21  X_train = X_train / 255
22  X_test = X_test / 255
23
24  #2차원 배열을 1차원 배열로 변환하기
25  np.reshape(X_train, (-1))   # 또는 X_train.reshape(-1)
26
24  # 모델 생성하기
27  model = keras.models.Sequential([
28          keras.layers.Flatten(input_shape = [28, 28]), # 입력층
```

```
29          keras.layers.Dense(200, activation = 'relu'), # 1번째 은닉층
30          keras.layers.Dense(100, activation = 'relu'), # 2번째 은닉층
31          keras.layers.Dense(50, activation = 'relu'), # 3번째 은닉층
32          keras.layers.Dense(10, activation = 'softmax')]) # 출력층
33
34   # 모델 컴파일하기
35   model.compile(optimizer = 'adam', loss = 'sparse_categorical_crossentropy',
36                 metrics = ['accuracy'])
37
38   # 모델 학습하기
39   model.fit(X_train, y_train, epochs = 5)
40
41   # 모델 평가하기
42   model.evaluate(X_test, y_test)
43
44   # 47번째 이미지 출력하기
45   plt.imshow(X_train[46], cmap = 'gray')
46   plt.show()
47
48   # 모델 예측하기
49   print(model.predict(X_test))
50   print(model.predict(X_test[46].reshape(1, 28, 28)))
51   print(np.argmax(model.predict(X_test[46].reshape(1, 28, 28))))
```

'활동 정리하기'는
310쪽에 있어요.

'딥러닝 문제 해결'의 '손글씨 숫자를 분류하다' 활동에서는 인공 신경망을 이용하여 손글씨 숫자 데이터 셋(MNIST)을 분류해 보았습니다.

- 인공 신경망이 데이터를 학습할 수 있도록 두 가지 전처리를 하였습니다.
  첫 번째 전처리는 숫자를 인식하는 정확도를 높이기 위하여 0~255 사이의 픽셀값을 0.0~1.0 범위의 실수로 변환하는 작업을 수행하였습니다. 두 번째 전처리로는 인공 신경망의 입력층으로 전달될 수 있도록 28×28 픽셀의 2차원 배열을 1차원 배열로 변환하였습니다.
- 인공 신경망은 입력층, 은닉층, 출력층으로 구성되며 은닉층의 활성화 함수는 렐루 함수, 출력층의 활성화 함수는 소프트맥스 함수를 사용하였습니다.
  딥러닝의 예측값과 실젯값의 차이를 수치로 나타내는 손실 함수는 sparse_categorical_crossentropy, 최적화 함수는 Adam, 분류 모델이 얼마나 잘 분류하였는지 평가하는 지표는 정확도(Accuracy)를 설정하여 모델 학습을 진행하였습니다.
- 학습 횟수(epochs)가 반복될수록 손실 함수의 값(loss)은 낮아지는 반면 정확도(accuracy)는 높아지는 학습 과정을 확인할 수 있었습니다.
- 인공 신경망이 데이터의 특성을 스스로 찾아내어 학습한 결과, 테스트 데이터 중 임의로 47번째 데이터를 예측하게 했을 때 0부터 9까지 각 숫자일 확률 중 가장 큰 결괏값은 '1'이었으며 이 모델이 47번째 데이터를 숫자 1로 예측했다는 것을 의미합니다.
- 테스트 데이터를 이용하여 모델이 얼마나 학습을 잘하였는지 확인한 결과, 예측값과 실젯값 간의 차이를 계산하는 손실 함수의 값은 0.1391이고, 얼마나 정확하게 예측하는지에 대한 정확도는 0.9654(약 96.54%)인 것을 확인하였습니다.

memo

다이아몬드 가격을 예측하다

이번 활동에서는 딥러닝으로 문제를 해결하는 핵심 단계를 토대로, 다층 퍼셉트론을 이용하여 다이아몬드 가격을 예측하는 인공지능 모델을 만들어 봅니다.

다이아몬드 가격에 영향을 미치는 다양한 요소들이 있기 때문에 전문가가 아닌 이상 일반인이 그 가격을 예측하기는 쉽지 않습니다. 그래서 간혹 너무 비싸게 주고 살 때가 있습니다. 인공지능이 다이아몬드의 각 요소들을 살펴보고 가격을 보다 정확하게 예측해 준다면 얼마나 좋을까요?

이 장에서는 다음의 순서로 살펴봅시다.

문제 정의하기
다이아몬드 가격 예측

⬇

데이터 불러오기
다이아몬드 데이터 셋

⬇

데이터 탐색 및 전처리하기
· 정규화 : 속성별 미치는 영향을 공평하게
(범주형 수치형 변환)
· 데이터 나누기

| 훈련 | 테스트 |

⬇ DATA

모델 생성하기
인공 신경망 생성

⬇

모델 컴파일하기

epoch ⬇

모델 학습하기

모델 평가 및 예측하기

1 문제 정의하기

문제 상황 이해하기

전문가가 아닌 일반인은 다이아몬드 가격을 예측하기 어렵지만 인공지능을 이용하면 가능해집니다. 인공지능은 어떻게 다이아몬드 가격을 예측할 수 있을까요?

문제 해결에 필요한 정보

문제 해결 과정에서 필요한 정보를 미리 살펴봅시다.

1. 이 활동에 필요한 데이터 셋은 무엇이고, 이 데이터 셋을 불러오는 라이브러리는 무엇일까요?
   ▶ 다이아몬드 데이터 셋을 사용하며, 시본(seaborn) 라이브러리를 통해 쉽게 불러올 수 있습니다.

2. 다이아몬드 데이터 셋을 모델 학습에 사용하려면 어떻게 해야 할까요?
   ▶ 모델 학습에 사용할 수 있도록 범주형 데이터는 원-핫 인코딩 처리를 합니다. 또한 다이아몬드 가격 예측에 영향을 주는 독립 변수 및 독립 변수의 영향을 받는 종속 변수를 설정한 후 속성값의 범위를 일정하게 해 주는 정규화 작업이 필요합니다.

3. 모델 생성에서 필요한 활성화 함수는 무엇일까요?
   ▶ 인공 신경망의 은닉층 활성화 함수는 렐루 함수입니다.

4. 모델 컴파일에서 해야 할 작업은 무엇일까요?
   ▶ 회귀 모델에 적합한 손실 함수(MSE)와 최적화 함수(Adam), 평가 지표(MAE)를 설정합니다.

5. 회귀 모델 성능을 나타내는 평가 지표는 무엇일까요?
   ▶ 평균절대오차(MAE)와 0~1 사이의 값으로 표현하는 결정계수(R^2)를 사용합니다.

문제 해결에 필요한 정보는 무엇일까?

② 데이터 불러오기

데이터 셋 소개

다이아몬드는 변하지 않는 사랑을 상징한다는 점에서 결혼 반지의 대명사로 일컬어지며 그 크기가 클수록 가격이 상승한다고 알려져 있습니다. 이러한 다이아몬드의 가치는 무게(캐럿, carat)뿐 아니라 커팅 품질(cut), 색상(color), 투명도(clarity) 등의 영향을 받습니다. 다이아몬드를 커팅하는 것은 매우 어려운 일이며 어떻게 커팅하느냐에 따라 광채가 달라지기 때문에 가격에 영향을 미칩니다. 다이아몬드는 색이 없을수록 귀한 것이라 여기지만 간혹 특별한 색은 그 가치가 높아지기도 합니다.

우리가 사용할 다이아몬드 데이터 셋에는 다이아몬드 무게(carat), 커팅 품질(cut), 색상(color), 투명도(clarity), 가격(price), 크기(x, y, z) 등에 대한 값이 포함되어 있으며, 총 53,940개의 데이터가 있습니다.

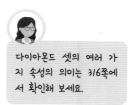

다이아몬드 셋의 여러 가지 속성의 의미는 316쪽에서 확인해 보세요.

	carat	cut	color	clarity	depth	table	price	x	y	z
1	0.23	Ideal	E	SI2	61.5	55	326	3.95	3.98	2.43
2	0.21	Premium	E	SI1	59.8	61	326	3.89	3.84	2.31
3	0.23	Good	E	VS1	56.9	65	327	4.05	4.07	2.31
4	0.29	Premium	I	VS2	62.4	58	334	4.2	4.23	2.63
5	0.31	Good	J	SI2	63.3	58	335	4.34	4.35	2.75
6	0.24	Very Good	J	VVS2	62.8	57	336	3.94	3.96	2.48
7	0.24	Very Good	I	VVS1	62.3	57	336	3.95	3.98	2.47

보충 다이아몬드 데이터 셋 다운로드하기

다이아몬드 데이터 셋은 시본 라이브러리를 이용하는 것 외에 캐글(kaggle.com)에서 다운로드할 수도 있습니다. 캐글 검색창에서 'diamond'를 검색하여 내려받은 압축 파일을 풀면 'diamond.csv'를 확인할 수 있습니다.

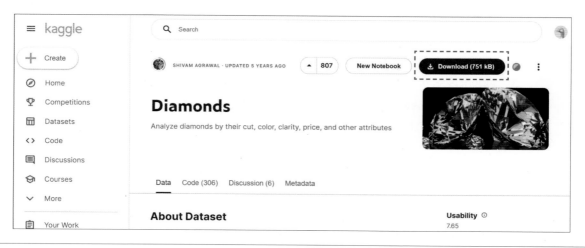

**데이터 셋
불러오기**

다이아몬드 데이터 셋을 불러오는 방법은 여러 가지가 있지만, 이 활동에서는 시본 (seaborn) 라이브러리에서 불러오겠습니다.

**시본(seaborn)
라이브러리
불러오기**

시본 라이브러리를 불러와서 sns라는 별명으로 사용할 것이라고 선언합니다.

```
1    import seaborn as sns
```

**다이아몬드 데이터
셋 불러오기**

데이터 셋은 시본 라이브러리에서 가져올 수 있으므로 다음과 같이 데이터 셋을 불러올 수 있습니다.

> 데이터 셋 객체 = 시본 라이브러리.load_dataset('데이터 셋명')

앞에서 시본 라이브러리를 sns라는 별명을 사용하기로 했고, 다이아몬드 데이터 셋의 이름은 'diamonds'이므로 sns.load_dataset('diamonds')을 통해 데이터 셋을 불러와 df 라는 이름의 객체로 사용합니다(반드시 df라는 이름을 사용하지 않아도 됩니다.).

```
1    import seaborn as sns
2    df = sns.load_dataset('diamonds')
```

보충 시본(Seaborn) 라이브러리

시본 라이브러리는 본래 데이터를 쉽게 시각화할 수 있도록 돕는 라이브러리로 맷플롯립(matplotlib) 라이브러리를 기반으로 만들어졌기 때문에 그 확장판이라고 보면 됩니다. 시본 라이브러리는 데이터를 이용하여 손쉽게 그래프를 만들 뿐 아니라, 멋지게도 만들 수 있어서 많은 사용자들이 활용하고 있습니다. 이름 그대로 마치 바다의 부드럽고 아름다운 장면들이 그래프로 표현되기 때문일 겁니다.

시본 라이브러리는 애너그램, 자동차 사고, 다이아몬드, 항공편, 간헐천, 홍채, 자동차 연비, 펭귄, 행성, 택시, 타이타닉 등 다양한 데이터 셋을 포함하고 있습니다. 데이터 셋의 목록을 확인하는 방법은 다음과 같습니다.

```
1    import seaborn as sns
2    sns.get_dataset_names()
```

```
['anagrams',       'diamonds',     'gammas',      'planets',
 'anscombe',       'dots',         'geyser',      'taxis',
 'attention',      'exercise',     'iris',        'tips',
 'brain_networks', 'flights',      'mpg',         'titanic']
 'car_crashes',    'fmri',         'penguins',
```

③ 데이터 탐색 및 전처리하기

전처리 방법 알아보기

데이터를 불러온 후 데이터 셋에 어떤 속성과 값들이 포함되어 있는지 살펴보고 나서 인공 신경망으로 처리하기 위해 다음의 세 가지 전처리를 수행합니다. 뒤에서 다시 자세히 설명할 것이므로 여기서는 무엇을 할 예정인지 가볍게 이해하고 넘어가면 됩니다.

다이아몬드 데이터 셋의 각 속성들이 어떤 유형의 데이터인지, 결측치나 이상치는 없는지를 파악합니다. 또한 정규화(normalization)하거나 원-핫 인코딩을 해야 하는 속성도 확인합니다.

범주형 속성값 변환

인공지능은 숫자 데이터만 처리하기 때문에 범주형 데이터들을 수치형 데이터로 변환합니다. 범주형 데이터의 각 범주끼리 순서를 표현할 수 있다면(예 다이아몬드 커팅/색상/투명도 등급) 숫자값 간의 위계가 있도록 1, 2, 3과 같은 순서 형태의 값으로 변환합니다. 만약 범주형 데이터의 각 범주끼리 순서를 표현할 수 없다면(예 남성과 여성) 0과 1로 구성하는 원-핫 인코딩(one-hot encoding) 방법으로 변환합니다.

손자 부엉이와 인공지능 모델의 대화 장면

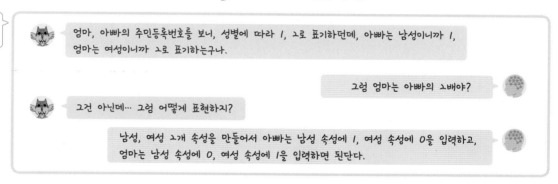

정규화

범위가 다른 속성값을 같은 범위의 값으로 변환합니다. 인공지능 모델은 데이터를 숫자로 처리하기 때문에 숫자가 클수록 더욱 중요하다고 인식할 수 있습니다. 따라서 정확한 예측을 위해 모든 속성값의 범위를 0.0~1.0 사이의 실수로 변환합니다.

부엉이 가족 대화 장면

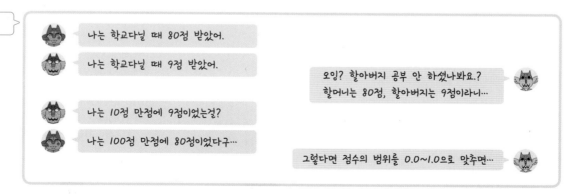

훈련 데이터와 테스트 데이터 분리

데이터 셋을 인공지능 모델을 학습하는 데 사용하는 훈련 데이터와 인공지능 모델이 학습을 잘했는지 테스트하는 데 사용하는 테스트 데이터로 분리합니다.

데이터 살펴보기

데이터 정보 확인하기

10개의 속성 중 다이아몬드 가격을 예측하는 데 영향을 미치는 속성은 무엇일까요?

다이아몬드 데이터의 개수와 속성의 개수, 어떤 속성이 있는지 살펴보겠습니다. 판다스 라이브러리의 info( ) 메소드를 사용합니다.

> 데이터프레임 객체.**info( )**
>
> # info( ) 메소드를 통해 데이터 개수, 속성 개수, 속성명, 결측치, 속성의 데이터 타입 등 확인

▶ 1 df.info( )

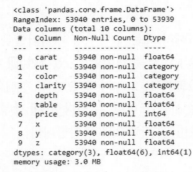

```
<class 'pandas.core.frame.DataFrame'>
RangeIndex: 53940 entries, 0 to 53939
Data columns (total 10 columns):
 #   Column   Non-Null Count  Dtype
---  ------   --------------  -----
 0   carat    53940 non-null  float64
 1   cut      53940 non-null  category
 2   color    53940 non-null  category
 3   clarity  53940 non-null  category
 4   depth    53940 non-null  float64
 5   table    53940 non-null  float64
 6   price    53940 non-null  int64
 7   x        53940 non-null  float64
 8   y        53940 non-null  float64
 9   z        53940 non-null  float64
dtypes: category(3), float64(6), int64(1)
memory usage: 3.0 MB
```

속성명	설명
carat	다이아몬드 무게(1캐럿: 0.2g)
cut	커팅 품질 (Fair<Good<Very Good<Premium<Ideal)
color	색상(J<I<H<G<F<E<D)
clarity	투명도(I1<SI2<SI1<VS2<VS1<VVS2<VVS1<IF)
depth	z / mean(x, y)
table	상단의 가장 넓은 지점의 너비
price	가격($)
x	길이(mm)
y	너비(mm)
z	깊이(mm)

📋 **해석**

실행 결과를 통해 총 53,940개의 데이터가 있고 속성은 10개인 것을 알 수 있습니다. 각 속성명은 Column열에 carat, cut, color, …, z로 표현되어 있고 각 속성별로 53,940개의 값을 가진 것으로 보아 결측치가 없다는 것을 알 수 있습니다. 결측치가 있다면 해당 행을 삭제할 것인지, 결측값을 다른 값으로 대체할 것인지를 고민해야 하지만 여기서는 그럴 필요가 없습니다.

범주형 데이터(category)는 각 속성별로 어떤 범주로 구성되어 있는지 살펴보세요.

속성별로 데이터의 유형을 말해 보거라.

무게(carat), 깊이(depth), 테이블(table), 길이(x), 너비(y), 깊이(z)의 속성은 실수형(float64)이고, 가격(price)은 정수형(int64)이며, 커팅 품질(cut), 색상(color), 투명도(clarity)는 범주형(category)인 것을 알 수 있어요.

<table>
<tr><td colspan="2">데이터 일부
살펴보기</td></tr>
</table>

데이터 일부
살펴보기

데이터에 대한 정보를 파악했으니, 실제로 데이터가 어떻게 생겼는지 확인해 보기 위해 전체 데이터를 불러오지 않고 head() 메소드를 사용하여 일부 데이터만 살펴보겠습니다.

```
1  df.head()
```

	carat	cut	color	clarity	depth	table	price	x	y	z
0	0.23	Ideal	E	SI2	61.5	55.0	326	3.95	3.98	2.43
1	0.21	Premium	E	SI1	59.8	61.0	326	3.89	3.84	2.31
2	0.23	Good	E	VS1	56.9	65.0	327	4.05	4.07	2.31
3	0.29	Premium	I	VS2	62.4	58.0	334	4.20	4.23	2.63
4	0.31	Good	J	SI2	63.3	58.0	335	4.34	4.35	2.75

📋 해석

실행 결과를 통해 다이아몬드 데이터 셋의 0~4행까지 데이터를 데이터프레임 형태로 살펴볼 수 있습니다.

**데이터 통계치
살펴보기**

describe() 메소드를 사용하여 데이터의 통계량(개수, 평균, 중앙값, 표준편차, 최솟값, 최댓값, 4분위수 등)을 살펴보겠습니다. 수칫값을 갖는 속성에 대해 통계량을 출력하며 결측치는 제외됩니다. 따라서 커팅 품질(cut), 색상(color), 투명도(clarity)는 문자열이므로 출력되지 않습니다.

```
1  df.describe()
```

	carat	depth	table	price	x	y	z
count	53940.000000	53940.000000	53940.000000	53940.000000	53940.000000	53940.000000	53940.000000
mean	0.797940	61.749405	57.457184	3932.799722	5.731157	5.734526	3.538734
std	0.474011	1.432621	2.234491	3989.439738	1.121761	1.142135	0.705699
min	0.200000	43.000000	43.000000	326.000000	0.000000	0.000000	0.000000
25%	0.400000	61.000000	56.000000	950.000000	4.710000	4.720000	2.910000
50%	0.700000	61.800000	57.000000	2401.000000	5.700000	5.710000	3.530000
75%	1.040000	62.500000	59.000000	5324.250000	6.540000	6.540000	4.040000
max	5.010000	79.000000	95.000000	18823.000000	10.740000	58.900000	31.800000

📋 해석

원래는 발견된 이상치를 처리하고 인공지능 모델을 학습시키는 과정을 거쳐야 하지만, 우리는 기초 단계를 배우므로 생략하겠습니다.

실행 결과를 통해 다이아몬드는 0.2캐럿에서 5.01캐럿까지 분포되어 있는 것을 알 수 있습니다. 다이아몬드의 절반이 0.2~0.7캐럿 사이에 분포해 있고, 75%가 1.04캐럿 이하입니다. 그 이상의 무게는 많지 않은 것을 확인할 수 있습니다. 가격은 최저 326\$에서 최고 18,823\$ 사이입니다. 길이, 너비, 깊이의 최솟값은 0입니다. 다이아몬드가 존재하는데도 불구하고 0이라는 값은 잘못된 값 즉, 이상치가 있음을 의미합니다.

수치형 데이터 변환

원-핫 인코딩 방법

데이터 셋의 속성과 값들을 대략 살펴보았으면, 이제 데이터 전처리 방법을 차근차근 알아보겠습니다.

원-핫 인코딩은 범주의 개수만큼 속성을 만들고 범주마다 0이나 1을 입력하는 방법입니다. 1개의 속성만 1로 표기하고 나머지 속성에는 0을 표기한다고 해서 '원-핫(one-hot)'이라는 이름이 붙었습니다. 인코딩을 하는 방법은 다음과 같습니다.

인공지능이 학습할 때는 범주형 데이터를 바로 사용할 수 없을 때가 많기 때문에 범주형 데이터는 수치형으로 변환해야 합니다.

❶ 해당하는 범주에는 1, 아닌 범주에는 0을 표기
❷ **변환 예시** dog 데이터 값은 PET_dog에 해당하므로 이 속성에만 1을 표기하고 나머지 PET_cat, PET_rabbit 속성에는 0을 표기(나머지도 동일하게 적용)

PET		PET_dog	PET_cat	PET_rabbit
dog		1	0	0
cat	⇒	0	1	0
rabbit		0	0	1
dog		1	0	0

원-핫 인코딩 적용

다이아몬드 데이터 셋의 커팅 품질(cut), 색상(color), 투명도(clarity) 속성은 순서가 있는 범주형 데이터이므로 원-핫 인코딩을 수행합니다. 원-핫 인코딩을 수행하는 여러 방법 중에서 판다스 라이브러리의 get_dummies()를 사용하면 매우 간단합니다.

> 판다스 객체.get_dummies(데이터프레임 객체, columns = [인코딩할 속성명])
> # 특정 속성만 원-핫 인코딩을 할 때는 columns에 속성명 제시

columns를 명시하지 않으면 특정 속성이 아닌 모든 범주형 데이터를 원-핫 인코딩 처리합니다.

```
1  import pandas as pd
2  df = pd.get_dummies(df)
3  df
```

원-핫 인코딩 부분

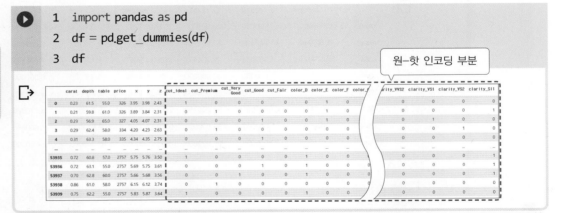

	carat	depth	table	price	x	y	z	cut_Ideal	cut_Premium	cut_Very Good	cut_Good	cut_Fair	color_D	color_E	color_F	color_?	...	clarity_VVS2	clarity_VS1	clarity_VS2	clarity_SI1
0	0.23	61.5	55.0	326	3.95	3.98	2.43	1	0	0	0	0	0	1	0	0		0	0	0	1
1	0.21	59.8	61.0	326	3.89	3.84	2.31	0	1	0	0	0	0	1	0	0		0	0	0	1
2	0.23	56.9	65.0	327	4.05	4.07	2.31	0	0	1	0	0	0	1	0	0		0	1	0	0
3	0.29	62.4	58.0	334	4.20	4.23	2.63	0	1	0	0	0	0	0	0			0	0	1	0
4	0.31	63.3	58.0	335	4.34	4.35	2.75	0	0	0	1	0	0	0	0			0	0	0	0
...	...	...	...	...	...	...	...	...	...	...	...	...	...	...	...	...		...	...	...	...
53935	0.72	60.8	57.0	2757	5.75	5.76	3.50	1	0	0	0	0	1	0	0			0	0	0	1
53936	0.72	63.1	55.0	2757	5.69	5.75	3.61	0	0	0	1	0	1	0	0			0	0	0	1
53937	0.70	62.8	60.0	2757	5.66	5.68	3.56	0	0	1	0	0	1	0	0			0	0	0	1
53938	0.86	61.0	58.0	2757	6.15	6.12	3.74	0	1	0	0	0	0	0	0			0	0	0	0
53939	0.75	62.2	55.0	2757	5.83	5.87	3.64	1	0	0	0	0	0	0	0			0	0	0	0

범주의 개수는 316쪽 속성을 나열한 표에서 확인!

📋 **해석**

실행 결과를 통해 모든 범주형 데이터가 범주의 개수만큼 새로운 속성들이 생성되었고, 해당하는 범주에만 1이 체크된 것을 확인할 수 있습니다. get_dummies()를 사용하여 원-핫 인코딩된 후에는 기존의 범주형 데이터 속성(cut, color, clarity)은 삭제됩니다.

**독립 변수와
종속 변수**

데이터의 속성 중에는 영향을 미치는 속성과 영향을 받는 속성이 있습니다. 영향을 미치는 속성을 '독립 변수', 독립 변수의 영향을 받는 속성을 '종속 변수'라고 부릅니다. 다이아몬드 데이터 셋에서 무게(carat), 커팅 품질(cut), 색상(color), 투명도(clarity), 테이블(table) 등의 속성이 가격에 영향을 미치는 독립 변수이며, 이 독립 변수들의 영향을 받는 가격(price) 속성이 종속 변수입니다.

> 슬라이싱 예시로 iloc[3:5, [1,2,3]]은 3~4행, 1, 2, 3열의 데이터를 추출함을 의미합니다.

원-핫 인코딩 결과에서 가격(price) 속성은 종속 변수로, 나머지 속성은 독립 변수로 설정해 보겠습니다. 인덱스로 속성을 추출하는 iloc 메소드와 슬라이싱([:])을 사용합니다.

독립 변수는 가격(price) 속성을 제외한 나머지 변수이므로, 0~2번째까지 속성과 4번째 이후 속성 전체가 해당합니다. 0~2번째 속성을 추출하여 X1으로 설정하고 4번째 이후 속성을 추출하여 X2로 설정합니다. 0~2번째와 4번째 이후 속성을 한 번에 추출할 수 없기 때문에 각각 추출한 이후 합쳐야 합니다.
데이터프레임 X1과 X2를 합치기 위해서는 판다스 라이브러리의 concat()을 사용합니다. X1과 X2는 열 방향으로 합쳐야 하므로 axis = 1로 설정합니다.

데이터프레임 개체**.iloc**[범위]
판다스 객체**.concat**([데이터프레임명, 데이터프레임명], **axis** = 0 / 1)
axis = 0이면 행 방향(아래)으로 합침.(기본값), axis = 1이면 열 방향(오른쪽)으로 합침.

독립 변수만 추출해 보겠습니다.

```
1  X1 = df.iloc[:, 0:3]  # 모든 행의 0, 1, 2번째 속성 선택
2  X2 = df.iloc[:, 4:]   # 모든 행의 4번째 이후 속성 선택
3  X = pd.concat([X1, X2], axis = 1)  # X1과 X2를 열 방향으로 합침.
4  X
```

carat	depth	table	x	y	z	cut_Ideal	cut_Premium	cut_Very Good	cut_Good	...	color_I	color_J	clarity_IF	clarity_VVS1
0.23	61.5	55.0	3.95	3.98	2.43	1	0	0	0	...	0	0	0	0
0.21	59.8	61.0	3.89	3.84	2.31	0	1	0	0	...	0	0	0	0
0.23	56.9	65.0	4.05	4.07	2.31	0	0	0	1	...	0	0	0	0
0.29	62.4	58.0	4.20	4.23	2.63	0	1	0	0	...	1	0	0	0
0.31	63.3	58.0	4.34	4.35	2.75	0	0	0	1	...	0	1	0	0

아이쿠, 가격 속성만 빠졌구먼!

이번에는 종속 변수인 가격(price) 속성만 추출해 보겠습니다.

```
1  Y = df.iloc[:, 3]  # 모든 행의 3번째 속성 선택
```

정규화

인공지능 모델이 결과를 보다 잘 예측하기 위해서는 너무 크거나 작은 범위의 속성값들이 널뛰고 있지 않고 일정 범위 안에서 표현되어야 합니다. 또한 같은 의미를 가진 값들을 표현한 범위가 다르다면 이것도 통일시켜야 합니다.

정규화와 표준화를 비교해 보고, 우리가 학습할 정규화의 특징과 장단점을 기억합니다.

예를 들어, 한 학생의 국어 성적은 100점 만점 중 80점이고, 수학 성적은 10점 만점에 9점일 때, 80이 9보다 큰 수라고 해서 수학보다 국어를 잘했다고 볼 수 없습니다. 따라서 수학 성적의 총점을 100점 만점으로 변환하거나 국어 성적의 총점을 10점으로 변환해야 합니다. 이때 여러 속성값의 범위를 일정하게 맞춰 주는 방법이 정규화와 표준화이며, 이번 활동에서는 정규화 방법을 이용합니다.

구분		변환값		장단점
정규화	특징	• 0.0~1.0 사이의 실숫값으로 변환	장점	모든 속성의 범위를 0.0 ~ 1.0으로 통일
	공식	$x = \dfrac{x - 최솟값}{최댓값 - 최솟값}$	단점	이상치를 처리하기 어려움.
표준화	특징	• 평균이 0, 분산이 1인 정규 분포가 되도록 변환	장점	이상치를 잘 처리함.
	공식	$Z = \dfrac{X(속성값) - \mu(속성값\ 평균)}{\sigma(표준편차)}$	단점	동일한 범위로 통일할 수 없음.

사이킷런 라이브러리 불러오기

정규화를 위한 함수는 사이킷런(sklearn) 라이브러리에서 지원합니다. 따라서 사이킷런에서 필요한 모듈을 불러오겠습니다. 우리가 사용할 함수는 최솟값과 최댓값을 이용하는 정규화 함수입니다.

```
1  from sklearn.preprocessing import MinMaxScaler
```

사이킷런에서 전처리를 지원하는 preprocessing의 MinMaxScaler를 불러왔습니다. 참고로 정규화를 스케일링이라고도 하는데, 사이킷런에서는 스케일러로 사용합니다.

보충 **사이킷런의 전처리 모듈**

사이킷런의 preprocessing 모듈에서 제공하는 데이터 전처리에 필요한 기능(인코딩, 정규화, 스케일링 등)은 다음과 같이 python의 dir() 함수를 사용하여 조회할 수 있습니다.

```
1  import sklearn.preprocessing
2  dir(sklearn.preprocessing)
```

```
['Binarizer',
 'FunctionTransformer',
        ⋮
 'quantile_transform',
 'robust_scale',
 'scale']
```

정규화를 위해서는 MinMaxScaler()로 정규화 객체를 만든 후에 속성값의 범위를 실숫값
인 0.0~1.0 사이로 변환하는 작업을 위하여 fit_transform() 메소드를 사용합니다.

> 정규화 객체 = MinMaxScaler()
> 정규화 객체.fit_transform(정규화할 데이터프레임명)

정규화 객체에 scaler라는 이름을 붙입니다. 정규화해야 하는 데이터프레임은 다이아몬드
가격에 영향을 미치게 되는 독립 변수가 X이므로 '정규화할 데이터프레임명' 위치에 X를
입력합니다. 정규화한 결과는 X_scaled로 사용하여 출력해 보겠습니다.

```
1  from sklearn.preprocessing import MinMaxScaler
2  scaler = MinMaxScaler()
3  X_scaled = scaler.fit_transform(X)
4  X_scaled
```

```
array([[0.00623701, 0.51388889, 0.23076923, ..., 0.        , 1.        ,
        0.        ],
       [0.002079  , 0.46666667, 0.34615385, ..., 1.        , 0.        ,
        0.        ],
       [0.00623701, 0.38611111, 0.42307692, ..., 0.        , 0.        ,
        0.        ],
       ...,
       [0.1039501 , 0.55      , 0.32692308, ..., 1.        , 0.        ,
        0.        ],
       [0.13721414, 0.5       , 0.28846154, ..., 0.        , 1.        ,
        0.        ],
       [0.11434511, 0.53333333, 0.23076923, ..., 0.        , 1.        ,
        0.        ]])
```

📋 **해석**

실행 결과를 통해 정규화한 결과를 살펴보면 모든 속성값이 0.0~1.0 사이의 실숫값이며,
데이터프레임이 아니라 'array'라고 출력된 것을 확인할 수 있습니다.

이처럼 정규화를 하면 배열(array)로 바뀌게 됩니다. 따라서 지금부터는 X_scaled를 데이
터프레임이라 부르지 않고 배열이라고 부르겠습니다.

훈련 데이터
테스트 데이터
나누기

사이킷런
라이브러리
불러오기

인공지능 모델을 학습시키기 전에 다이아몬드 데이터 셋을 훈련 데이터와 테스트 데이터
로 나누어야 합니다. 일반적으로 훈련 데이터와 테스트 데이터는 7:3의 비율로 나눕니다.

사이킷런 라이브러리의 모듈 중 model_selection에서 train_test_split을 불러오면 데이
터를 쉽게 나눌 수 있습니다.

```
1  from sklearn.model_selection import train_test_split
```

훈련 데이터와
테스트 데이터
나누기

훈련 데이터와 테스트 데이터로 나누기 위해서는 train_test_split( )을 사용합니다. train_test_split( )을 실행시킬 때마다 전체 데이터 중에서 임의로 데이터를 추출하여 훈련 데이터와 테스트 데이터를 만듭니다.

train_test_split( )을
실행시킬 때마다 다른(랜덤) 훈련 데이터와 테스트 데이터가 구성되므로 학습 결과가 조금씩 다를 수 있어요.

> 학습에 사용할 독립 변수 객체, 테스트에 사용할 독립 변수 객체, 학습에 사용할 종속 변수 객체, 테스트에 사용할 종속 변수 객체 = train_test_split(독립 변수, 종속 변수, test_size = 테스트 데이터 비율)
>
> # 테스트 데이터 비율을 0.3으로 입력하면 테스트 데이터는 전체 데이터의 30%로 설정

전체 데이터 중에서 테스트 데이터의 크기를 0.3(30%)으로 설정하면 훈련 데이터는 70%가 됩니다. 학습에 사용하는 독립 변수들은 X_train, 테스트에 사용하는 독립 변수들은 X_test, 학습에 사용하는 종속 변수는 y_train, 테스트에 사용하는 종속 변수는 y_test라는 이름으로 설정해 보겠습니다.

```
1   from sklearn.model_selection import train_test_split
2   X_train, X_test, y_train, y_test = train_test_split(
3                           X_scaled, Y, test_size = 0.3)
```

훈련 데이터(70%)		테스트 데이터(30%)	
독립 변수 (X_train)	종속 변수 (y_train)	독립 변수 (X_test)	종속 변수 (y_test)

shape로 배열의 차원(형태)을 확인하세요.

shape를 이용하여 훈련 데이터의 독립 변수와 종속 변수, 테스트 데이터의 독립 변수와 종속 변수의 개수를 확인해 보겠습니다.

```
1   X_train.shape, y_train.shape, X_test.shape, y_test.shape
```

 ((37758, 26), (37758,), (16182, 26), (16182,))

📋 **해석**

실행 결과를 통해 훈련 데이터는 전체 53,940개 데이터의 70%에 해당하는 37,758개가 할당되었고, 원-핫 인코딩으로 인해 학습에 사용하는 독립 변수의 개수는 총 26개가 되어 (37758, 26) 형태를 갖습니다. 학습에 사용하는 데이터 중 종속 변수에 해당하는 가격 속성(price)은 1개뿐이기 때문에 (37758,)의 형태를 갖습니다.

테스트 데이터는 전체 53,940개 데이터의 30%에 해당하는 16,182개가 할당되었고, 훈련 데이터와 마찬가지로 원-핫 인코딩으로 독립 변수의 개수는 총 26개가 되어 (16182,26) 형태를 갖습니다. 테스트에 사용하는 종속 변수도 같은 맥락에서 (16182,) 형태가 됩니다.

4 모델 생성하기

모델을 생성할 때는 데이터프레임의 한 행(1개의 다이아몬드에 대한 정보)을 입력층으로 생성(전처리 과정이지만 모델 생성 단계에서 할 수 있음)하는 작업, 은닉층의 개수를 정하고 생성하는 작업, 각 은닉층별 노드의 개수를 정하는 작업, 활성화 함수를 설정하는 작업이 포함됩니다. 그 작업에 대해 좀 더 자세히 알아볼까요?

입력층, 은닉층, 출력층, 활성화 함수의 역할에 대해 이해하려면 288~290쪽을 참고하세요.

첫 번째 은닉층의 각 노드(원 모양)는 '26개(정규화된 배열 X_scaled의 한 행에 포함된 속성의 개수)의 입력층 노드 값×가중치+바이어스'의 계산 결과를 갖게 됩니다. 각 노드는 활성화 함수를 통해 활성 여부(현재 노드가 다이아몬드 가격을 결정하는 데 중요한 영향을 미친다면 다음 노드로 값을 전달할 수 있도록 활성화시킴.)를 결정한 후 다음 은닉층의 노드(또는 출력층)로 전달됩니다.

딥러닝 프로그래밍 실행 초기에 가중치와 바이어스 값은 각각 임의의 값과 0으로 설정되었다가 학습하면서 조정하게 되며, 딥러닝을 통해 자동으로 결정됩니다.

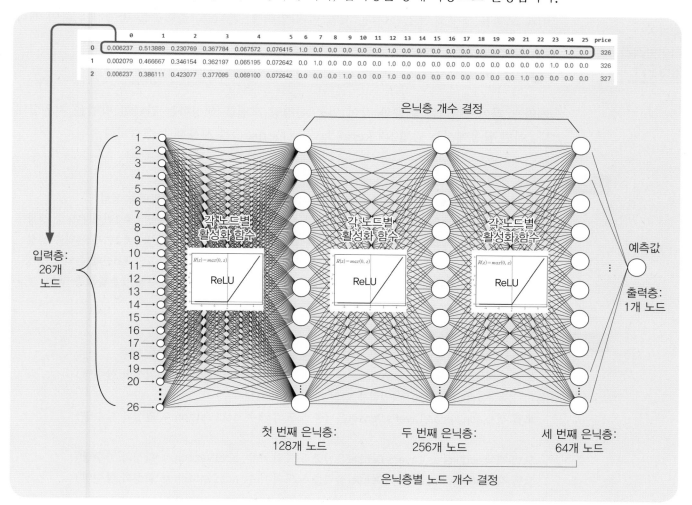

**입력층, 은닉층,
출력층 생성**

일반적으로 인공 신경망의 층을 생성할 때는 입력층과 은닉층을 구분하여 만들거나 은닉층에 입력층을 포함하여 하나로 묶어서 만듭니다. 여기서는 후자를 이용해 보겠습니다.

- 323쪽 그림처럼 입력층은 데이터프레임의 한 행의 속성 개수만큼 입력받아야 하므로 26개의 노드가 필요합니다.
- 1~3번째 은닉층은 사용자가 임의로 노드의 개수를 설정합니다.
- 은닉층의 노드들 중 결과를 예측하는 데 중요한 역할을 하는 노드만 활성화시켜 다음 노드로 값을 전달할 수 있도록 활성화 함수를 'relu' 함수로 설정합니다.
- 예측한 결괏값은 다이아몬드 가격 1개이므로 출력층 노드의 개수는 1개로 설정합니다.

	입력층	1번째 은닉층	2번째 은닉층	3번째 은닉층	출력층
노드 개수	26	128	256	64	1
활성화 함수	-	relu	relu	relu	-

컴퓨터 전공자들은 보통 2의 거듭제곱의 개수만큼 노드를 만드는 경우가 많습니다.

이제 모델을 생성해 보겠습니다. 제일 먼저 입력층, 은닉층, 출력층을 만들기 위하여 케라스 라이브러리를 다음과 같이 불러옵니다.

**케라스
라이브러리
불러오기**

```
1  from tensorflow import keras
```

케라스 라이브러리는 다음과 같이 인공 신경망 모델을 생성하는 간단한 방법을 지원합니다. 이번 활동에서는 방법2의 keras.layers.Dense( )를 사용해 보겠습니다.

방법 1
```
모델 객체 = keras.models.Sequential([
    keras.layers.Flatten(input_shape = (행의 개수, 열의 개수)),  # 입력층 생성
    keras.layers.Dense(은닉층 노드의 개수, activation = '활성화 함수명'), # 1번째 은닉층 생성
    keras.layers.Dense(은닉층 노드의 개수, activation = '활성화 함수명'), # 2번째 은닉층 생성
                                    ⋮                          # n번째 은닉층 생성
    keras.layers.Dense(출력층 노드의 개수, activation = '활성화 함수명')]) # 출력층 생성
```

방법 2
```
모델 객체 = keras.Sequential( )
# keras.layers.Dense( )는 층을 만드는 명령, add는 모델에 층을 추가하는 명령
모델 객체.add(keras.layers.Dense(은닉층 노드의 개수, activation = '활성화 함수명',
        input_shape = (입력층 행의 개수, )))
모델 객체.add(keras.layers.Dense(은닉층 노드의 개수, activation = '활성화 함수명')
                                    ⋮
모델 객체.add(keras.layers.Dense(은닉층 노드의 개수, activation = '활성화 함수명')
모델 객체.add(keras.layers.Dense(출력층 노드의 개수, activation = '활성화 함수명')
```

케라스 Sequential( ) 함수를 사용하여 순차적으로 노드값을 전달하는 모델의 객체 model을 생성합니다. 그리고 model에 은닉층(첫 번째 은닉층에 입력층 포함)과 출력층을 추가합니다.

Sequential은 순차적, 연속적이라는 의미로 첫 번째 은닉층의 값이 두 번째 은닉층을 거쳐 세 번째 은닉층으로만 흘러가도록 할 때 적합합니다.

각 층의 생성 과정은 다음과 같습니다.

❶ model의 첫 번째 은닉층은 input_shape = (26,)을 통해 (26,) 형태의 데이터를 입력받습니다.

❷ 26개의 값을 첫 번째 은닉층의 128개 노드에 각각 전달합니다. 다이아몬드의 가격에 영향을 미치게 되는 노드들은 'relu' 활성화 함수를 통해 다음 은닉층의 노드들에 전달됩니다.

❸ 마지막 출력층은 '다이아몬드 가격'이라는 한 개의 값만 확인하면 되므로 노드의 개수가 1개입니다.

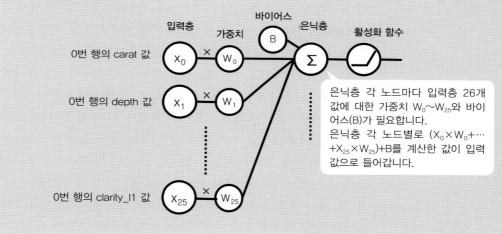

위 내용을 토대로 모델을 생성해 보겠습니다.

```
1  from tensorflow import keras
2  model = keras.Sequential()
3  model.add(keras.layers.Dense(128, activation = 'relu', input_shape = (26, )))
4  model.add(keras.layers.Dense(256, activation = 'relu'))
5  model.add(keras.layers.Dense(64, activation = 'relu'))
6  model.add(keras.layers.Dense(1))
7  model.summary( )  # 모델을 간단하게 살펴보기
```

활성화하는 방식이 더 궁금하면 290쪽을 찾아보렴.

```
Model: "sequential"
_____
 Layer (type)                Output Shape              Param #
=================================================================
 dense (Dense)               (None, 128)               3456

 dense_1 (Dense)             (None, 256)               33024

 dense_2 (Dense)             (None, 64)                16448

 dense_3 (Dense)             (None, 1)                 65

=================================================================
Total params: 52,993
Trainable params: 52,993
Non-trainable params: 0
```

분류 모델 설명은 256쪽, 회귀 모델 설명은 273쪽 보충 자료를 참고하세요.

📋 해석

실행 결과를 통해 확인할 수 있는 내용은 다음과 같습니다.

- 첫 번째 은닉층(dense)의 출력 형태(Output Shape)는 (None, 128)인 것을 알 수 있습니다. 1번째 은닉층 노드의 개수가 128개이므로 각 노드에 대한 결괏값도 128개입니다. 파라미터의 개수(Param #) 3,456은 다음 계산식에서 나온 값입니다. 은닉층 각 노드에 다이아몬드 가격에 영향을 미치는 26개 입력값에 대한 가중치($W_0 \sim W_{25}$) 개수 26개, 바이어스 값(B) 1개가 '$(X_0 \times W_0 + \cdots + X_{25} \times W_{25}) + B$'의 공식으로 계산되어 입력값으로 들어갑니다. 즉 은닉층의 노드는 총 128개이므로 '26개 가중치 파라미터×128개 노드 + 노드별 바이어스 파라미터×128개 노드'를 계산하여 3,456개가 나온 것입니다.

- 두 번째 은닉층(dense_1)의 출력 형태(Output Shape)는 (None, 256)인 것을 알 수 있습니다. 두 번째 은닉층 노드의 개수가 256개이기 때문입니다. 파라미터 개수(Param #)는 33,024개입니다. 첫 번째 은닉층 128개 노드에 대한 가중치 128개와 1개의 바이어스가 2번째 은닉층 각 노드(256개)의 입력값 계산에 필요합니다. 따라서 '128개 가중치 파라미터×256개 노드 + 노드별 바이어스 파라미터×256개 노드'를 계산하여 33,024가 나온 것입니다.

- 출력층에는 활성화 함수가 없습니다. 이번 활동은 범주를 예측하는 분류 모델이 아니라 값을 예측하는 회귀 모델이므로 출력층에 값이 그대로 출력되기 때문입니다. 그리고 모델을 생성했다고 해서 학습이 완료된 것이 아닙니다. 모델을 생성한 것은 신경망의 각 층을 생성한 것으로 사람의 뇌 구조를 구성했다고 생각하면 됩니다.

공부를 많이 한다고 꼭 좋은 게 아니구만. 뭐든 적당해야지.

은닉층의 개수와 은닉층의 노드 개수는 정해지지 않으면 데이터의 양, 처리할 수 있는 하드웨어 성능 등을 고려하여 조절합니다. 데이터의 양이 적은데 은닉층이 많은 것은 좋지 않으며, 노드의 개수가 너무 많으면 훈련 데이터에 과도하게 잘 맞는 모델을 생성하게 되어 과대적합(훈련 데이터에만 과도하게 잘 맞고 테스트 데이터로는 잘 예측하지 못하는 현상)이 발생할 가능성이 높아집니다.

⑤ 모델 컴파일하기

모델을 컴파일하는 단계에서는 학습하기 전에 손실 함수와 최적화 함수, 평가 지표를 설정합니다. 인공 신경망으로 학습한 후 예측한 값과 실제 정답 간의 차이가 얼마나 되는지 손실 함수를 통해 계산하며, 이 차이를 줄이도록 최적화 함수가 가중치와 바이어스 값을 수정합니다. 학습이 얼마나 잘되었는지를 평가하는 방식은 평가 지표에서 설정합니다.

이번 활동은 회귀 모델을 사용함을 기억합니다.

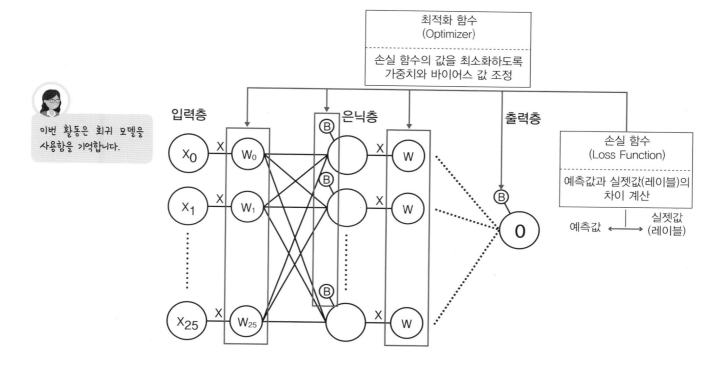

손실 함수 설정

손실 함수는 딥러닝의 예측값과 실젯값 사이의 차이(오차)를 수치로 나타내는 함수인데, 오차가 크면 손실 함수의 값이 크며, 오차가 작으면 손실 함수의 값이 작습니다. 따라서 손실 함수의 값이 작을수록 훈련 데이터를 잘 학습한 것이라고 파악할 수 있습니다.

회귀 모델에 사용하는 손실 함수는 평균제곱오차(MSE: Mean Squared Error)를 주로 사용하는데, MSE는 예측값과 실젯값의 차이를 제곱한 후 전부 더하여 평균을 낸 것을 말합니다. 예측값과 실젯값의 차이를 면적으로 만들어 평균을 낸 것을 그림으로 표현하면 328쪽 그림과 같습니다. 예측값과 실젯값의 차이는 양수뿐만 아니라 음수가 나올 수 있으므로 합이 0이 되어버리는 오류를 막기 위해서 제곱 연산을 수행합니다.

$$\frac{1}{n}\sum_{i=1}^{n} (예측값-실젯값)^2 \qquad (n: 데이터 개수)$$

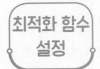

최적화 함수 설정

최적화 함수는 손실 함수의 값을 최소화하도록 가중치와 바이어스를 수정해 나가는 함수입니다. 최적화 함수는 초기에 설정한 임의의 가중치 값을 수정하면서 손실 함수의 값이 최소화되는 가중치를 찾는 역할을 합니다. 한 번에 가중치 값을 얼마나 변경시킬지, 어느 방향으로 이동할지 등이 손실 함수의 값을 찾는 데 영향을 미칩니다. 이때 한 번에 가중치 값을 얼마나 변경시킬지 결정하는 것을 학습률이라고 합니다.

다음 그래프는 손실 함수와 최적화 함수의 원리를 나타낸 것입니다.

이번 활동에서 사용할 최적화 함수는 최근 많이 사용되고 있는 Adam입니다.

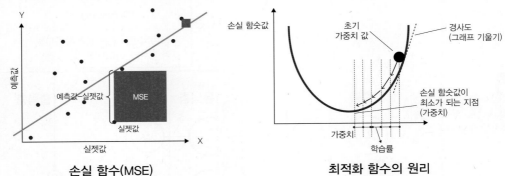

손실 함수(MSE)   최적화 함수의 원리

평가 지표 설정

회귀 모델이 결과를 얼마나 잘 예측할 수 있는지 성능을 평가하는 지표로 평균절대오차(MAE: Mean Absolute Error)를 사용해 보겠습니다. MAE는 오차의 절댓값을 모두 더한 것의 평균을 낸 것입니다. MAE는 오차의 절댓값을 사용하기 때문에 오차의 크기가 그대로 반영됩니다. 따라서 오차가 얼마나 큰지를 쉽게 확인할 수 있어 회귀 모델의 평가 지표로 많이 사용됩니다.

$$\frac{1}{n}\sum_{i=1}^{n}|\text{예측값}-\text{실젯값}| \qquad (n: \text{데이터 개수})$$

이 밖에 회귀 모델의 성능을 평가하는 몇 가지 다른 지표들도 있지만 MAE가 주로 사용된다는 점을 기억하세요.

회귀 모델에서는 분류 모델에서 사용하는 정확도의 개념을 사용하지 않습니다. 정확하게 예측했는지 파악하는 것이 아니라 독립 변수로 종속 변수를 얼마나 잘 설명할 수 있는지를 결정계수 R^2(R·squared)값으로 살펴볼 수 있습니다. R^2값이 1에 가까우면 설명을 매우 잘할 수 있는 회귀 모델이고 0에 가까우면 설명을 할 수 없는 모델입니다.

우리는 손실 함수로 MSE, 최적화 함수로 Adam, 평가 지표로 MAE를 사용하겠습니다.

설정만 한 것이므로 실행시킨 결과로는 아무것도 나타나지 않습니다.

모델 객체.compile(loss = '손실 함수명', optimizer = '최적화 함수명',
metrics = ['평가 지표명'])

```
1 model.compile(loss = 'mse', optimizer = 'adam', metrics = ['mae'])
```

6 모델 학습하기

모델 학습

앞에서 설정한 학습 방법으로 훈련 데이터를 사용하여 모델을 학습시킵니다. 이때 우리가 설정해야 할 사항은 훈련 데이터, 훈련 데이터의 레이블, 훈련 데이터를 반복 학습하는 횟수(epochs)입니다.

> 모델 객체.fit(훈련 데이터, 훈련 데이터의 레이블, epochs = 반복 학습 횟수)

X_train을 훈련 데이터로 y_train을 훈련 데이터의 레이블로 설정하고, 반복 학습 횟수는 50으로 설정해 보겠습니다. 여기서 history 객체에 모델 학습 결과를 저장하겠습니다.

 history를 사용하여 오차 그래프를 그릴 예정입니다.

```
1  history = model.fit(X_train, y_train, epochs = 50)
2  history
```

```
Epoch 1/50
1180/1180 [==============================] - 6s 4ms/step - loss: 8095385.0000 - mae: 1768.8564
Epoch 2/50
1180/1180 [==============================] - 6s 5ms/step - loss: 556845.5625 - mae: 401.2693
Epoch 3/50
1180/1180 [==============================] - 5s 5ms/step - loss: 488995.3438 - mae: 370.9196
              ⋮
Epoch 48/50
1180/1180 [==============================] - 2s 2ms/step - loss: 323414.1562 - mae: 316.3353
Epoch 49/50
1180/1180 [==============================] - 3s 2ms/step - loss: 324366.0312 - mae: 317.4190
Epoch 50/50
1180/1180 [==============================] - 2s 2ms/step - loss: 323235.1875 - mae: 315.2485
```

 내 결과랑 다르다고 실망하지 말 것! 결과는 매번 다르게 나타나지요!

📋 해석

실행 결과를 통해 첫 번째 에포크(epoch)에서 손실 함수의 값이 8095385.0000, 평균절대오차 값이 1768.8564였지만, 각 에포크(epoch)마다 훈련 데이터를 반복하여 학습하게 되면 오차율을 낮추면서 마지막 50번째 에포크에서 손실 함수의 값은 323235.1875, 평균절대오차 값은 315.2485로 낮아진 것을 확인할 수 있습니다.

보충 배치 사이즈와 미니 배치

- **배치 사이즈**: 데이터 1개를 학습시킬 때마다 실젯값과 비교하여 가중치를 갱신하는 것은 너무 비효율적이기 때문에 한 번에 여러 개의 데이터를 학습시킨 후 실젯값과 비교하여 가중치를 갱신합니다. 이때 한 번에 학습시키는 데이터의 개수를 배치 사이즈라고 합니다. 위의 실행 결과에서 첫 번째 반복(epoch)의 1180은 배치 사이즈입니다.
- **미니 배치**: 배치 사이즈만큼의 데이터 뭉치를 미니 배치라고 하는데, 케라스 라이브러리에서는 미니 배치의 개수를 별도로 설정하지 않으면 기본값이 32개가 됩니다. 여기서는 전체 훈련 데이터의 개수 37,758개를 32개의 미니 배치로 나누었으므로 배치 사이즈는 1180개가 됩니다.

7 모델 평가 및 예측하기

모델 평가

모델이 학습을 완료하고 나면 테스트 데이터와 테스트 데이터의 레이블을 사용하여 새로운 데이터를 얼마나 잘 예측할 수 있는지를 확인합니다. 이때 evaluate()를 사용하며, 사용하는 공식은 다음과 같습니다.

> 모델 객체.evaluate(테스트 데이터, 테스트 데이터의 레이블)

테스트 데이터와 테스트 데이터의 레이블을 사용하여 평가한 결과 중에서 손실 함수의 값과 MAE 값을 test_loss_score, test_mae_score에 저장해 보겠습니다.

테스트 데이터의 평가 결과인 손실 함수의 값 loss와 평균절대오차 값 mae도 실행할 때마다 조금씩 달라질 수 있어요.

```
1  test_loss_score, test_mae_score = model.evaluate(X_test, y_test)
```

```
506/506 [==============================] - 1s 1ms/step - loss: 385635.2188 - mae: 364.5073
```

📋 **해석**

실행 결과를 통해 테스트할 때 사용한 데이터는 506개이고, 손실 함수의 값은 0.385635이고 평가 지표 MAE는 364.5073인 것을 확인할 수 있습니다.

성능 평가하기

테스트 데이터를 사용하여 학습이 잘되었는지를 평가했으므로, 실젯값(테스트 데이터의 레이블)과 테스트 데이터로 예측한 결과 간의 관계를 결정계수로 출력해 보겠습니다.

> r2_score(실젯값, 예측값) # 예측값이 실젯값과 얼마나 일치하는지 확인

결정계수인 R^2값을 확인하여 독립 변수가 종속 변수를 얼마나 잘 설명할 수 있는지 확인해 보겠습니다. 이때 사이킷런 라이브러리의 metrics를 사용합니다.

```
1  from sklearn.metrics import r2_score
2  r2 = r2_score(y_test, model.predict(X_test))
3  r2
```

```
0.9757539993955275
```

📋 **해석**

실행 결과를 통해 결정계수 R^2값이 0.9757…인 것을 알 수 있으며, 이는 독립 변수가 종속 변수를 약 97.6% 설명할 수 있다는 것을 의미합니다.

맷플롯립 라이브러리를 사용하면 실젯값과 예측값을 비교하는 그래프와 오차값의 변화를 그래프로 그리는 시각화 표현을 할 수 있습니다.

실젯값과 예측값
비교 그래프

실젯값과 예측값 간의 관계를 산점도로 표현하기 위해 scatter( ) 함수를 사용합니다.

> 맷플롯립 객체.scatter(x축 값, y축 값)

맷플롯립 라이브러리의 파이플롯을 불러와 plt라는 별명으로 사용합니다. x축은 테스트 데이터의 레이블로, y축은 테스트 데이터로 예측한 값으로 설정하고 x축명은 'test_target', y축명은 'predict'로 설정하여 산점도로 출력해 보겠습니다.

```
1  import matplotlib.pyplot as plt
2  plt.scatter(y_test, model.predict(X_test))
3  plt.xlabel('test_target')
4  plt.ylabel('predict')
5  plt.show( )
```

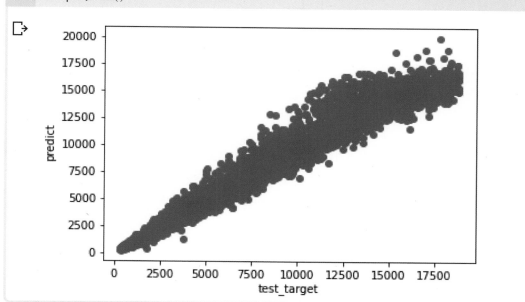

📋 **해석**

실행 결과를 통해 결정계수 R^2값이 0.9757…이었던 것처럼, 실젯값과 예측값이 밀접한 관계를 맺고 있다는 것을 확인할 수 있습니다.

평균절대오차
그래프

회귀 모델이 반복하여 학습(epochs)할 때마다 오차값이 어떻게 변했는지 확인합니다. 모델을 학습할 때, 학습한 결과를 history라는 객체에 저장해 두었습니다. history에 저장된 MAE값의 리스트를 사용하여 그래프를 그리면 오차값의 변화를 쉽게 확인할 수 있습니다.

plot()을 사용하여 선그래프를 출력해 보겠습니다.

```
1  import matplotlib.pyplot as plt
2  plt.plot(history.history['mae'])
3  plt.xlabel('epochs')
4  plt.ylabel('mae')
5  plt.show()
```

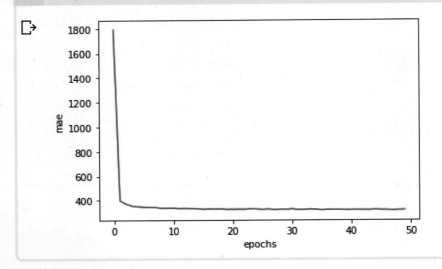

📋 해석

실행 결과를 통해 history의 MAE값만 추출한 것을 확인할 수 있습니다. x축명은 'epochs'로 y축명은 'mae'로 설정하였고, 초반에 평균절대오차(MAE) 값이 급격히 줄었다가 추후 서서히 줄어드는 것을 확인할 수 있습니다.

확인 문제

학습이 완료된 모델로 아래의 새로운 데이터에 대한 예측값을 출력해 봅시다. 먼저, 아래 표 데이터의 범주형 데이터 속성인 cut, color, clarity를 원-핫 인코딩해야 합니다. 그리고 속성값을 정규화하여 모델이 예측한 가격을 확인할 수 있습니다.

carat	cut	color	clarity	depth	table	x	y	z
0.42	Very Good	E	SI2	57.2	55	4.33	4.35	2

배운 내용 정리하기

※ 이 활동에서 제시한 문제를 해결하기 위해 진행한 과정과 알게 된 정보를 정리해 봅시다.

문제 해결 과정

단계	내용
문제 정의하기	• 문제 상황 이해하기 • 해결할 문제: 다이아몬드 가격 예측
데이터 불러오기	• 시본(Seaborn)에서 다이아몬드 데이터 셋 불러오기
데이터 전처리하기	• 데이터 살펴보기(데이터 유형, 결측치, 속성명 등) • 범주형 속성값을 수치형으로 변환하기(원-핫 인코딩) • 독립 변수(영향을 미치는 변수)와 종속 변수(영향을 받는 변수) 구분하기 • 독립 변수 중 속성별 값을 0.0~1.0 사이의 실수로 변환하기(정규화) • 훈련 데이터와 테스트 데이터 나누기
모델 생성하기	• 입력층, 은닉층, 출력층 생성하기 • 활성화 함수(ReLU) 설정하기
모델 컴파일하기	• 손실 함수(MSE) 설정하기 • 최적화 함수(Adam) 설정하기 • 평가 지표(MAE) 설정하기
모델 학습하기	• 에포크 설정 및 학습하기(손실 함수의 값과 평균절대오차 값 확인)
모델 평가 및 예측하기	• 테스트 데이터로 모델 평가하기(결정계수 R^2, 평균절대오차 확인) • 시각화로 결과 살펴보기

알게 된 정보

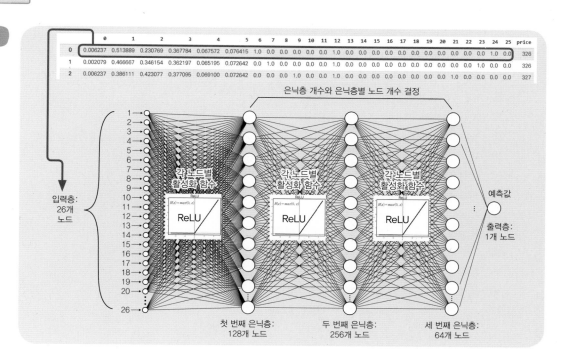

배운 내용 정리하기

```python
1   import pandas as pd
2   import seaborn as sns # 다이아몬드 데이터 로드 라이브러리
3   from sklearn.preprocessing import MinMaxScaler # 정규화 라이브러리
4   from sklearn.model_selection import train_test_split # 데이터 분리 라이브러리
5   from tensorflow import keras # 인공 신경망 모델 생성 라이브러리
6   from sklearn.metrics import r2_score # 결정계수 산출 라이브러리
7   import matplotlib.pyplot as plt # 그래프 그리기 라이브러리
8
9   # 데이터 불러오기
10  df = sns.load_dataset('diamonds')
11
12  # 상위 5개 데이터 살펴보기
13  df.head()
14
15  # 데이터 정보 살펴보기
16  df.info()
17
18  # 데이터 통계치 살펴보기
19  df.describe()
20
21  # 원-핫 인코딩하기
22  df = pd.get_dummies(df)
23
24  # 독립 변수(X)와 종속 변수(Y) 설정하기
25  X1 = df.iloc[:, 0:3]
26  X2 = df.iloc[:, 4:]
27  X = pd.concat([X1, X2], axis = 1)
28  Y = df.iloc[:, 3]
29
30  # 데이터 정규화하기
31  scaler = MinMaxScaler()
32  X_scaled = scaler.fit_transform(X)
33  X_scaled # 정규화한 데이터(배열 형태)
34
35  # 훈련 데이터와 테스트 데이터로 분리하기
36  X_train, X_test, y_train, y_test = train_test_split(
37          X_scaled, Y, test_size = 0.3)
```

```
38    # 데이터 셋의 형태 확인하기
39    X_train.shape, y_train.shape, X_test.shape, y_test.shape
40
41    # 인공 신경망 모델 생성하기
42    model = keras.Sequential()
43    model.add(keras.layers.Dense(128, activation = 'relu', input_shape = (26, )))
44    model.add(keras.layers.Dense(256, activation = 'relu'))
45    model.add(keras.layers.Dense(64, activation = 'relu'))
46    model.add(keras.layers.Dense(1))
47    model.summary()
48
49    # 모델 컴파일하기(손실 함수, 최적화 함수, 평가 지표 설정)
50    model.compile(loss = 'mse', optimizer = 'adam', metrics = ['mae'])
51
52    # 모델 학습하기(반복 학습 횟수 설정)
53    history = model.fit(X_train, y_train, epochs = 50)
54    history
55
56    # 모델 평가하기
57    test_loss_score, test_mae_score = model.evaluate(X_test, y_test)
58
59    # 결정계수 확인하기
60    r2 = r2_score(y_test, model.predict(X_test))
61    r2
62
63    # 실젯값과 예측값 비교 그래프(산점도) 그리기
64    plt.scatter(y_test, model.predict(X_test))
65    plt.xlabel('test_target')
66    plt.ylabel('predict')
67    plt.show()
68
69    # epochs에 따른 손실 함수 값 그래프(선그래프) 그리기
70    plt.plot(history.history['mae'])
71    plt.xlabel('epochs')
72    plt.ylabel('mae')
73    plt.show()
```

'딥러닝 문제 해결'의 '다이아몬드 가격을 예측하다' 활동에서는 인공 신경망으로 회귀 모델을 생성하여 다이아몬드 가격을 예측해 보았습니다.

- 인공 신경망의 층의 수와 각 층별 노드의 개수를 설정하였습니다. 입력층의 경우 원-핫 인코딩 후 데이터 속성(독립 변수)의 개수와 동일한 26개를 생성하였으며, 출력층은 예측할 데이터 속성(종속 변수)이 다이아몬드 가격뿐이므로 1개의 노드로 구성하였습니다.
- 각 은닉층의 활성화 함수는 렐루 함수로 설정하였습니다. 출력층은 값 자체를 그대로 출력하므로 분류와 다르게 활성화 함수를 설정하지 않았습니다.
- 예측값과 실젯값의 차이를 계산하는 손실 함수는 평균제곱오차(MSE), 최적화 함수는 Adam, 회귀 모델이 다이아몬드 가격을 어느 정도 설명하는지 평가하는 지표는 평균절대오차(MAE)로 설정하여 모델 학습을 진행했습니다.
- 학습 횟수가 반복될수록 손실 함숫값은 낮아지는 반면, 정확도는 높아지는 학습 과정을 확인할 수 있었습니다.

memo

실습 노트

실습 노트는 'Part 1. 머신러닝을 위한 Python 이해하기'와
'Part 2. 머신러닝 체험하기'에서 배운 내용을 실습해 볼 수 있는 문제로 구성하였습니다.

예시 답안은 씨마스에듀
홈페이지와 구글 드라이브
에서 제공합니다.

1 n과 k를 입력받아 n^k값을 구하시오.

2 n을 입력받아 다음과 같은 삼각형을 출력해 보고, 역삼각형 형태로도 출력하시오.

```
5를 입력하면
*                          *****
**                         ****
***                        ***
****                       **
*****                      *
```

3 5개의 정수를 입력받아 최댓값과 최솟값을 출력해 보고 최댓값과 최솟값을 뺀 값들의 평균을 구하시오.

4 한 연도를 입력받아 윤년인지 아닌지를 판단해 보시오. 단, 윤년은 다음 조건을 만족해야 한다.

> 조건 (1) 400의 배수이면 무조건 윤년이다.
>
> (2) (1)이 아닌 수 가운데 4의 배수이며, 100의 배수가 아니면 윤년이다.

5 다음 369 게임의 조건을 맞게 1~100 사이의 수를 출력하시오.

> 조건 (1) 1~9 사이에서는 3, 6, 9일 때 '짝'과 함께 출력한다.
>
> (2) 10 이상인 수에서는 30~39까지는 '짝짝'과 함께 출력하고 나머지 수에서는 1
>   의 자릿수에서 3, 6, 9일 때 '짝'과 함께 출력한다.

6 다음 조건을 만족하는 100개의 요소를 갖는 1차원 배열을 만든 후, 2차원 배열 (10, 10) 형태로 변경
하여 출력하고 100개의 요소를 더한 합도 출력하시오.

> 조건 (1) Numpy 라이브러리 사용
>
> (2) arange( ), reshape( ), sum( ) 함수 사용

7 판다스 라이브러리를 사용하여 다음과 같은 데이터프레임을 만들고 weight 칼럼을 기준으로 내림차순 정렬하시오.

[정렬 전]

	age	weight	height	nickname
grandma	70	7.2	5.6	Audrey
grandson	12	6.3	6.4	Smurf
papa	45	5.5	5.7	Tongk
mama	42	4.6	7.8	JJ
grandpa	60	3.8	4.4	Shark

[정렬 후]

	age	weight	height	nickname
grandpa	60	3.8	4.4	Shark
grandma	70	7.2	5.6	Audrey
grandson	12	6.3	6.4	Smurf
papa	45	5.5	5.7	Tongk
mama	42	4.6	7.8	JJ

8 Part 2 '데이터 분석'의 '롤러코스터를 파헤치다' 데이터에서 최고 속도(max_spead), 탑승 시간(ride_time), 롤러코스터 길이(ride_length), 최고 낙하 높이(highest_drop_height), 흥미도(excitement) 속성을 추출한 후, 시각화를 통해 다음 문제를 해결하시오.

(1) 다음과 같이 상관관계를 행렬 형태로 시각화하고, 흥미도 속성과 가장 관련이 높은 속성이 무엇인지 찾아보시오.

롤러코스터 데이터 상관관계 시각화

(2) 다음과 같이 산점도를 행렬 형태로 시각화하고, 흥미도 속성과 가장 관련이 높은 속성과의 상관관계를 회귀선을 넣어 산점도로 표현하시오.

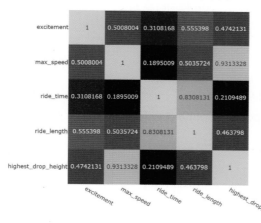
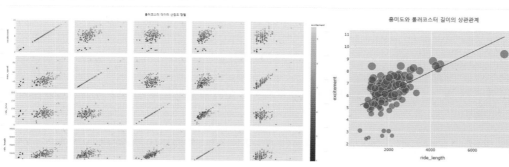

9 캐글(kaggle.com) 검색창에서 'Iris Species'을 검색하여 붓꽃 데이터 셋('Iris.csv)을 다운로드한 후, 문제 해결 과정에 따라 붓꽃을 분류하는 머신러닝 모델을 만들어 보시오.

속성명	속성 정보	속성명	속성 정보	범주
Id	번호	Species	붓꽃 품종	Iris-virginica
SepalLengthCm	꽃받침 길이			Iris-setosa
SepalWidthCm	꽃받침 너비			Iris-versicolor
PetalLengthCm	꽃잎 길이			
PetalWidthCm	꽃잎 너비			

[문제 해결 과정]

문제 정의하기
- 해결해야 할 문제가 무엇인지 정의한다.

데이터 불러오기
- Pandas의 read_csv( )를 사용하여 데이터를 불러온다.

데이터 탐색 및 전처리하기
- 데이터의 기초 정보와 통계량을 출력한다.
- 범주형 데이터를 라벨 인코딩한다.
- sklearn의 train_test_split( )을 사용하여 훈련 데이터와 테스트 데이터를 분리한다.

모델 생성하기
- 위 데이터로 로지스틱 회귀 모델을 생성한다.

모델 학습하기
- 생성한 모델을 학습시키고 테스트 데이터에 대한 예측값을 출력한다.

모델 평가 및 예측하기
- 테스트 데이터에 대한 로지스틱 회귀 모델의 분류 결과와 평가 지표를 출력한다.

* 붓꽃 데이터는 종속 변수의 범주가 3개이기 때문에 다중 분류를 해야 합니다. 다중 분류는 2권에서 학습할 내용이므로, 여기서는 문제 해결 과정에 따른 학습 과정을 알아보는 정도로 이해하도록 합니다.

10 캐글(kaggle.com) 검색창에서 'abalone'을 검색하여 전복 데이터 셋(abalone.csv)을 다운로드한 후, 문제 해결 과정에 따라 전복 순살 무게를 예측하는 머신러닝 모델을 만들어 보시오.

속성명	속성 정보	속성명	속성 정보
Sex	성별: M(수컷), F(암컷), I(유아)	Shucked weight	순살 무게(g)
Length	길이: 최장 껍질 측정(mm)	Viscera weight	내장 무게(g)
Diameter	직경: 길이에 수직(mm)	Shell weight	껍질 무게(g)
Height	두께: 껍질과 살 포함(mm)	Rings	나이테 개수: 연도
Whole weight	전체 무게(g)		

[문제 해결 과정]

문제 정의하기
- 해결해야 할 문제가 무엇인지 정의한다.

데이터 불러오기
- Pandas의 read_csv( )를 사용하여 데이터를 불러온 후 상단 5개 데이터를 출력한다.

데이터 탐색 및 전처리하기
- 데이터의 기초 정보와 통계량을 출력한다.
- 범주형 데이터를 원-핫 인코딩하고 데이터를 일정한 범위로 정규화한다.
- sklearn의 train_test_split( )을 사용하여 훈련 데이터와 테스트 데이터를 분리한다.

모델 생성하기
- 위 데이터로 선형 회귀 모델을 생성한다.

모델 학습하기
- 생성한 모델을 학습시키고 테스트 데이터에 대한 예측값을 출력한다.

모델 평가 및 예측하기
- 테스트 데이터에 대한 선형 회귀 모델의 결정계수를 출력한다.

11 291쪽 '손글씨 숫자를 분류하다' 활동에서 생성한 모델의 은닉층의 개수, 은닉층별 노드의 개수, 최적화 함수, 활성화 함수, 반복 학습 횟수(epochs) 등을 수정하고 모델을 학습시킨 후 활동에서 생성한 모델과 정확도를 비교하시오.

나는
파이썬으로
머신러닝한다 1

초판발행 2022년 6월 7일
4쇄 발행 2023년 12월 1일

지 은 이 최정원, 박지훈
펴 낸 이 이미래
펴 낸 곳 (주)씨마스
주   소 07706(우) 서울특별시 강서구 강서로33가길 78 씨마스빌딩
등록번호 제2021 – 000078호

내용문의 02)2274-1590~2 | 팩스 02)2278-6702
편   집 권소민, 이은경, 최햇님
디 자 인 표지: 이기복, 내지: 곽상엽
마 케 팅 김진주

홈페이지 www.cmass21.co.kr | **이메일** cmass@cmass21.co.kr

이 책에 대한 의견이나 잘못된 내용에 대한 수정 정보는 씨마스 홈페이지나 이메일로 알려 주시기 바랍니다.
잘못된 책은 구매처 또는 본사에서 교환해 드립니다.

I S B N 979-11-5672-484-1

- 무료 동영상 ▶ 씨마스에듀
- 질의 응답 💬 내 책상 위의 교과서, 씨마스
- 소스 코드 · 학습 플래너 씨마스에듀 홈페이지